池上彰と現代の名著を読む

東工大・白熱読書教室

池上 彰
東京工業大学特命教授

筑摩書房

はじめに――思わぬ化学反応の楽しみ

東工大生と歴史書や社会学の本を読む読書会。この試みを紹介しようとして、私は次の本の題名を思い出してしまいました。

『テヘランでロリータを読む』

イラン出身の女性英文学者アーザル・ナフィーシーのベストセラーです。日本ではあまり知られていませんが、欧米では一〇〇万部を超えるベストセラーになりました。本の内容について、日本版を出版した白水社のウェブサイトには、次のような紹介が出ています。

「イラン出身の女性英文学者による、イスラーム革命後の激動のイランで暮らした18年間の文学的回想録である。著者は、13歳のときから欧米で教育を受け、帰国後テヘランの大学で英文学を教えていたが、抑圧的な大学当局に嫌気がさして辞職し、みずから選んだ優秀な女子学生7人とともに、ひそかに自宅で西洋文学を読む研究会をはじめる」

東工大は「抑圧的な大学当局」ではありませんし、現代の日本でどのような本を読もうと自由です。

それなのに、なぜ私はこの本のことを思い出したのか。それは、東京工業大学という理系の大学で、理系の学生諸君は絶対に選ばないであろう書籍を選び、定期的に集まって感想を述べ合い、意見を交わすことが、まるで禁断の実を食べているような甘美な時間だったからです。

禁断の実を味わってしまった理系エリート諸君は、今後の人生の道を誤ってしまうのではないか。そんな心配を抱きながら、そしてそんな可能性を作ってしまった私の責任を感じながら、この文章を綴っています。


私が東京工業大学の専任教授になったのは二〇一二年のことでした。東工大がリベラルアーツ教育に力を入れるため、その拠点としてリベラルアーツセンターを創設し、そのメンバーに入るようにというお誘いがあったからです。

バリバリの文系の私が、なぜ東工大で教えることになったのか。それは、前年に発生した東日本大震災がきっかけでした。大地震と大津波で、東京電力福島第一原子力発電所は全電源喪失。原子炉を冷却することができなくなり、原子炉は水素爆発。大量の放射性物質が大気中に巻き上げられました。

これから日本はどうなるのか。多くの人が、何が起きているのかを知りたくてテレビをつけました。スタジオには専門家の大学教授が出演し、放射線について解説しますが、ベクレルやシーベルトという専門用語が飛び交い、知識のない人には理解できません。何が起きているか理解できないことほど不安を掻き立てることはありません。何が起きているか知りたくてテレビを見た人は、かえって不安になったのです。

日本は理系と文系に分断され、双方のコミュニケーションがとれないまま。そんな現実を知って危機感を抱きました。理系と文系の橋渡しをする役割が必要なのではないか。そんなことを思っていたときに、東工大の先生方から声をかけていただいたのです。

リベラルアーツセンターが発足したのを機会に、学内で記念シンポジウムが開かれました。このとき東工大の学生諸君がボランティアとして会の準備や運営を担ってくれました。それ以降、このときの学生諸君と共に、さまざまなイベントを展開することになりました。

そのうちに学生諸君の中から「読書会を開きたいんです。なにか本を選んでいただけませんか?」と声が上がりました。おお、読書会かあ。私が大学生時代よく開いたものだけれど、東工大生は、どんな本を読みたいのか。「私たちが絶対に選ばないような本を選んでほしいんです」

そうか、とかく「視野が狭い」と悪口を言われている学生諸君が、教養の幅を広げようというのか。それは素晴らしい。

かくして自主的に読書会が始まりました。出席したところで大学の単位になるわけでもありませんが、若者たちの熱意に応えようと思ったのです。

しかし月日の経つのははやいもの。二〇一六年度末には私が定年退官することになりました。私が東工大に着任した頃にいた学生たちも、大学院を出て就職していきます。でも、せっかくの縁なのだから、今後もつながりを持っていたい。そんなみんなの思いから、定期的な読書会がスタートしました。

私は定年にはなりましたが、特命教授として引き続き東工大に留まっています。講義も持っているので、新たに私の教え子になった学生も参加し、現役と卒業生が一緒になって会を運営することになりました。

本の選択は、引き続き私が担当します。もちろん東工大生が自分からは読みそうもない本を選びます。会の運営は学生諸君に任せました。すると彼らは、事前に会の運営方法についての会合を開いて準備をするではありませんか。

読書会が始まると、書記が参加者の発言をパソコンに打ち込み、大画面に映し出します。参加者は、これを見ながら議論を進めます。効率的に会が進みます。見事なものです。私は時々口を挟むだけで、ほとんど学生諸君に任せきりでした。

参加は義務ではありませんが、地方に赴任した卒業生も、わざわざやってきます。中にはインターンとしてアメリカに滞在しながらスカイプで参加する者もいて、その熱意には頭が下がりました。

読書会の内容はどんなものか。それは、これから本文を読んでいただくとして、私は思わぬ化学反応にワクワクドキドキする時間を過ごすことができました。

私がこれまで参加してきた読書会は、文科系の人間ばかりの会合です。議論の流れは、だいたい予想がつきます。それなりに知的興奮を覚えることはありますが、議論は想定内に留まることが多いもの。

その点、こういう書物を読んだことのない諸君の感想は、ときに破天荒なものでした。

「著者の主張にエビデンスはあるんですか」

「議論の前提の定義がないまま論を進めているのはおかしい」

といった、思わぬ意見が飛び出してきます。

なるほどなあ。論理的思考とは、こういうことなのか。私にとって学ぶことばかりです。中には社会学の泰斗《たいと》に対して恐れを知らぬ批判が飛び出します。これにはハラハラしながらも痛快の念を覚えました。

こうして続いてきた読書会。この存在を知った筑摩書房の編集者が、毎回傍聴してきた結果、この形になりました。筑摩書房の伊藤笑子さんと吉澤麻衣子さんにお世話になりました。読書会はいまも続いていますが、ひとまずこの形で世に問うことにしました。

東工大には、こんな現役学生や卒業生がいるということを知っていただけると幸いです。さらに、この本に取り上げられている本を実際に読み、読書会の参加者の感想とご自分の感想を比べてみるのも一興でしょう。それぞれの立場で、この本をお楽しみください。

二〇一九年一〇月

東京工業大学特命教授　池上　彰

池上彰と現代の名著を読む◎目次

池上彰と現代の名著を読む——東工大・白熱読書教室

ブックデザイン◎石間　淳
編集協力◎高松夕佳

〈第一部〉
なぜ歴史を学ぶのか

第1章◎「歴史に学ぶ」を複眼的に考える

半藤一利著『世界史のなかの昭和史』を読む

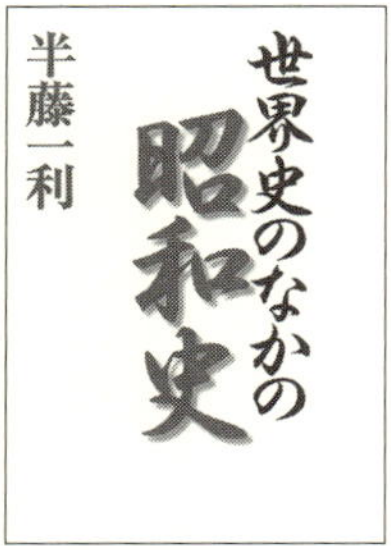

平凡社、2018年刊。
464頁・四六判

◎内容紹介：昭和史を世界視点で見ると何が見えてくるのか？　ヒトラーとスターリンとルーズベルトが動かした戦前日本の盲点とは？　未来の戦争を避けるために必読の半藤昭和史三部作・完結編。

◎著者紹介：（はんどう・かずとし）１９３０年、東京生まれ。東京大学文学部卒業後、文藝春秋入社。「週刊文春」「文藝春秋」編集長、取締役などを経て作家。

『世界史のなかの昭和史』の読みどころ

◎世界から、日本から、複眼的に歴史を、現代を見る意識。
◎情報をどう扱うかが歴史を変える。
◎民衆の空気、固有名詞として載らない人々がどう時代を生きていたのかという想像。

「歴史に学ぶ」とはどういうことか

学生　長編のドラマか群像劇を見る感覚で読みきることができました。著者は研究者ではないのに、なぜこのような長編で歴史を語ることができるのですか？　論文のように何か一つの命題を主張する本ではないので、何をこの本から学べばいいのか、少し戸惑ったというのも正直な感想です。

著者の半藤一利さんは、現在87歳で、太平洋戦争自体も少年時代に経験された。文藝春秋の名物編集者として数々の歴史関係の本を手掛けてきた人。編集や取材を通じて名だたる研究者、作家、戦争体験者とかかわる中で、歴史に詳しくなり自らものめり込んでいったそうです。出版社を定年退職した後、その独学が高じて自称「歴史探偵」として本を書く側に転じて、数々の名著を発表しています（『ノモンハンの夏』ほか。章末ブックガイド参照）。

太平洋戦争中の軍人経験者に取材する中で、当時の将校たちがいかにいい加減に意思決定をし、大勢の兵士たちを死に追いやって平然としていたことに憤りを覚えたことが、執筆の原動力とか。その怒りから、当時の出来事を「民草《たみくさ》」（市民、民衆）の視点もまじえて著したのが、この「昭和史」シリーズ（『昭和史１９２６－１９４５』『昭和史　戦後篇１９４５－１９８９』）。その第三作目となるこの本は、ヒトラー、スターリンといった世界の独裁者たちの意思決定がいかに日本の昭和史に影響を及ぼしたのかという切り口で語っていて、視点を広く学ぶことができるね。

そもそもこの読書会の選書基準は「東工大生たちが、自分では絶対に買って読まないだろうな」という点にあります。理系エリートの君たちからは「歴史についてよく知らない」「日本史、世界史を今まで真剣に勉強してこなかった」という声がたびたび寄せられる。半藤さんの本ならば、独特の語り口でとても読みやすいので、歴史初心者の東工大生でも面白く読んでもらえるだろうと思って選びました。４００ページを超える重厚な本に１９１７～１９４５のおよそ40年間の日本史・世界史がびっしりと書き込まれている。

学校の授業では「ヒトラーが政権をとった」「スターリンがソ連の実権を掌握した」と断片的にごく簡単にしか教わらない。ヒトラーがどのように政権を取ったのか、スターリンがどのように権力を掌握したのか、独裁者がどのようにそこまで上り詰めたのかというプロセス（過程）については、ほとんど教えてくれないよね。その時ドイツやソ連の社会では、はたまた日本では何が起きていたのか、考えをめぐらせてみる。

たとえば習近平が国家主席の任期を撤廃する法改正をした、というニュースが最近あったけれど（２０１８年3月）、独裁者がどのように権力を握っていくのか、ヒトラーやスターリンと手法は違うにせよ、歴史を知っておくことでそこから学べることはあるのではないか。現代に起こっていることの位置づけ、あるいはこの先どうなるのかという未来を読む力も、歴史を学ぶことの効用だろう。

とりわけ、日本の戦前戦中の特徴といえば、この本でも繰り返し語られているとおり様々な局面で陸軍と海軍が敵対し合って意思決定がおかしくなった。データを集めてエビデンスをもとに何かを決定するのではなく「神風が吹く」「ここから先は意志の力だ」といった非科学的な意思決定が多くあったりした。では現代はどうか、と考えてみる。半藤さんの他の著書に書いてあるが、ノモンハン事件が起こったとき、その事件をまったく総括しないまま、その時の責任者をほとんど出世させている実態があった。とんでもないことを当時の日本はやっているわけです。

歴史に「もしも」はないというが、もしその時に信賞必罰《しんしょうひつばつ》をきちんとやっていれば、あるいは官僚としての本分を貫かせるということをしていれば、日本はこんなことにならなかったのではないか、と思うことが数多く出てきます。それら一つひとつの失敗から学べることは多いのではないか、現代に生かしてほしい、君たちにも気づいてほしいと思っています。

「勝者も敗者もない平和」とは何か

学生 50頁「勝者なき平和でなければならない。勝者も敗者もない平和だけが長続きするのだ」という米大統領ウッドロウ・ウィルソンの言葉があります。勝者である米国の大統領が、このような言葉を残しているのが意外でした。「勝者も敗者もない」戦争の終わらせ方って、できるのですか?

このウィルソンの発言は、この本で語られている時代の歴史、はたまた現代まで通ずる深い意味を持っている名言です。

たとえば第一次大戦後、戦勝国のフランスが敗戦国のドイツから莫大な損害賠償を取ることになる。ドイツが賠償金を払うのが難しいとわかると、フランスはドイツ領にあるルール地方を占領する。これがドイツのプライドをずたずたにしたわけだ。敗者であるドイツには、勝者フランスへの怨念が生じ蓄積していき、やがて第二次大戦につながっていった。

あるいは第二次大戦末期にソ連が日本に戦争を仕掛けたときも、ソ連側では、日露戦争で領土を取られたことへの恨みが原動力になっていたりする。この本の最終盤でも語られているけれど、あの時サハリンや千島を奪われてしまった、それを取り返すぞ、という復讐心《ふくしゅうしん》がソ連人に根深く持たれていた（４３２頁）。

このように戦争に勝って、領土や賠償金を相手国に要求して奪うことがあると、それが恨みとして残り、未来の戦争につながってしまう事例がある。勝った側は、勝った勝ったと浮かれてしまうが、じつは負けた側のプライドをずたずたにしていて、次の戦争を準備していることに気づいていない。

直近の出来事で考えてみると、各国が北朝鮮と色々な交渉をしているよね。北の核を放棄させるために、経済制裁を科したり。それが功を奏して核を放棄し全面降伏したとしても「ざまあみろ」ではなく、北朝鮮のプライドを傷つけずに終わらせることが重要になる。もしも禍根《かこん》を残すような結果になったら、次の不幸を引き起こすことになりかねない。北朝鮮のやり方に非があることは明らかだけれども、交渉をするうえでプライドを傷つけないように考えてやらないと、次の火種を残してしまう、という教訓だね。

ウィルソン, W（1856-1924）

学生　今のニュースに関心があればあるほど、歴史は面白く学び甲斐のあるものになる、ということでしょうか。

「愚者は経験に学び、賢者は歴史に学ぶ」と、この本の時代より前のドイツ宰相オットー・フォン・ビスマルクが言っています。何度失敗を繰り返すのか、歴史から学ぶとはそういうことです。先ほど取り上げたウィルソンの名言は、今後の国際情勢を見るうえでも胸に刻んでおきたい言葉です。

一方のヒトラーは、「戦争で重要なのは、最初から最後まで正義ではなく、勝利なのである」と勝利に固執している言葉を残していることも興味深いことです（252頁）。

「血と労苦と涙と汗」が勝利を導いた

ほかにも戦争中に指導者から発せられた名言として、チャーチルが首相に就任して3日後の演説で語った言葉が紹介されている。

「私は、血と労苦と涙と、そして汗以外に、捧げるべき何一つももっていない。（中略）諸君は、政策は何かと尋ねられるであろう。私は答える――海で、陸で、また空で、神がわれわれに与え給うたわれわれの全力をあげて、戦うだけである」（283頁）

これが当時劣勢に立っていたイギリスの国民を大変に勇気づけた。ドイツの電撃作戦が功を奏して、英仏連合軍がドーバー海峡に追い詰められた。映画『ダンケルク』（2017年）は、英軍と仏軍が追い込まれ壊滅寸前となったがイギリス本土に逃れる、その撤退戦が描かれています。

学生 連合軍にも負け戦があったのですね。そこからどうやって立ち直ったんですか？

映画では、イギリスがあらゆる船を使って大陸から撤退しようとするイギリス兵とフランス兵を救出する。このときに「イギリスが先だ」とフランス兵が取り残される。イギリスとフランスは最後まで対立するという構図だったりするのも面白いのだけど、それはさておき。やっとの思いで逃げ帰ってきたイギリス兵が、列車の中で新聞を読む。そこに、先のチャーチルの演説が載っているんだよね。映画では、戦闘で目をやられて新聞を読めないイギリス兵が仲間の兵士に「新聞を読んでくれ」と頼み、読み上げるというシーンがある。負けそうだ、とあきらめかけていたときに耳でこの「血と労苦と涙と汗」を聞いた気持ちを想像してみてほしい。イギリス国民は、この言葉に大いに鼓舞されて、立ち直っていく。いわば歴史を動かした有名なせりふとなった。

一方のフランスは、ダンケルク撤退後瞬く間に崩壊し、翌月にはナチスドイツにパリを無血占領されてしまう。この戦いが決定的な負け戦になったのです。

指導者・独裁者は死後も「利用」される

学生 この本では、英雄とは少し違う指導者も描かれていますね。16頁、レーニンが亡くなって、その遺体を香油漬けにして残したという話を初めて知り、衝撃を受けました。

モスクワの赤の広場にレーニン廟《びょう》というのがあって、生きている（寝ている）かのように遺体が保存されている。当時レーニン以外の指導者たちは当惑し、未亡人も反対していたのだけど、スターリンは遺体を保存することを決行した。

スターリンも、死後同じように遺体を保存されスターリン廟というのができた。しかしその後、スターリンが生前いかにひどいことをしていたかという事実がフルシチョフの告発もあって次々と明らかになり、スターリンは結局スターリン廟から追い出されてしまった。少し離れたところに「革命の指導者たちの墓」と言われる集団墓地があって、保存されていた遺体はそこに埋葬された。そのおかげで、スターリンは永遠の眠りにつくことができている。時代で評価が変わって崇拝対象からは外されてしまった事例でもある。

一方のレーニンは、今も遺体を大勢の人の目に晒《さら》され、安眠が得られていない。これを見たベトナムの政治家ホーチミンは、自分は絶対このような目に遭いたくないので、自分の死後は

モスクワ市内にあるレーニン廟

灰にしてベトナムの海や大地に撒《ま》いてくれ、という遺言を残して亡くなった。ところが後継者たちはホーチミンが国民に愛されていることを利用するために、遺言に従わずホーチミン廟を作り、そこに遺体を安置した。ホーチミンは可哀そうに生前の意思に反して死後みんなの目に晒されることになっている。

レーニン廟もホーチミン廟も私は見てきました。私に言わせると世界四大廟というのがあって、レーニン廟、ホーチミン廟に加えて、毛沢東廟、金日成廟で4つ。全部見ましたが、すべて、かつての偉大な指導者の評判を後継者たちが利用するためにできたもの。独裁者という呼び方がふさわしい人も含まれているね。

学生　かつての指導者は、死後も影響を及ぼし続けるのですね。「死人に口なし」というように、都合よく利用されている感じもします。

たとえばマルクス・レーニン主義という言葉があるが、それはレーニン存命中にはなかった。スターリンがレーニンの死後に作った言葉で、スターリンが自分の都合のいいように、その威光を利用するために作ったものだ。マルクスも、生前「自分はマルクス主義者ではない」と語っている。マルクス主義という考え方が、自分の名前をかたって（勝手に利用されて）世界に広がっているが、そうではない、という言葉を残しています。マルクスはそのことに対する恐れがあったのでしょう。

独裁者はどのようにして権力を手に入れるのか

学生　18頁、スターリンがジノヴィエフ、カーメネフ、ブハーリン、ルイコフ、……と次々と追放していったという話がありました。レーニンが後継者として指名した人々ですが、その遺書さえ無視された。スターリンって何様なんですか？

一言で言えば権力の亡者であり、自分の権力が奪われることへの病的な恐れを持っていた人物だね。

レーニンの死後、遺書にいろいろな後継者の推薦があって、「スターリンには絶対に権力を握らせてはいけない」という趣旨で書かれていた。スターリンはまずはジノヴィエフやカーメネフを味方につけて、レーニンの遺言を葬り去った。まずは自分のライバルを味方につけて、その後、味方につけた連中も一人一人血祭りにあげて殺していくというやり方をとりました。半藤さんも書いているように、これから自分の権力を行使していくために邪魔になる者だけで

北朝鮮国内で並べて掲げられる金日成とスターリンの肖像（1950年、コリアメディア／共同通信イメージズ）

なく、やがて力を持つであろう「見込み」の者も、徹底的に予防的に排除しておく（109頁）。反対派が抵抗組織を形成する前に次々に排除し、徐々に権力を手に入れていく、独裁者として上りつめていく恐怖政治を敷きました。

このスターリンのやり方は、金日成が北朝鮮でそっくりそのまま真似したんだね。金日成が権力を握る段階で。金日成はちゃんと歴史に学んでいるわけです。独裁者はこうやって権力を握っていくんだな、という先例を学び取って実行している。

ヒトラーも権力を掌握する過程で、「血の粛清《しゆくせい》」と呼ばれる合法的な虐殺を行ったことが書かれています（98頁）。

学生　スターリンの肩書にある「書記長」って、大統領とか首相とかとどう違うのでしょうか？　そういえば、中国や北朝鮮の指導者にも「総書記」という肩書がありますね。

いい質問ですね。書記長、総書記など、社会主義国の重要なポストに「書記」という言葉が入っているのには理由というか文脈があります。

書記というのは、通常の会議だと記録する係のことだよね。読んで字のごとく、スターリンも最初は単なる事務方でした。でも記録係として、すべての情報を集めることができた。その書記長の職権で得た情報を利用して、次々にライバルを蹴落としていく。スターリンが一番の権力者に上りつめて初めて、単なる事務方だった「書記長」が、最高権力者を意味するポストに変わったというわけです。

情報をうまく使うことが権力を握るうえでいかに大事なことか、この話からわかるでしょう。

学生　スターリンつながりで、139頁、西安事件で監禁された蔣介石の処刑に反対したとありますね。スターリンと毛沢東は共産党同士、蔣介石を処刑してまとまったほうが都合がよかったのではないのですか？

じつは蔣介石の国民党は、ソ連の共産党をモデルに作られた。中華民国の一党独裁のモデルというのがソ連共産党だった。蔣介石の息子、蔣経国はモスクワに留学している。奥さんはロシア人。その結果、一時的に共産主義者になってしまったのだが。

だからスターリンが、「中国共産党と国民党、どちらもソ連共産党をモデルにしているのだから、一緒になって協力して日本と戦えよ」と考えるのは自然なことなんだ。内部抗争に明け暮れたり、中国共産党の活動支援だけで済ませておいたりすることのどちらも得策ではなかった。満州を建国して調子に乗っている日本が、これから中国本土への侵略に乗り出してくるところ、国内で対立していては太刀打ちできない。

スターリンの統一戦線方式についても触れておこう。共産党一党だけだと、圧倒的な多数派を維持できない。「独裁政権だけはいやだ」と思っている民主主義者などの勢力、共産主義者ではないが共産党と一緒にやってもいいかと思っているシンパを集めて幅広い勢力にして政治を行うこと、を考えていた。そういうプロセスで権力をとり、権力を握った後はそのシンパを追い出して独裁すればよい、というやり方をしたのがスターリンだった。東欧諸国を次々に共産党傘下に収めたときもこのやり方をした。現代史を学ぶ際、またいまの国際情勢を見るうえでも、独裁者がどういう風に権力を手中に収めていくのか、根回しの仕方はこうするのか、という例として覚えておきたい手法です。

暗号、死亡兵士の日記、……日本の情報はダダ漏れだった

学生　先ほど、共産主義側の「書記長」という肩書が、まさに情報を握るポストだったというお話が出ましたが、連合国側の情報管理というのはどうなっていたのですか？　勝った側だから、上手だったという面はあるのでしょうか？

３６８頁、アメリカは暗号解読機構「マジック」の開発によって、日本外務省が送受信する暗号をぜんぶ解読していた、とある。交渉に臨む前から、日本側がどう出るか、相手の手の内を米国は知り尽くしていたということ。

同様にイギリスは、ドイツの暗号を解読する「ウルトラ」と呼ばれる機構を開発して、ドイツが送受信する情報をすべて事前に摑《つか》んでいた（296頁）。イギリスはこれによって、ドイツ空軍の攻撃計画を見通して迎え撃つことができた。イギリスのある町を空襲することを事前に知ることができたのだけど、それを見過ごした、という冷酷なエピソードもあります。ドイツ軍に暗号が解読されていることがばれないように、「ウルトラ」の秘密を守るために、あえてイギリスはその町を見捨てた、犠牲にしたのだった。

米国の「マジック」に話を戻すと、連合艦隊司令長官・山本五十六《いそろく》が視察途中に撃墜されたのも、これで摑んだ情報によるものだった。山本五十六の乗った飛行機を待ち構えていて、米軍はこれを撃ち落とす。しかも、日本側に自分たちの暗号が解読されていると気づかれないために、たまたま遭遇した、という演出まで抜かりなくする。本当は待ち構えていて狙い撃ちしたんだけど、そのあと何日も、米軍はパトロールするふりをして、同じ場所に飛行機を飛ばしていた。その偵察機にたまたま山本五十六は遭遇した、と日本軍に思い込ませるために。日本側は、まんまとだまされて、暗号が解読されていることには気づけなかった。

情報をどう使うか、というのは戦争の勝敗を左右する重要な点です。それは現代ではなおさらでしょう。当時、ドイツも日本も、自分たちが作った暗号に絶大な自信をもっていて、結局それが解読されていたことに気づかなかった。どちらも敗戦という結末を迎えてしまった。

学生　敗戦国だから、という目で日本のやり方を見ると、色々ツッコみどころがあったのですね。

これは太平洋戦争について書かれた本だけど、戦争の歴史を学んでいくと、文化とか産業とかといった側面からその国の姿や性格が露呈してくる。

この本にも書いてあるが、日本はアメリカとの関係が悪くなった途端に「敵性言語を使うな」「西洋文化一掃」という話になる。つまり英語なんか使うな、排除しろ、と。煙草の銘柄「ゴールデンバット」が「金鵄《きんし》」に、「チェリー」が「桜」に変更されるという話も紹介されています（329頁）。

アメリカは逆に、日本と開戦することが決まると、大量の日本語要員を養成した。敵に勝つためには敵を知れ、というわけだ。

米軍の日本語要員は、どんな仕事をしたのか。日本兵は徴兵制で集められた軍隊だから、学徒兵もいてインテリが多かった。彼らは皆日記をつける。戦場で戦死した日本兵がいた場合、米軍はその日記を回収し、日本語要員にそれを翻訳させていた。日記には、日本軍がどういう作戦で、どういう行動をとっていたかが克明に書かれていたから。米軍はそういうふうにして、日本軍の行動パターンを読み取っていた。情報を使う、とはこういうことだよ。

当のアメリカ軍は、自国の兵士には日記をつけることを禁止していた。兵士が死んで、その日記が敵の手に渡った後のことまでちゃんと想定していたからね。日本軍は、どうせ相手に日本語なんか読めっこない、とそこまで考えが及ばなかったわけだ。結果、重要な情報を渡してしまっていた。

学生　日本は、自分から情報を晒していた……。対外情報戦ではまさに「情報弱者」だった、と。

アメリカが日本の戦闘機の生産能力を推測するのに、どうしたか。やはり戦場の残骸から情報を得ていた。日本の飛行機を撃ち落とした後、その残骸を見てみると、エンジン部分にはご丁寧に製造番号が書いてあった。一定の期間に製造番号がどれだけ増えているか、と考えると、エンジンの製造能力はどのくらいかを推測できる。日本軍の戦闘機の製造能力はこのくらいだ、と読むことができる。

敵兵を倒した、敵機を撃ち落とした、で終わらずに、その後に残された死体や残骸からも情報を得る、アメリカのやり方は徹底していたのだ。

学生　知れば知るほど、日本が負けたことには必然性があったのではと思わざるを得ません。

日本側のやり方がまずかった面もあるけど、アメリカ側が常に上手を行っていた。情報の重要さ、扱い方を熟知していた。

現場で交信する無線を傍受できれば、相手の情報を解読できる、というのは誰でも考えるよね。日本側も当然、相手の情報を摑むために、英語ができる兵士に無線を解読させる。それを防ぐためにアメリカはどうしたか。先住民を使った。無線の発信側も受信側も、ナバホ語を話すネイティブアメリカンを交信役に付けて、ナバホ語で通信させた。英語ができる日本兵がいくら傍受に成功しても、ナバホ語では分からない。いわば「人間暗号転換機」。

一方で情報公開という意味でも、一歩先を行っている。アメリカの公文書館では、一定期間を過ぎた公文書が、全て公開されている。このルールは徹底されていて、どんな公文書も公開するから、本館だけでは収まりきらず、別館も作って保存と公開を行っている。そこに世界中の研究者やジャーナリストが訪れ、音声データから何から手続きをすれば自由に借り出すことができる。

たとえば戦後アメリカ軍が日本を統治していた占領下で、日本人が米軍にどんな思いを持っているか、各地で聞き取り調査をしたものがある。占領統治を円滑に進めるためにされた調査だと思うけど、日本語のできるアメリカ兵が「最近の暮らしぶりはどうですか」といった世間話的な話題から、民衆の心情を探っている。それはアメリカが自国のために集めた情報だけど、日本人にとっても有益だし、その門戸を閉ざさずに一般公開しているのだから、「自由の国」

なのだなと感心するよね。

「想定外」を想定できるか？　世界を「俯瞰」できるか？

学生　情報の使い方の重要性をお聞きして、日本は昔から「想定外」を考えるのが苦手だったのだな、と思ってしまいます。情報を手に入れたとしても、自分の組織のことしか頭になく、

世界情勢として俯瞰《ふかん》できていないというか。

そう考えると、各国には逆転の発想があるよね。

たとえばソ連。対日本のノモンハン事件の時、ソ連は大量の武器と食料を首都のモスクワから現地まで運ぶのに、シベリア鉄道しか手段がない。日本側の考えは、シベリア鉄道は単線だから、輸送能力には限界があると見ていた（一度運搬に使った列車をまたモスクワに戻さないと、次の荷物が運べない）。ところがスターリンはどうしたかというと、極東までの輸送が終わった車両は燃やして、捨ててしまう。単線だけれども、一方通行にして、モスクワからどんどん新しい車両で荷物を運ぶという方法をとった。結果、大量の武器がモスクワから運ばれた。相手は物資や兵員の運搬問題に難がある、その分有利だ、と日本は読んでいたわけだけど、ここでも前提条件を見誤っている。敵の発想や実力を過小評価して、結果として大打撃を受けた、と半藤さんも書いています（２３８頁）。

学生　まだまだ日本のツッコみどころが出てきますね。半藤さんも、「日本ほど各国の秘密情報戦でゆるゆるの、いわゆるいい鴨の国はないというのが当時の定評」（３４４頁）と書かれています。相手国との同盟や協定の交渉で、事前に情報を得られていない、という話がたくさん出てきてあきれてしまいます。

細部にはこだわるけれども全体が見えていない、という話はたくさんあります。

武器にも種類があって、個人攻撃用の小銃、より広範囲を狙う機関銃、と分かれている。日本は、その種類ごとに口径が違う銃弾を使っていた。そうするとどうなるかというと、戦闘の最中、機関銃が弾切れになった、小銃の弾はあるが口径が違うから使えない、もう撃てない……。ソ連は、これをすべて統一して作っているから、弾切れにならない。

勝つためにはどういう事態が想定されるか、そのすべてを把握しきれていなくて、全体が見えていないという一例です。

武器の話に関連して、銃の造りでも国の違いが出ている。日本製の銃は、隙間なく精密にしっかり造られていて、砂などが入ってしまうと作動しなくなる。その点革命的だったのが、ソ連製のカラシニコフ銃。カラシニコフという人が開発したからこう呼ばれているけど、AK47って知っているかな。誰が分解してもすぐに組み立てられる構造で、スカスカに造られている。隙間だらけで、砂が入っても大丈夫。その結果、砂漠でも沼地でもジャングルでも、オールマイティな環境に適応する銃ができあがった。世界中のゲリラ戦、内戦で、現在もこの小銃が使われています。

学生　日本軍の内部で、陸軍と海軍が対立していたというのも、全体が見えていないという話につながりますか？

戦前戦中における陸軍と海軍の対立というのは激しくて、この本のなかでも何度も出てきます。

英仏に対抗するために、独伊との軍事同盟を結ぶか否か、ドイツ側が何度迫っても、陸海軍で意見が対立し日本政府の意見がまとまらず、ヒトラーが業を煮やしていた、と（２２０頁）。ソ連対策という意味でも同盟に積極的な陸軍と、勝算がまったくない世界戦争につながる三国同盟にかたくなに反対する海軍が逡巡している間に、なんとドイツはソ連と不可侵条約を結んでしまう（２５１頁）。大事な局面での国内の対立が、世界史を思わぬ方向に引っ張っていきました。

陸海対立はまだまだある。南方進出政策に関する認識が、「資源確保最優先」の海軍と、「シンガポール進軍最優先」の陸軍で、大論争になったという話（３８６頁）。対米戦争に関して、「自存自衛のため」とする海軍の現実的な見方と、「大東亜新秩序」（植民地の解放）を謳《うた》い上げる陸軍のお題目と（４０７頁）。

笑い話としては、陸軍が空母を持つというちぐはぐなことまで起こっていた。戦艦や空母は、ふつう海軍が持つものなのに、陸軍が自分たちの兵隊を運ぶためにそれを持っていた。

戦後の自衛隊でも、笑えない笑い話があって、インドネシアのアチェで津波があったときに、日本が空母型の護衛艦いずもを派遣した時のこと。実際の現場では陸上自衛隊が救援活動を行うために、陸上自衛隊のヘリコプターをいずもに載せて、アチェに運ぶ。海上自衛隊のヘリコプターは、プロペラを折りたたんで、護衛艦にたくさん積めるような造りになっている。しかし陸上自衛隊のヘリコプターは、護衛艦に積んで運ぶことを考えていなかったので、プロペラを折りたためなかった……というエピソード。

万が一もし外国からの侵略があったら、陸上自衛隊も海上自衛隊も一緒になって戦うことになる。陸上自衛隊のヘリコプターが海上自衛隊の護衛艦上に着艦することも十分あり得るケース。でもそれは、想定されていなかったんだよね。

学生　小銃の弾と機関銃の弾の規格を統一していなかった、という話と一緒ですね。歴史に学んでいない。

防衛大学校の校長も務めた五百旗頭《いおきべ》真《まこと》さんから聞いた話です。3・11東日本大震災（2011年）が起きて、首相官邸で対応策を考える会議のために、各省の若手官僚が集められた。しかし縦割り行政で普段一緒に仕事をしていないために、お互いの勝手がわからず前進できない。その時、防衛省から来た官僚が先陣を切って「日本が過去戦争に負けたのは、陸軍と海軍が対立して的確な意思決定ができなかったから。ここは対立せずに一致団結してやりましょう」と音頭を取ったという。

こういう話を聞くと、防衛省の官僚は歴史から学んでいるようです。戦前は海軍大学校、陸軍大学校と分けて教育していたが、戦後は防衛大学校として、戦前の教訓をきちんと教えているのだな、と思ったエピソードです。

その戦争にゴールはあったのか?

学生　全体像が見えていなかったという話は、目標設定の仕方がまずかったのでは? 「大東亜共栄圏」「自存自衛」という大きな青写真はあったけど、段階的な設定ができていなかった気がします。いかにも場当たり的に、その場を支配する空気に従って行動していたように感じます。

戦争を始めるかどうか、日本の出方を首相、外相、陸海軍幹部が集まって色々議論しているときに、昭和天皇はとにかく外交交渉ですべての手段を尽くすよう再三伝えていた(388頁、397頁)。いよいよ戦争が避けがたい状況になると、戦争をどうやって終わらせるかという局面もあらかじめ考えておくべきで、一例としてローマ法王に仲介を求めることも提案されたりしている(398頁)。半藤さんは昭和天皇贔屓《びいき》のところもあるから、その動向に注目して色々詳細に紹介しています。

これらを読むと、日本が戦争を始めるとき「どこで終われるか」「どこがゴールなのか」、考えていないことがわかる。日中戦争も、戦線が拡大したり長引いたりしたら勝算は全くないことが分かっていたのに、ずるずると続くわけだし。

387頁、昭和16（1941）年当時、中国大陸ですでに日本は19万人が戦死、95万人が傷ついていた、とある。こんな状態になっていたにもかかわらず、石油が手に入らなくなったら大変だ、と太平洋戦争に乗り出していく。日米交渉がうまくいかず石油の供給源を喪失すれば、2年で底をつくという計算もあったという（376頁）。

とにかく、この時点で19万人の英霊を出しているというのに、「ここでやめるわけにはいかない」と太平洋戦争に乗り出し、結果310万人の犠牲者を出すことになった。ここでやめたらこれまでのことが無駄になる、経済学でいうサンクコストを考えてしまう。諫早湾《いさはやわん》の干拓工事でも似たような話があったよね。結果的にとてつもない損失を出している。

太平洋戦争では典型的だった。ここから何を学ぶのか。軍事や戦争でなくある事業をやろうとするときにも、学べる教訓がたくさんある。

学生　局所最適を見つけようとして、全体的には無駄遣いになってしまっているという例でしょうか。楽観的な前提に基づく状況の楽観視と戦力の逐次投入方式、そしてそれが取り返しのつかない状況に陥ってしまうという事例が、現在でも続いている気がします。

じつは戦力の逐次投入というのを日本はよくやっていて、ノモンハンでもそうだった。それが全体の敗因の一つなのではないかと思うくらい。少し出してみてだめだった、またもう少し出してみる、まただめだった、……という繰り返しで後に引けなくなるパターン。アメリカやソ連の戦勝国側や、勢いに乗っていた頃のドイツというのは、ちまちまと小出しではなく最初から大群で攻めてくる。日本の戦い方を見ると正反対だ。

最近の事例では2011年の3・11福島第一原発事故への対処。とにかく原子炉を冷却しなきゃいけない、水を確保しなきゃいけない事態に陥ったとき、とりあえず陸上自衛隊のヘリコプターで放水して「あーだめだった」、じゃあ消防車でやってみよう「あーだめだった」、こんどは警視庁の放水車、「あーだめだった」、……これがまさに戦力の逐次投入の悪い結果。旧日本軍と同じことをまだやっている、と思わざるを得なかった。

他国はどういう風に行動するか。1969年、中ソ国境のウスリー川中洲にある島をめぐって、中国とソ連が衝突する。最初中国軍がソ連軍に攻撃を受けて被害が少し出た。そうしたらソ連軍はとてつもない大軍で、中国軍を全滅させて、事態そのものを終結させた。どこに全力を注ぐのか。やるなら一気に、という手法を日本も歴史から学ばなくてはいけない。

学生　冬の戦争で敗れた、という局面がいくつかあって興味深かったです。圧倒的な優勢を誇っていたソ連がフィンランドに攻め込んだとき、森林地帯に誘い込むことでスキー部隊が撃破したという戦局（274頁）。ヒトラーがソ連に攻め込むも、10月に早めの冬が訪れたから不利になったという戦局（416頁）。

冬季オリンピックの競技に、スキーで滑って途中銃で撃つという種目があるでしょう。なぜ

スキーと銃が結びついているのか、あれはこういう戦い方に由来している競技です。北欧が発祥だから、北欧の選手が強いよね。ソ連はこのフィンランドとの冬戦争を教訓に、スキー部隊を強化しました。だから、今のロシアは北欧諸国と同じくらいスキー競技で強くなった。

逆にソ連がドイツ軍を迎え撃つ側に立った時は、寒い国ならではの知恵が役に立っていた。兵士の靴をすかすかにしておいて、新聞を詰められるスペースを作って凍傷を避けた。攻め込んだ側は、10月で既に凍傷になる寒さだとは思いも寄らなかった。寒さへの教訓は、ナポレオン時代にロシアに攻め込んで敗退した時から学ぶべきことだったのに、ヒトラーは学んでいなかった。

歴史の「もしも」を想像すると……

このときヒトラーがソ連まで攻め込んで失敗したから、ドイツは敗戦した。歴史に「もしも」はないというが、もしソ連攻撃をやめていれば、失敗することはなく、ドイツの勝利に終わったかもしれない。そうしたら今ヨーロッパはそのほとんどがドイツの領土のままだったかもしれない。日本ももし太平洋戦争を開戦しなければ、台湾も千島列島も朝鮮半島も、すべて日本の領土のままだったかもしれない。「もしも」を考えても仕方がないけれど、現在の世界地図が歴史の結果として出来上がっていることを想像してみよう。

バルト三国をドイツとソ連が分け合ったという話が出てくるね（252頁、270頁）。「我々はこっちを取るから、そっちはあんたにあげるぜ」と、ソ連とドイツの間で都合のいいやりとりがされていた。その後バルト三国は、ソ連が崩壊する直前に独立を果たした。

だけど今、またロシアに占領されるんじゃないか、介入されるんじゃないかという危機感を持っている。じつはソ連の時代に、バルト三国にロシア人が大勢移住していて、結果的にロシア系の住民がたくさんいるという実情がある。ロシアが、ロシア系の住民の保護を名目に軍事介入してくるのではないか、という大変な危機感を持っている。当時と同じで、ロシアの都合でまたいいようにされるのではないか、と。

その時バルト三国はどこに助けを求めるかというと、NATO（北大西洋条約機構）に対して求める。ドイツが中心になっているNATOに。ロシアの脅威からドイツに助けを求めなければいけない、バルト三国の抱える悲しい歴史が見えてくる。

今後バルト三国がニュースに出てくるときにこの経緯を知っていると、今のニュースと歴史がつながって、より全体の構図が見えてくるでしょう。

こうして国全体が冷静さを失っていく

学生　この本で全体的に思ったのは、「民草」（当時の民衆）は歴史的な出来事に対峙してどう振る舞っていたのかに逐一触れられていて、その熱狂というか、人間的な一面というか、歴史の大きなうねりに巻き込まれていくというのはこういうことなのか、と。新聞報道でこんなに戦争へと煽《あお》り立てられていたのだな、と。「陸軍中央部やその宣伝機関と化している新聞」(287頁)という比喩もありました。民草の熱狂が政府から冷静な判断能力を奪い、政府も民草に冷静な思慮を与えることができない、そのスパイラルの中で国全体が冷静さを失っていったのではないかと。

「日米もし戦わば」という本がこんなにたくさん出ていたと、具体的な書名が載っています(65頁)。こんなにもあからさまな書名の本が、と驚いてしまうけど、今書店に行くと、似たような状況になっています。「米中もし戦わば」「日本が中国と戦えば……」「北朝鮮と戦えば……」という本がたくさん出ています。いつの時代にも、こういう本がたくさん出てくるというのはとても危険なこと。

米朝が首脳会談をやることが突然決まった、と最近のニュースを驚きの目で見ているが、どこか世の中にがっかり感はないだろうか。北朝鮮にアメリカが先制攻撃をするんじゃないか、アメリカに北を叩いてほしい、つぶしてほしい、という「民草」の、誰も口に出しては言わないが何となくの期待感がなかっただろうか。「なんだよ結局攻撃はないのかよ」というがっかり感につながっていくような気配があった。新聞によっては、「アメリカにまた騙《だま》されているぞ」という論調で明確に書いているところもある。

学生 「バスに乗り遅れるな」という標語が1940年の大流行語だった、とあります（287頁、291頁）。自国が目指す方向をしっかり見定めたうえで、バスに乗るか別の方法をとるかという判断をすべきだったのにそれができていなかった、ということですね。

この比喩は、行き先（目標）、経路（行程）、時刻表（タイミング）、すべてを他国任せにしていた、という意味でしょう。日本のこの傾向は現在も続いていて、TPP問題がまさにそうでした。「バスに乗り遅れるな」と焦って乗ったとたん、乗っていたアメリカが降りることになって呆然とする、という一件があったね。何かあると日本はすぐに「バスに乗り遅れるな」と行動してしまう。いまだに日本は同じことをやっているんだなと。流行りものにぱっと飛びついて、後悔する。一度乗ったら、降りるわけにはいかない。いろんなところで繰り返しているな。原発政策もそうでしょう。

「バスに乗り遅れるな」に似ている場面、つまりチャンスは今しかない、この機を逃すな、といった場面が出てきたら、「おいおい、ちょっと待てよ」と注意したほうがいいということだね。

学生　ヒトラーの人心掌握術のテクニックにもいちいち脱帽しました。掌握されないために、敵の手の内として『わが闘争』は読んでおかなければ、と……。

ナチスはそういうところを徹底して行っていたことが分かるよね。宣伝相ゲッペルスの言葉「活字より音声、理屈よりは印象、思考よりも気分が優先される」(82頁)は、言われてみればその通りで、ドキリとするよね。

ヒトラーの演説には特徴があって、ミュンヘンのビアホールで行った演説が特に有名です。私はそのビアホールにも行ってきました。ドイツ人は皆ビール好き。お酒を飲んで気分がよくなっているところに演説をぶって、さらに盛り上がる、意識が高まっていくということを繰り返す。

当時はラジオの時代だから、ビアホールに居合わせないとしても、演説は音声で放送される。皆がラジオで聞くことを想定して、人々を引き込む演説の演出を徹底していた。最初は静かに語りかけることから始まり、だんだん盛り上げていって、最後は絶叫になる。

ヒトラーはちょび髭《ひげ》の背が低い貧相な男だったから、テレビの時代ではあれだけの人心を集めるのは無理だったでしょう。残っている映像を見ると、必ず下からあおって撮影している。背が低いから、本人は必ず高いところに立っていて、カメラは必ず下から撮っている。

1923年ごろ、ナチスの集会が行われたビアホール

学生　ナチスの宣伝部隊として印象的だったのが、ヒトラーユーゲント（209頁）。国全体を挙げて戦わせるためのキャンペーンの一環としてこういうことまでするのか、と。

10歳から18歳までの少年兵士たちをグループ化して、タレントみたいな扱いにして軍事訓練をやらせていた、という組織だね。いまプーチンがロシアでそっくりの組織を作っているよ。プーチンを支持する若者たちが集まって組織させて、プーチンに忠誠を誓うという。総勢で2万人くらいか。さすがにおそろいの制服にはしていないけれど。

今必要な、世界史と日本史のクロス読み

学生　およそ30年間の出来事の解説ですが、世界の動きと日本の動きをとても濃密に知ることができました。私はこの本を読んで、自分の頭の中で和暦と西暦が全く繋がっていなかったことに気づき、愕然《がくぜん》としました。ヒトラーやスターリンが19世紀末から20世紀を生きた人物というのは分かっていましたが、明治―大正―昭和の時代に生きていた人だという想像ができていなかったのです。

『世界史のなかの昭和史』というタイトルどおり、その時ヨーロッパでは何が起き、アメリカでは何が起き、日本はその時どうなっていたのかを、同時並行的に見ていく。地球上の各国を、横串を差すように解説するというのは、じつは日本人が苦手なやり方です。世界史と日本史を並行して眺めてみることが重要なんだ。

２０２０年に高校の学習指導要領が変わることによって、社会科は、日本史と世界史ではなく「歴史総合」という必修科目が新しくできます。

というのも、従来は日本史と世界史とでは、世界史が必修となり、日本史が選択とされてきた。世界で行動するために世界史を知っておかなければ、との考えでそうしてきたわけだけど、

結果はどうだったか。日本史については中学レベルの知識しかないまま大学に入り、大学で学ばなければ、そのまま卒業して社会へ出て、外国の人と付き合う中で、日本の歴史について聞かれても何も答えられない、という人が増えてしまった。だから、日本史もやっておかなくてはいけないという反省がある。日本史と世界史を両方必修にするには学ぶことが多すぎるから、その2つを一緒にして「歴史総合」、18世紀以降の日本と世界の歴史を中心に学ぶという科目を、必修にする方向になりそうです。

そのとき、土台をどちらにするのか、つまり世界史に日本史を入れるのか、日本史に世界史を入れるのか、研究者の間で色々議論しています。また、坂本龍馬みたいな固有名詞は要らないんじゃないか、固有名詞が多すぎると暗記科目になってしまい、歴史を学ぶ意義から逸《そ》れてしまうのではないか、そういう意見も出されて議論されています。

学生　たしかに人名だけが多すぎると、覚えきれない。それは、意思決定者の考えや感情を想像せずに学んでいたからなのだな、と思いました。事実しか述べられていない教科書の無味乾燥な記述と比べると、この本は国民感情についても言及してあり、当時の状況を想像しやすかったです。

そうだね。固有名詞を覚えるだけの暗記科目ではなく、時代の流れを学ぶことを重視するための「歴史総合」の試案を研究者たちが提起すると、それに対して高知県の人たちが「坂本龍馬を入れないとはどういうことだ」と怒ったりするという話もありました（笑）。

でも日本も世界も知らないと、というのは歴史の教訓でもあるのです。世界の中での日本という位置づけを常に意識していないと、重要な意思決定を誤ってしまったりする。世界のことはよくわからない、と言った内閣が総辞職する情けないことが戦前にはありました。世界の中で日本は今どういう位置にあるのかということを歴史でも学ばなければいけないし、今もそう考えなければいけない。世界の見方、世の中の動向をどう知るかという方法論としても、この本は参考になると思います。

自分なりの「歴史の解釈」ができるか？

君たちの感想にも出てきたけれど、半藤さんは、固有名詞にはならない「民草」の動向、民衆がどう考えどう行動していたか、も逐一語っている。当時の日本国民がどんどん反米感情が募ってくるみたいな空気も、うまく解説している。一方でアメリカが味方の船を沈められたことによって反日感情が芽生えてくる様子も分かる。指導者層が関わる大きな歴史と、民衆レベルの小さな歴史と、その両方があって初めて、「時代の流れ」が摑める。

それが、ただ事実だけ並べられた教科書と大きく違う点で、人名が生き生きと行動する人間になる。半藤さんのように長く生きているからこそ、見えてくることもある。社会のまわり方や歴史の動き方、自分の経験が増えてこそ、見えてくる世界の構図が変わっていく。だから、君たちには年齢ごとにいつも歴史の本に目を向けて学んでほしいと思っています。年をとるほど、本を読んでなるほど面白いと思えるようになる。

ただし、この本はあくまでも半藤さんによる歴史の解釈だということも知っておいてほしい。解釈の多様性や教訓として学べることを通して歴史を楽しんでほしい、その機会としてこの本を選んだという意図もあります。それを分かったうえで、君たちなりの解釈でこの本に反論することも求められるということです。

学生　各指導者や固有名詞が、血肉を持って立ち回っているように読めるという意味では、中高生の副読本にもなるかもしれませんね。でも、半藤探偵の主観も入っている歴史の解釈だ、ということを重視すれば、教科書にはならないということですね。歴史の学び方の勉強になりました。

池上教授の読書会ノート

半藤さんとお会いするたびに、該博な歴史の知識に圧倒されます。ただし、知識量だけではありません。過去の出来事を、現代からどう見ればいいのか、その視点を常にお持ちなのです。

文藝春秋という出版社は「穏健保守」というスタンスの会社です。その中にあって半藤さんは、昭和の戦争の研究に没頭した結果、社内で「半藤」ならぬ「反動」とあだ名されたことがあったそうです。保守的な出版社の社員から「反動」と呼ばれる。どれだけ右翼思想の持ち主だったのか……。

そうではないのですね。昭和の戦争の愚かさや悲惨さを知れば知るほど悲憤慷慨《ひふんこうがい》。〝愛国者〟になっていたのです。

ところが、いまや日本社会は大きく変わりました。半藤さんの姿勢は何も変わっていないのに、ネットでは「反日」と罵《ののし》られることもあるそうです。社会全体が右にシフトしてしまったのでしょうか。半藤さんに「反日」のレッテルを貼る人たちの意識の中には「日本はアジア解放のために正義の戦いをしたのだ」という思いがあるのでしょう。

たしかに当時の日本は、「八紘一宇《はっこういちう》」や「大東亜戦争」などの名目を使っていました。

しかし、それがどのような意図を持って使われたか、アジアの人々にどう受け止められたか、そんな知識や想像力が欠如すると、「日本は正しい戦争をした」という総括になってしまいます。

日本から一歩世界に出れば、あの戦争がどのように見られていたかがわかるのに。

そういう思い込みをしている人にも、ぜひ半藤さんの書籍を読んでほしいと痛切に思います。

読書会に参加した学生の中に、「和暦と西暦が結びついていなかった」という感想を述べた人がいます。これは、よくあることですね。昭和の日本の戦争とは、世界の中でどんな位置づけにあったのか。ヒトラーやスターリン、チャーチルが登場することで、東西の歴史がつながります。

半藤さんは、「民草」という言葉を使いながら、当時の庶民がいかに愚かな熱狂をしてしまったか、どれだけ日本の針路を間違えさせたかをサラリと表現しています。政治家も軍人も間違えたのですが、メディアも一般の人々も間違えたのです。

戦後、日本では「一億総ざんげ」という言葉で、戦中の間違いを表現しました。これは、真の総括ではありません。こんな用語を使うことで、真の反省をしなかったのです。

日本の戦争責任は戦争に勝った側の連合国による「東京裁判」で裁かれました。勝った側が裁く一方的な裁判でしたが、日本は、この結果を受け入れることで、それ以上自分たちで戦争責任を追及しませんでした。
だれがどこでどんな判断をして、愚かな行為に進んだのか。常に徹底して総括する姿勢を身につけなければ、今後もさまざまな場面で、「いつの間にか始まってしまった」という過ちを繰り返すことになるのです。

さらに深めるためのブックガイド

①半藤一利『ノモンハンの夏』文春文庫、2001年

ノモンハン事件とは、1939年5月から9月にかけて満州国とモンゴルの国境線をめぐっておきた紛争のこと。日本軍とソ連軍の全面的な戦闘に発展した。

日本軍は計画性がなく準備も十分でないまま戦闘に突入し、甚大な被害を出したが、このことは日本国内で報じられず、責任者の将校たちは出世してしまうという情けない事件だった。著者は、その非合理・無能さを静かに告発する。

ここできちんと総括をしておかなかったことが、やがて無謀な日中戦争につながる。

②半藤一利『日本のいちばん長い日』決定版、文春文庫、2006年

「歴史探偵」を自称する半藤さんの白眉の書。終戦を迎えた昭和20年8月15日。しかし、当時の政府は、徹底抗戦を叫ぶ陸軍に引きずられ、敗戦を認めることができない。戦争を終わらせることがいかに難しいか。

当時を知る人たちの貴重な証言により、歴史の暗部が浮き彫りになる。

①

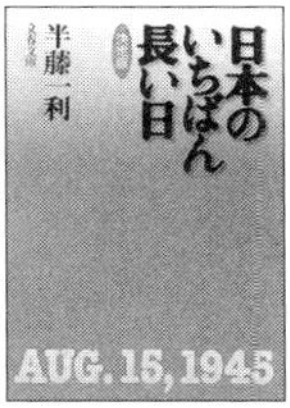

②

55　『世界史のなかの昭和史』

第2章◎昭和史から学ぶリーダーの条件

半藤一利×池上彰　著者を囲む読書会

池上彰　前回の読書会では半藤さんのお書きになった『世界史のなかの昭和史』（平凡社）を取り上げました。この本は、スターリンやヒトラー、ルーズヴェルトにチャーチルといった第二次世界大戦時の指導者を中心にして、彼らの決断や行動が、昭和の日本にどのような影響を与えたのかを描いたものです。

この本を読書会で取り上げた理由は、歴史は暗記もので苦手だと考える学生が多いからです。現在、高校では世界史は必修科目ですが、日本史はそうではありません。そこで、読みやすい歴史書を取り上げて日本史、特に近現代史をきちんと学ぼう、と考えたのです。

ことの次第を新聞のコラムで書いたところ、それを読んだ文藝春秋の編集者から「半藤さんを読書会にお招きして、学生と対話をする機会を作ってはどうですか」との提案がありました。本の著者に会って直接質問ができれば、学生たちにも大きな刺激になると考え、「ぜひやりましょう」と二つ返事でお受けしました。

半藤一利　皆さん、こんな厚い本を読んでもらって今日はありがとう。実は、講演会のたぐいは全部お断りしているんです。ただ今回は10人くらいの学生さんを相手に質疑応答を中心にするというので、「若い方にはいろいろ伝えたいことがある」とお引き受けしました。私は東工大とはほとんど縁がないんですが、大学時代にボート部の選手として、全日本選手権でいっぺんだけ戦ったことがある気がします。私のチームの方が断然強かった。もちろん勝ちました(笑)。その程度のご縁ですが、よろしくお願いします。

学生一同　よろしくお願いします。

池上　では、まず半藤さんから、なぜこの本を書くことに至ったのかですとか、書きながら考えたことなどを話していただきましょう。

半藤　冒頭から恐縮ですが、この本は最初の計画通りにいかずに途中で原稿用紙に鉛筆でシコシコ書くのを止めてしまったんです。本当は第二次世界大戦の終戦までを描こうとしましたが、寄る年波には勝てずくたびれてしまって、日米開戦で鉛筆を置いてしまいました（笑）。私は昔から日本の政府や軍部が、なぜ早い段階で戦争終結を決断できなかったのか、疑問に思ってきました。驚かれる人も多いのですが、あの戦争で死んだ日本人は、軍人、民間人全部合わせて約３１０万人もいます。そのうち１００万人以上は、昭和20年に死んでいるのです。

日本政府や軍部が何を考えていたのかは、文藝春秋の社員の時代に、存命だった当事者に片っ端から話を聞いて、『日本のいちばん長い日』、『聖断』などの本にまとめました。一方で、アメリカやソ連が、どう行動したのか書きたいと思い続けてきました。そして87歳になって、『世界史のなかの昭和史』の筆を執ったのです。

ヤルタ会談が教える歴史の皮肉

半藤　今日は、まずこの本で書こうとして書けなかった、「ヤルタ会談」についてちょっとお話ししようと思います。終戦間際のこの会談を巡る動きの中に、歴史の面白さや歴史を学ぶことの意味が凝縮されています。私はよく「歴史は皮肉なものである」と書くのですが、人々がそうあって欲しいと期待した方向に、歴史は進まないことをこれほど教えてくれる出来事はありません。

池上　ヤルタ会談は、１９４５（昭和20）年２月４日から11日まで、ソ連のクリミア半島にある避暑地・ヤルタで開かれた首脳会議です。ルーズヴェルト米大統領、チャーチル英首相、ソ連のスターリン書記長が集まり第二次大戦の戦後処理について話し合いました。

私は２回ほど現地に行ったことがあります。驚いたのは、スターリンの椅子だけ座布団が置

かれていたことです。スターリンは背が低いことをコンプレックスにしていました。そこでソ連のスタッフが、他の国の首脳と並んで座った時に背の高さが同じになるように細工したのです。

半藤　ホー、そうなんですか。

池上　ヤルタ会談は、指導者同士の化《ば》かし合いの場だったことがよくわかりました。

半藤　おっしゃる通り、巨頭たちの化かし合いがこの会談でした。ヤルタ会談が行われた時期は、すでに日本やドイツの敗色は濃厚で、枢軸《すうじく》国の降伏は時間の問題でした。そこで連合国の指導者が集まり、戦後の世界秩序を決めてしまおうと考えたのです。第二次大戦の後、ヤルタで決まった国家分割案が、ほぼそのまま採用され１９８９年のベルリンの壁崩壊と９１年のソ連の解体まで「ヤルタ体制」として続くことになります。

我が日本はその頃、ソ連に仲介してもらい連合国との和平を考えていました。ドイツとソ連の戦争は行われていましたが、日本とソ連は１９４１（昭和16）年に中立条約を結んでいて、両国は表向き友好関係を保っていたのです。それでソ連をアテにした。ところが、ヤルタ会談で、スターリンはルーズヴェルトと二人だけで会談し、日本からするととんでもない秘密協定

1945年、ヤルタ会談における３首脳。前列左からチャーチル、ルーズヴェルト、スターリン

を結んでいました。その協定の主な箇所を挙げてみます。

一、１９０４年の日本の背信的攻撃（日露戦争）により侵害されたロシアに帰属する諸権利をすべて回復すること。すなわち、南サハリンとそれに隣接するすべての諸島をソ連に返還すること。

二、ソ連にクリル諸島（千島列島）を引き渡すこと。

三、ドイツが敗戦後、３カ月以内にソ連は日本に宣戦布告すること。

１９４５年2月の時点でソ連は、連合国側に参加して日本へ宣戦布告することを決めていたのです。歴史を表面的に見ると、ここで話は終わってしまうのですが、私は、その時のルーズヴェルトの体調に注目しています。心臓が悪かったチャーチルは、会談に医者を同行させていました。その医者モーランが、『チャーチル 生存の戦い』(河出書房新社)という本を残していますが、ここに面白いことが書いてある。

それによると、ルーズヴェルトは脳動脈硬化症が相当進行していたそうなんです。ルーズヴェルトは本気になってものを考えることはできなかった状態で、スターリンの言うがままに押し切られ「イエス、イエス」と連発してしまったというのが、私の推測です。研究者にはルーズヴェルトはこの時点では判断能力があった、とする人もいるようですが、果たしてどうでしょう。「死にかけていた」ともモーランは書いています。

ルーズヴェルトは、4月12日に亡くなっていますので、かなり病が進行した状態だったことは間違いないのです。歴史というのはこういう人間の、とくに指導者の体調に簡単に左右されることは、ぜひ知っておいてもらいたいものです。

日本にルーズヴェルトの死が伝わったのは、4月13日のことでした。当時のことをよく覚えています。私は「敵の大将が死んだ。これで戦局が逆転するぞ。万歳!」などと言って無邪気に喜んだものです。ところが、すぐ後に空襲を受けまして、敵の大将が死んでも戦局にはちっとも関係がないことを思い知らされました。

日本は秘密協定を察知していた

半藤　さて、そんな秘密協定があることをソ連が日本に知らせてくるわけはありません。外務省や軍部といった日本のインテリジェンス担当者たちは、協定を察知できなかったのだろうか、とずっと気にかかっていました。つまり、ソ連が連合国に味方することがわかったならば、仲介役を頼めるなどとは思わないはずだからです。

軍事科学史・数学史を研究している木村洋氏から教えられて、私も調べたところでは、秘密協定締結の情報はいくつかのルートで届いていたことは間違いない。その一つが中立国のスウェーデンにいた駐在武官の小野寺信《まこと》陸軍少将のルートです。小野寺さんが東京に送った電報の中に、「ソ連が連合国側に入って、ドイツが降伏して3カ月後に日本に攻め込む」という内容のものがあったのです。ところが、日本政府、陸軍はこの情報を無視しました。いや、その存在すらも認めませんでした。なぜ、このような重要情報が闇に葬られたのでしょうか。

小野寺さんは、はるか以前に2通ほど間違った情報を日本に送ってきたことがあるんです。それで東京には「小野寺情報はあてにならない」と決めつける人がたくさんいた。さらに、小野寺さんは陸軍の派閥でいうと非主流の皇道派の軍人でした。陸軍中枢の統制派は、「小野寺の言っていることは信用ならん」と考えていたのでしょう。「あいつは皇道派だし、この情報が正しいかはわからんぞ」と現代の会社でも起きそうな事象が、あの戦争の最終局面で起こっていた可能性があるのです。

他にもブルガリア駐在武官の秘書だった吉川光《あきら》が、同様の電報を送ってきています。また、東京にいた陸軍の編制動員課長の林三郎大佐は、同様の情報が来ていたことを認めています。もっとも林によれば、「小野寺ではなくスペイン公使であった須磨弥吉郎の電報であったと思う」と私に語ってくれました。

いずれにせよ複数の資料から、当時の日本はかなり早い段階でソ連が連合国側について参戦する可能性があることを知っていたと考えて間違いはありません。にもかかわらず、政府や統帥部（参謀本部）は、この重要情報を有効に利用せず、この本のエピローグで書いたとおり、ソ連仲介による和平を国策のトップに据え続けたのです。そこには、ソ連は裏切るはずがないという手前勝手な希望的観測があっただけなのです。

無謀な仲介工作に希望を託して、日本は終戦を遅らせた。そのことによって多くの犠牲が生まれたという事実を忘れてはいけません。もし、当時の日本が世界の巨頭たちの打算や思惑から目を逸らさず、ヤルタ会談以降、情報収集と分析を重ねていればこの惨禍は防ぐことはできたのではないかと思います。「歴史にｉｆはない」とは言われますが、これらの情報をなぜ重視しなかったのかと悔やまれてなりません。いまの日本だって……と疑いたくなるのです（笑）。

もちろん、当時の日本国民の多くは、そんな情報が日本に届いていることは知りもしませんでした。やみくもに前を向いて「鬼畜米英」と戦っていたわけです。少年時代の私もその一人でした。

だからこそ、若い人には、大きく目を見開いて目の前で今起こっている事象だけでなく、人物観察を含めた、広く様々な視点から情報を集め、分析して対応して欲しいと思っています。つまり国際情勢の動きに関心をもち変化に応じる感覚を常々から磨いて欲しい。多くの場合、歴史の中に似たような事象は転がっているものです。それを教訓に現在の振る舞い方を考えて欲しいのです。そのようなことを願いつつ、もう最後のころはワラワラしながら、私はこの本を書きました。

池上　ありがとうございます。では、学生たちの質問に入る前にまず私から質問させてもらいます。

ソ連が連合国側に参加するという情報をあえて見ようとしなかったとご説明いただきました。「知りたくないものは知らない。見たいものだけを見たい」というのは、今の日本にも通じるところがあると思います。その点を詳しくお話しいただけますか？

半藤　困ったことにそれが日本人の特徴の一つなんですね。太平洋戦争を通して政府も軍もそうでした。起きたら困ることは、「起きないんじゃないか」とまず考える。それを議論しているうちに、「起きないに違いない」と思うようになる。そして、「ゼッタイに起きない」と結論をそっちへ導くんです。私たちは、そういう欲望に引っ張られやすいことを承知しておいた方がいいでしょう。

池上　同様のことが起こったのは、２０１１年3月11日の東日本大震災による福島第一原発の事故ですね。津波によって電源が喪失し、メルトダウンを引き起こしました。大津波が発生した場合に、防波堤を超える可能性があることは以前から指摘されていました。しかし、「そんなことになったら大変だ」「そもそも、そんなことは起こるはずがない」と検討すること自体が止められてしまっていたのです。日本人の特徴として、古い昭和の話ではなく現代にもつながる問題であることを教えてくれます。

陸軍の考えたリーダーに必要な資質

学生　お話の中で、起きたら困ることは起きないと思うようになっていく人間の心理的な部分に興味を持ちました。現在の日本でも、悪いニュースにきちんと耳を傾けて判断する土壌が生まれていないと思いますが、その理由をどうお考えですか。

半藤　これは誠に情けないぐらいに、頭のいい人たちほど、そう考える人が多いようなんです。太平洋戦争の教訓として言うならば、秀才が集まってタコツボ的な自分たちだけの小集団を作ったために、そのような状態が生まれたと考えられます。

日本の陸軍は参謀本部の中にあった作戦課（第二課）という部署が圧倒的な権力を持っていました。この作戦課の連中が、戦争全体の戦略戦術を立てるのですが、恐ろしいほど自己中心的で閉鎖的でした。彼らは陸軍大学校を優秀な成績で卒業した人間ばかりで、エリート意識が極端に強かった。なんと彼らは、自分たちの部屋の入り口に銃剣を持った番兵を立たせて、他の部署の人間を一切入れさせなかったほどです。陸軍の中には情報分析に特化した情報課（第五課＝ソ連、第六課＝欧米、第七課＝中国）があるのに作戦課は彼らの話を聴こうともしなかったのです。

いまの内閣官房なんかもそうですが、どうも日本人は少数の仲間だけを集めて物事を決めようとする癖があります。「議は戦わず」という軍部の格言があります。議論を重ねれば重ねるほど、いい方へいい方へと結論は向かっていく。最悪を考えないという意です。そこを改めないと、色眼鏡をかけたまま情報を分析する悪い癖は治らないでしょう。

学生　どの組織でも、リーダーをどう育てるかは永遠の課題だと思います。日本人は理想のリーダー像をどのように考えてきたのですか。

半藤　そういうお話が出ると思って、いくつか例を用意してきました。日本人はこれまで幾度となく理想のリーダー像を考えてきました。少し長くなりますが、その典型例を紹介しようと思います。

江戸時代初期の三河の武士で関ヶ原や大坂の合戦に従軍し、のちに僧侶になった鈴木正三《しょうさん》という人がおります。この方が自分の厳しい体験を踏まえ人の上に立つ人間はこれだけ心得ろと、リーダー論を残しています。

一、先見の明がある人。
二、時代の流れを的確に読める人。
三、人の心をつかむことができる人。
四、自己の属している共同体、組織全体について構想を持っている人。
五、気遣いができて人徳のある人。
六、大所高所から全体を見渡せる力量を持っている人。
七、上に立つにふさわしい言葉遣いや態度が保てる人。

だそうです。

池上　それはそうでしょうという話ばかりですね。でも、実際に全部できる人はいない（笑）。

半藤　おっしゃるとおり。全部できるなら神様ですよ（笑）。でも、全部は難しくてもこのうちの1つでも2つでもあれば立派なもんです。時代がずっと下って日本陸軍も昭和3年に統帥綱領というリーダーかくあるべしという文書をまとめました。それもご紹介しましょう。

一、高邁《こうまい》なる品性のある人。

二、非凡な洞察力を持っている人。

三、卓越した識見を持っている人。

四、豊富な経験がある人。

五、無限の包容力がある人。

ところが「これじゃああまりにも立派過ぎるし、よく分からん」ということになり、「威徳《いとく》のある人」つまり威厳と人徳がある人がリーダーに相応《ふさわ》しい、と一言にまとめたんです（笑）。すぐに気がつかれたと思いますが、結局のところ鈴木正三が挙げたのと似ているんです。このへんが日本人のリーダーシップ像。つまり、日本では頭のいい人たちが本気になってリーダーシップを考えてもこの程度でしかないともいえるんです。

山本五十六の欠点

学生　日本人が理想とするリーダー像は、現実とはかけ離れている点がよくわかりました。昭和史を調べてきた半藤さんご自身は、どういったリーダーシップが理想だとお考えですか。

半藤　私は、理想とするリーダーに必要な条件は6つあると思っています。

まず大事なことは、「自分自身で決断すること」です。実は、太平洋戦争中にこれをきちんとやった軍人はほとんどいません。大抵の指揮官は、参謀が持ってくる作戦計画を「それはいい。それで行こう」と頷《うなず》くばかりだったんです。そういう人が指揮した戦いでは、大きな人的損害を出している。

2つ目は、「部下に明確な目標を与えること」です。

これが上手くなかったのは、山本五十六連合艦隊司令長官です。五十六さんは私の母校である長岡中学の大先輩で、名将だと思っている提督の一人です。ただし、なんでもかんでも自分の中に貯め込んで、部下に目標を明らかにできないタイプでした。

真珠湾攻撃のときもこの悪い癖が出ました。五十六さんは、アメリカの戦意を削《そ》いで早期講和に持ち込むために、真珠湾の艦隊だけでなく、石油タンクや港湾施設などを徹底的に壊滅して欲しいと思っていました。ところが、部下にはその目的を明確に伝えてなかったんです。だから、真珠湾攻撃の指揮官である南雲《なぐも》忠一中将は、停泊している戦艦を沈めて、アメリカ軍の反撃を恐れて「勝ったしこれ以上やる必要はない」と急いで引き上げてしまった。

ここで真珠湾を完全に破壊しなかったことがのちのちまで日本を苦しめることになります。日本中が万歳三唱をしているさなかに、五十六さんは悔しがっていたかもしれません。ミッドウェイでもそうです。大本営の命令は「ミッドウェイ島を攻略（占領）せよ」となりましたが、彼の本心はそんなことよりも、敵機動部隊を誘いだして全滅させることにあった。しかし、五十六さんはそれを明確に指示・命令しなかった。上に立つ人は、自分だけ目標をわかっていてもダメだという典型例だと思います。

それから3つ目は、「常に権威を明らかにせよ」です。自分はここに居るぞ、ということを常に明らかにすることです。何か問題が起きた時に、「社長はどこ行っちゃったんだ」となってはいかんということです。

山本五十六（1884-1943）

池上　2018年5月に起こった日本大学アメフト部の悪質タックル問題でもそうでしたが、不祥事が起きると、トップが雲隠れしてしまうことがよくありますね。

半藤　あれは酷《ひど》いものでした。トップは率先して「オレはここにいるぞ」とその位置を示す必要がありますよ。

４つ目は、「情報は自分の耳で聞け」です。

部下から伝えられた偽情報を本当の情報のように思いこんで、それで作戦を練ったり方針を変えたりするリーダーがたくさんいます。いまでいうとフェイクニュースなどに影響を受けていては駄目なのです。本当に大事な情報は自分できちっと聞いて、充分に分析して、判断をしないといけません。

５つ目は、「想像と現実とを引き離せ」です。

これは、先ほどヤルタ会談のところでもお話ししたように日本人の思考の中に、きちっとした現実というものを見ないで、想像力によって作り上げた架空を常に信じやすい傾向が多いわけです。わかりやすくいえばリアリズムに徹せよ、ということです。

それから最後の６つ目は、「部下には最大限の任務の遂行を求めよ」です。

「ちょっと適当に行って、やってみてくれ」なんていう軽い調子で命令を与えたら、部下は実力を出し切って働かない。部下を信頼し、全力を尽くすようにと命令する姿勢が、リーダーには必要だと思います。しかし、そのおのれが命令したことには責任を持たねばなりません。

以上の６つが昭和史と太平洋戦争から私が考えた良いリーダーの条件になります。

ただし、これはあくまでも私が歴史を勉強して教訓的にお話しできるリーダー像なんです。

若いみなさん方には、自分たちで理想のリーダーとは何かを徹底的に議論したり勉強したりして考えていただきたいと思います。と申しますのも、メディアでは、政治家でも官僚でもやれ素質が悪いとかやれ劣化しているとか簡単に言います。今回の財務省による公文書改竄《かいざん》という不祥事などその典型です。それを見ている国民の側も「そうだそうだ」なんて一緒になって悪口を言っている。しかし、リーダーというものは国民の意識の上に成り立っているものです。国民の意識が劣化しているからリーダーも劣化していると考えるべきではないでしょうか。

私はいつも驚くのですが、なぜ選挙の投票率が低いんですか？　昔は総選挙の投票率は、低すぎるといっても70パーセント近くはあったものです。それが今は50パーセントくらいを行ったり来たりしている。世代別で見ると圧倒的に若い人が選挙に行っていない。これでは政治家が劣化したなんて言えませんよ。もう少しみんなが本気になって、リーダーは自分たちのものだというふうに考えなきゃいけない時期に来ていると思います。

「天皇」と「大元帥」の違い

学生　半藤さんの本を昭和天皇の行動を中心に読んでみました。すると、昭和天皇が日独伊三国同盟にしても日米開戦にしても政治と軍事の間で迷っているように感じました。昭和天皇は日本の元首で、自分が決めたらみんながその通り動くと思うのですが、なぜこのようなことになっているのでしょうか。

半藤　鋭い質問ですね。そこは非常に説明が難しい部分なんです（笑）。戦前の天皇というのは、大日本帝国という国家の元首でしたが、それ以前から軍の最高指導者でもありました。まずはこの点を押さえてください。

これには、１８７７（明治10）年の西南戦争が大きく影響しています。西南戦争は、明治維新後の最大かつ最後の内乱で、政府軍は、西郷隆盛率いる反乱軍を鎮圧するのに大変苦労しました。この時、征討軍の参謀本部長を務め、「日本陸軍の父」である山縣有朋《やまがたありとも》は、戦後すぐの明治11年に「軍隊はいちいち政府の許可を求めていたら戦えない」と痛感しました。これを教訓に山縣は、「政治」から独立性の高い軍隊を整備し、これによって日本に近代的な軍隊が生まれました。つまり、近代日本はまず「軍事国家」として生まれ、これを率いるのが天皇だったのです。

そしてその後、大日本帝国憲法が、１８８９（明治22）年に発布されます。ここで初めて日本は「立憲君主国家」となります。この時、軍の統領である天皇は「立憲君主」となったのです。このような歴史的経緯から、天皇は、実は二重性を帯びた存在となったんです。「軍事における大元帥としての天皇」と「政治における立憲君主としての天皇」です。

平時には、この二重性はさほど問題になりませんが、「政治（内政）」と「軍事」が密接に絡み合う時、厄介なことが生じます。たとえば、１９３６（昭和11）年に起こった二・二六事件です。

朝の6時20分に第一報が昭和天皇のもとに届けられました。普段、昭和天皇は背広を着ているのですが、この日は朝から軍服を着ました。軍服を着て表御座所《おもてござしょ》に出るというのは、「これは軍事問題である。したがって、大元帥としてこれを処理する」と宣言しているに等しいわけです。実際に昭和天皇は、「これは反乱軍である。朕《ちん》自らが軍隊を指揮して討伐してもいい」

などと強い調子で決起した将校たちを非難しています。つまり昭和天皇は、大元帥としてこのとき振る舞ったわけです。

この時の天皇はこうして決然たる態度を示しましたが、「政治（内政）」と「軍事」がごちゃまぜになってきた時に、どちらの立場を優先して判断していいか悩んだ場合も多々あったと思われます。ですから、昭和史というのは、「この時は政治判断だから天皇だ」「いや、この時は軍事だから大元帥だ」というふうに、その役割をいちいちその局面局面で理解しないと分からないところがたくさんあってややこしいのですが、この天皇の二重性を理解することが昭和史の鍵となります。

学生　そうすると、「大元帥」の命令は聞くけれども、「天皇」の命令は聞けない、という軍人も現れるような気がするのですが。

半藤　非常にいいところに気がつきましたね。たとえば、そのようなことが終戦を巡って起きています。

昭和20年8月14日、いわゆる聖断が下って戦争を止めることになりました。ところが、翌日の玉音放送を聞いても「まだ俺たちは降伏しないぞ。本土決戦だ！」と頑張っている部隊は陸軍にも海軍にも山ほどあったんです。なぜ、連中が意気軒高だったかというと、「「天皇陛下」

は弱虫どもの意見を入れて降伏したが、我ら軍隊はまだ「大元帥陛下」の戦闘停止命令を受けてない」と考えたわけです。屁理屈といえばそうなんですが、実際に大元帥から「戦争を止めなさい」と命令が出てはいなかった。そこで慌てて、大元帥命令として「自衛のため以外の戦闘行動を中止せよ」と16日に陸海軍に戦闘停止命令を出しているんです。さらに18日にもう一度軍すべてに即時戦闘行動停止命令を出しています。念を押さなければならなかったのです。

では、政府にしても陸海軍にしても8月15日をどう理解し納得したのかが問題になります。彼らはこう考えました。「天皇」と「大元帥」のさらに上に、大が付く「大天皇陛下」がいらっしゃる。その「大天皇」が政治を指揮する「天皇」を通じて政府に、「大元帥」を通じて陸海軍にそれぞれ「戦争を止めるように」と命じたと理屈をつけたのです。

もっと丁寧に天皇と大元帥の問題をやるとそれだけで一日かかってしまう。じゃ、大元帥陛下は大天皇陛下の家来なんですかと（笑）。まあ、この程度にしておきますけれども。我々から見ると摩訶不思議な形で大日本帝国は動いていたことを理解してもらえればと思います。

池上　昭和天皇は、自分は立憲君主制の君主であるという意識をずいぶん強く持っていた。その一方で大元帥として軍を統帥するという役割を持っていました。これは太平洋戦争における戦争責任についての議論にもつながってくる問題だと思うのですが。

半藤　昭和天皇の戦争責任については、法的に天皇陛下としてはないんです。憲法上は無答責です。しかし、大元帥陛下としては責任があるというのが私の考え方です。この天皇と大元帥の二重性の関係を踏まえた上でないと、戦争責任については考えるのが難しいんです。

池上　一人の天皇に二つの役割があったことが、話をより複雑にしているわけですね。

半藤　そういうことです。

優柔不断なリーダーがなぜ生まれたのか

学生　先ほど国民の意識が劣化するからリーダーも劣化するとおっしゃっていましたが、1928年以降、普通選挙制が始まっていると著書の中にありました。選挙が行われているのに、どうして優柔不断なリーダー、たとえば近衛《このえ》文麿《ふみまろ》のような政治家が首相に選ばれてしまったのでしょうか。

半藤　当時は首相を選ぶ方法が現在とは大きく違いました。今は選挙に勝った第一党の党首が首相になりますが、明治憲法下ではそんな規則はありません。選挙で勝った政党の党首が選ばれることもありましたが、昭和7年の五・一五事件で政党政治が終わった以後は、基本的には西園寺《さいおんじ》公望《きんもち》のような元老と呼ばれる実力者や首相経験のある重臣たちが意見を述べて首相を決めていたんです。

学生　元首である天皇は、そこの会議には加わっていないのですか。

半藤　天皇は関係ありません。元老や重臣だけが「次は誰にしようか」と相談していました。戦前の内閣は能力ではなくて、人間同士の付き合いとかお友達とかで選ぶことが多かったんです。それと威厳と人徳です（笑）。「誰それが相応しいです」と元老が言えば天皇は「わかった」と返す。それが、大命降下となって組閣を命じられることになるのです。

しかも、首相には閣僚を罷免《ひめん》する絶大な権限がありません。それぞれの閣僚が、天皇によって任命されているので、首相が「お前はクビだ」とは言えないのです。

池上　昭和の軍部はそこを悪用していますね。軍部大臣現役武官制と言って、退役軍人や非軍人を陸海軍の大臣に据えることをできなくしました。大臣を出さないことで都合の悪い内閣の成立を妨害したり、大臣を辞任させたりすることで倒閣ができるようになったのです。

学生　海外ではヒトラーやスターリンなどいいか悪いかは別にして、代表的なリーダーがいます。それに対応するリーダーが、日本にいなかったのではないかとこの本を読んで感じました。本の中で半藤さんが「「天皇は存在するが存在しない」国家」とも書いていますが、最終決定をする人と最終決定の結果に対して責任を持つ人がいなかったと解釈していいんでしょうか。

半藤　それは昭和天皇が大正天皇の摂政宮を務めた5年間を表現したことばですが、昭和天皇の時代にも続いていたと考えて間違いではないかも知れませんね。終戦の時の話をすると分かりやすいのでお話ししましょう。日本の終戦は昭和天皇が自ら「戦争を止めよう」と言って、みなが「分かりました」と従ったのではありません。御前会議で昭和天皇が聖断を下したのはサジェスチョン（示唆）あるいは意思表明でしかなかったのです。終戦のご意向を承った鈴木貫太郎首相が、閣議を開いて閣僚たち全員の承認を得て、鈴木内閣の政策として戦争を終結させることができたのです。一人でも反対があれば内閣総辞職です。つまり、天皇の命令ではなく、あくまでも鈴木内閣の責任において降伏したわけです。

先ほども「大元帥」のところで話をしましたが、国政の責任は天皇にはないけれど、首相も手前勝手にやることはできない。ましてや各大臣たちは自分の職分外の責任はない。それが、リーダーシップなき太平洋戦争下の日本の現状だったのではないでしょうか。

池上　現在の安倍晋三内閣では、財務省で文書改竄《かいざん》や事務次官のセクハラ問題などの不祥事が起こっても財務大臣に責任を取らせて罷免することはありませんでした。戦前の日本で不祥事が起こった場合、どうやって責任を取らせていたのでしょうか。

半藤　もちろん政党の突き上げや世論の圧力で大臣が辞任することはよくありました。当然、内閣総辞職です。現代と違うのは天皇がかかわってくることもあった部分でしょう。文書改竄などが起こったら天皇が「これはどういうことだ」と首相かその担当の大臣に説明をさせると思います。『昭和天皇実録』などを読みますと、昭和天皇がさまざまな法案や外交問題に対して、首相や担当大臣を参内させて事細かに説明を受けている姿が描かれています。ときに妥当性や以前の発言との整合性を問うたりしていました。

池上　なるほど。むしろ戦前の方が、天皇に対してという形で責任が問われたわけですね。

半藤　そうですね。有名な例でいえば、１９２８（昭和３）年に関東軍の起こした張作霖《ちょうさくりん》爆殺事件での田中義一首相の対応です。昭和天皇への説明が二転三転したことで不信感が募り「辞職した方がよいのでは？」と示唆されました。それを受けて、田中首相は意気消沈し最後は総辞職しています。いまの憲法下でしたら、これが天皇への説明責任ではなく国民への説明責任になるわけですが、その辺りがうやむやになっているのが、昨今の政治の現状ではないでしょうか。

日本人は資料を大切にしない

池上　財務省の公文書破棄が問題になったときに、終戦時の文書焼却が脚光を浴びました。8月16日以降、陸海軍だけでなく霞が関や日本中のいろいろな役所で書類を焼き始めた。アメリカ軍が偵察のために上空を飛んだら、「空襲をしていないのにどうしてそこら中から煙が上がっているんだろう」と不思議に思ったそうです。現在の問題を一つとっても歴史に同じような事象が現れていることがわかりますね。

半藤　陸軍なんか三日三晩焼き続けたといいますからね。でも、軍部や役人ばかりじゃないんですよ。新聞社だって写真や資料を片っ端から燃やしてしまった。

東京裁判で日本の弁護団がホトホト困りぬいたそうです。被告が無罪であることを証明するための当然あるべき資料が、すべて燃やされていて、弁護のしようがなかったのです。そのことを調べ、本当に日本人は資料というものを大事にしない民族なんだなとつくづく思ったものです。私のような資料好きからすると、貴重なものを燃やしてしまうなんて、もったいなくて想像もつかんことなんです。そして、今回の文書改竄に文書破棄ですからね。「またか。日本人は変わらないんだねぇ」という思いを強くしました。

池上 ありがとうございます。では、最後に学生に今日のまとめをしてもらって終わりましょう。

学生 最初この本を読んで、いまの僕たちの生活にどう生かしていけるのだろうか、すごく混乱している面もあったんです。けれども、今日は半藤先生から直接お話を聞いてすっきりしました。歴史からどういった教訓を学べるかですとか、いま目の前で起きているニュースをどう見るべきなのかを教えてもらったように感じます。歴史を学ぶことは現代社会を知ることなんだ、と改めて思うようになりました。今日は本当にどうもありがとうございました。

第3章◎戦後につくられた「戦争」

『日本の長い戦後　敗戦の記憶・トラウマはどう語り継がれているか』を読む

橋本明子著／山岡由美訳

みすず書房、2017年刊。
272頁・四六判

◎**内容紹介**：憲法改正、領土問題、歴史認識問題はなぜ、こんなにも軋轢を招くのか。アメリカで教える気鋭の社会学者が比較文化の視点から、日本の「敗戦の文化」を考察する。戦後70年を過ぎた今、不透明な過去に光を当て、問題の核心に迫る。

◎**著者紹介**：（はしもと・あきこ）１９５２年東京生まれ。幼少期・青年期をロンドン、東京、ハンブルクで過ごす。ロンドン大学社会学部卒業。イェール大学大学院社会学部博士号取得。現在、米国ポートランド州立大学客員教授、イェール大学文化社会学研究所客員研究員を兼任。

『日本の長い戦後』の読みどころ
◎日本の戦後の「記憶」は、「英雄」「被害者」「加害者」の3種類。
◎教育やメディア情報がいかに戦争の記憶を規定するか。
◎隣国と協働して、過去と向き合い、国の未来像をつくり出していく。

なぜいま「戦後」なのか?

今回選んだ本は、橋本明子著『日本の長い戦後——敗戦の記憶・トラウマはどう語り継がれているか』山岡由美訳。以前に東工大生から、「私たちは高校時代に日本の歴史など、日本社会についてしっかり学んでいないんです」という直訴を受けました。そこで戦後日本についてじっくり考えてもらおう、という趣旨でこの本を選びました。日本人が書いた本だけれども翻訳書として出ているのは、著者がアメリカの大学で教えながら著した英語の論文を元にしているため。理系の君たちに、社会学的な記述の方法を知ってもらいたいという思いもあって選書しました。

あとはタイトルに「戦後」とあるけれども、この時代の日本のことを若い人は意外と知らないのではないか。たとえば中学校で習う日本史で、教科書が先史時代から始まって順に教えていくために、近現代は年度末に時間が足りなくなってあまり詳しく教えられない、とか。教えたとしても、戦争の被害者としての教育しかしていないのでは、とも感じます。この本で提起されている加害者という違う視点も学んでほしいと思い、今回の本に選びました。理系のみんなは、高校で日本史は選択していないだろう？

学生　はい（笑）。政治経済選択が大勢。世界史は建前としては必修でしたが、実際は……。

最近でも、進学校の灘中学校が選択した社会科の教科書に「従軍慰安婦」という用語が使われている、と保守的な考え方をする層からは大騒ぎになった（２０１７年）。調べてみると、灘中学校だけでなく、都内の私立、国立の受験校と言われている他の中学校でも採択されていて、「反日教科書を使わせるな」という運動が一部で起こったりしたんだよね。「従軍慰安婦」という一語に、拒否反応を示す人がこんなにいた、ということ。どのような考え方や視点に立って歴史を見るかで、物事のあり方が変わってしまう、という例だと思います。

学生　アメリカの高校に通っていましたが、パールハーバーの記念日が、12月7日だったのです。この日に、各地で半旗が掲げられる。日本では12月8日が開戦日とされていますが、アメ

真珠湾を訪問した安倍晋三首相と当時のオバマ米大統領（2016年12月、共同通信）

リカ側からすると、本土ではまだ日付が変わっていない12月7日の攻撃だったから、この日が開戦日と理解されています。

日本では、対米戦争の開戦日は12月8日の真珠湾攻撃だ、と言われているよね。アメリカでは前日の12月7日、犠牲者を悼む被害者の側面と同時に、この日をきっかけに始まった戦争で世界を救った、要は日本を懲らしめた、という側面からも記念日になっています。視点によって、物事の見方がずいぶん違ういい例だよね。

3つの「記憶」

著者の見立てでは、日本には「敗戦のトラウマ」が存在し、そこには3種類の類型がある。戦争に「英雄」を見いだそうとする「美しい国の記憶」と、戦争「被害者」としての「悲劇の国の記憶」、そして東アジア諸国に対する「加害者」の側面に注目する「やましい国の記憶」です。

私自身がどのように戦争を学んで育ってきたか、ということを思い起こすと、四肢を失った傷痍《しょうい》軍人が東京都内の街頭で「お恵みを」と言っている姿が記憶に残っている。こういう風景とともに、中学、高校で教えられた内容も、被害者を意識させられるものが多かった。日中戦争など、加害者の側面はすっぽり抜け落ちている。大学時代、「家永《いえなが》訴訟」が起こり、加害者史観が意識されるようになったんだよね。南京大虐殺などの日本の加害に関する記述を盛り込んだ日本史教科書が、「戦争を暗く表現しすぎている」として教科書検定で不合格になった。教科書の執筆者である家永三郎から、国や文部大臣を相手に起こされた裁判です。それまでは、「太平洋戦争の敗戦国」というイメージしかありませんでした。東京が一面の焼け野原になった写真が、被害者のイメージを象徴するものだったりね。

たとえば中学高校の修学旅行で、戦争に関係のある場所に行くのは定番だった。広島の原爆ドームとか、修学旅行でなら行ったことがあるという人は多いと思う。君たちの世代だと、沖縄の戦跡に行ったりするのかな。そういう所を見ても、「被害者」を強調する教育が行われてきたのではないか、と思わせられるよね。

学生　この本を読み、自分がいかに被害者的視点で戦争という過去を教えられてきたかを痛感しました。教科書で習った内容もそうですし、その地域が空襲を受けた場所だったこともあり、空襲被害のビデオを見せられていました。

「ストーリー」として戦争に出合う場は、最近は映像作品が多いです。２００５年に公開された『男たちの大和』という映画を父と観に行きましたが、英雄的視点で描かれていました。そういう作品、多くないですか？

学生　『永遠の０《ゼロ》』とか。加害の側面は脇に置いて、「家族を思う戦士」が強調されている。特攻を、美談として済ませていいのか、と思いました。

学生　一方で、戦争映画を見て感動する自分もいる。教科書で習った戦争、九条・慰安婦・領土などの問題、原爆が落とされた悲劇の国、……戦争についての自分のイメージがいかにバラバラで、いかに自国の歴史を知らないのかを思い知らされました。この本で「英雄・被害者・加害者」という３つの立場に分析されることによって、ようやく点と点がつながり、全体像が見えてきました。

学生　日本における被害の歴史をひもとくと、否が応でも加害者としての責任も立ち現われてくる。加害者はだれか、と考えていくと、当時の政府であり、それを支持した当時の社会を構成していた私たちの祖父母世代ではないか、と行き着く。それに向き合いたくないがために、戦後70年が過ぎても、戦争というのは軽々しく話題にできるものではないのだな、と思いました。

言葉のイメージ

学生　同じ戦争の呼称でも、「一五年戦争」「太平洋戦争」とさまざまにあることが、指摘されていますね。私は、「一五年戦争」という言葉は、この本を読んで初めて聞きました。

共産党系の学者が好んで使う呼称だね。本にも書いてある通り、「太平洋戦争」はアメリカ側の視点からの呼び名。日本の視点では、「大東亜戦争」という呼び方をしていたけれど、アメリカに負けて占領されてから、「太平洋戦争」に正されたという経緯がある。最近は、日本視点と占領国視点と両論併記がいいんじゃないか、ということで「アジア太平洋戦争」という折衷案みたいなのが、よく用いられているね。

ちなみに「第二次世界大戦」とすると、日中戦争は含まれなくなってしまうので注意が必要だ。昭和天皇は「先の大戦」という言葉を使っていた。

言葉のイメージ、それを利用したキャンペーンというのは、今の政治家もよく使う手法だよな。

学生　安倍晋三首相のいう「戦後レジーム」とか「美しい国」とか、はっきり言って何を言っているのかわからない。僕らは生まれた時から戦後だから、「レジーム」と言われてもピンとこないです。

日本人がよく使うごまかしの言い方だね（笑）。あと、主語を避ける、受身形にする、というのもよく使う手法。広島にある原爆死没者慰霊碑の碑文には、「安らかに眠って下さい　過ちは繰返しませぬから」とある。「繰返しませぬ」の主語は、誰なのか。「過ち」は、原爆そのものか、それとも戦争全体を指すのか。日本の加害の「過ち」なのか、アメリカ軍も人類も含めてすべての戦争をする国なのか。あるいは、そこにあるのは被害者視点だけで、誰が落とした爆弾なのかが抜けている。これを読んだ小学生が、「誰が爆弾を落としたの？」と聞いたという話もあります。語り手の文脈としては、怒りを共有するのではなく、悲しみを共有するための文章ということになっています。

原爆に対する見方でも、最近のアメリカを取材していると、世代間などで変化を感じます。従来はアメリカでは、「戦争を早く終わらせるために、必要なものだった」と考えられてきた。

現在は「あれはやるべきではなかったのでは」と考える人が出てきています。ある博物館では、原爆被害の展示が設けられたりして、原爆被害の悲惨さをアメリカ人が知る機会となっている。これは、従来の正当化されたものの見方からすると画期的なものだよね。それを見た若い人を中心に、反省する見方が出てきている。その時代の後に生まれて、経験していない人の方がニュートラルにものを見られる、という例だと思う。当事者責任がない、ということだけれども。

学生 日本が加害をして一時は占領をした韓国、中国では反日感情がたびたび激しく起こりますね。それに対して、日本でも反韓や反中の感情が生まれたりしている。しかし、反米感情が起こらないのはなぜでしょうか？　戦争に負けて、日本はアメリカに占領されたというのに。占領した・されたの関係では、過去の韓国や中国と一緒です。

日本人は、戦争が終わって「ほっとした」という側面があったからではないか。爆弾を落とされて家を焼かれ、食料も不足し、家族を兵隊に取られる。総力戦での戦いを強いられて、国民は疲弊しきっていた。日本人が怒りの矛先を向けるとしたら、当時の日本政府に対するものになったと思います。戦争で疲弊して、国家の統治機構への信頼が損なわれた状態で、戦争に勝ったアメリカ軍が日本へやって来た。だからマッカーサーを歓迎したのではないかと読み取れます。

広島平和記念公園にある慰霊碑

ＧＨＱに占領されたあとは、その指導のもと「アメリカのおかげ」という教育がなされることになります。反米感情が起こらないように。

学生　日本国民の統治機構への信頼は損なわれたとのことですが、天皇に対してはどうですか？

戦前の政治体制では、立憲君主制がしかれていたものの、事実上軍部の政策には口出しできない状態になっていた。戦後ＧＨＱの占領後も天皇制は維持され、日本国の象徴として、憲法で定められることになった。

長崎市の本島等市長（当時）が「天皇にも戦争責任があると思う」という発言

をしたところ、右翼団体に銃撃されるという事件があった（1990年）。その事件以降、天皇の責任を問うことはますますタブーになった。戦争を考えるときに天皇というワードが出ると思考停止にさせられています。

学生　『はだしのゲン』の中では、天皇批判をしているのを読んだことがあります。小学校高学年のときに読破しましたが、その時日本が悪いことをしていたという認識はありませんでした。一部の人間がやっていた愚行ではないか、と。

ドイツの反省の仕方、戦後の身の処し方

学生　同じ敗戦国のドイツが過去をどう捉えているか、この本でも触れられていますが、実際に過去の清算はうまくいっているのですか？

ドイツでは、「我々は反省している」という意思表示を徹底させることで戦後の安定を保っているという側面が大きい。ナチス、ヒトラーにすべての罪を集中させて、自国の過ちとして認め、自己批判を徹底している。フランスや東欧など、戦火を交えたり加害をした国々とも国境を接しながら、経済的なつながりも持って共存していかなければならない。ヒトラーにすべ

国際会議の集合写真でも、ドイツ首脳は挙手をしない。１列目右端がメルケル独首相
（2019年Ｇ20大阪サミット。DPA／共同通信イメージズ）

ての責任を帰することで、ヨーロッパにおける身の置き方を選んだといえるだろう。

ドイツは、法律でもナチスを禁じている。「ドイツ刑法典１３０条」の民衆扇動罪は、特定の人々の尊厳を傷つけたり、憎悪を扇動したりすることを禁じたもの。つまり、ヒトラーやナチスドイツを礼賛したり讃美したりする言動や、ナチス式の敬礼やナチスのシンボルを見せることを禁止している。たとえば、日本の教室でよく見るような手を斜め前にしての挙手は、厳禁。ドイツで挙手は、一本指を立ててするのが常識。また、現在ではドイツ国歌は３番の歌詞から歌われることが定番となっている。なぜか。ナチスの前のワイマール時代に定められた国歌なんだけど、1番2番の歌詞はあまりにもナチスの時代を連想させる内容を多く含んでいるため、忌避されているようだ。

学生 悪行はナチスがすべて行い、国民の責任はそれを許してしまったことである、という構図ですね。

ドイツは、ナチス時代の強制収容所が建造物として残っていて、「加害」の歴史が国内に確固として存在している。そして、国民全体で心からそれを反省している、と。それに比べると日本では、国内に「加害」の歴史がないためもあってか、その意識も薄いのかもしれない。ドイツの高校では、まる1カ月をかけてナチスドイツについて議論をしながら学ぶという。日本の学校の日本史では、駆け足で戦争の時代を学ぶのとは大違いだよね。

学生 日本には、被害者意識を強く想起させる原爆ドームが存在していますね。だから、日本で戦争が語られる際には被害に関する思いが前面に出やすいのかもしれません。

学生 アメリカでは、原爆に対する認識が若い人の間で変化してきた、というお話が先ほど出ましたが、ドイツでも同様の意識の変化が見られたりすることはないのでしょうか。

前述したとおり、ドイツではそもそも法律でナチスを連想させるものを禁止しているから、そういう動きが出てくることはないと思う。しかし、最近はＡｆＤ（ドイツのための選択肢）という右派の政党が出てきて、支持を集めている。「ドイツは偉大だ」というスローガンのもと、欧州国外からの移民・難民を排除する政策を掲げており、その考え方がヒトラーに近いことに気づかずに支持されていく可能性はないとはいえないよね。

戦後世代の立ち位置

この本の最終章の第５章では、「敗戦からの回復とは何か」と題して、「英雄」「被害者」「加害者」の３つの立場において、どういう風に課題を解決していくかの考え方が示されている。「英雄」は、ナショナリズムを語り、過去に押された烙印を消し去り欧米から対等な国として認知されることを目指す。「被害者」は、軍事行動は人間を苦しめ安寧を脅かすものとして平和主義の立場をとる。「加害者」は国際協調主義を語り、過去の加害行為を認め償い、アジア諸国と歩み寄ることを重視する。

これを読んで、君たちからの何か問題提起はあるだろうか。本の中では、戦後世代は自分たちにはどうすることもできないという「計算ずくの無関心」を持って、あえて広い視野に立たないということが指摘されているが、君たちはどうだろう。

学生　この中の皆が、英雄、被害者、加害者の中のどれが自分の傾向が強いと思っているのか、聞きたいです。もしくはその３つとは別の、何かの考えを持っていれば、どのような考えなのか。

学生　私は、３つのどれかに決めかねていますが、被害者意識と加害者意識で、「７：３」か「６：４」ぐらいです。理想としては平和主義の立場をとりたい。これまで受けてきた教育の影響もあって、被害者の立場も強いですね。

その被害者にとっての加害者は誰になるのかな？

学生　加害者は、日本政府でしょうか。

アメリカ軍じゃなくて？

学生　そうです。

学生　私は今までナショナリズム寄りで、安倍首相が言う「戦後レジームからの脱却」は嫌いじゃなくて賛同している部分もあったのですが、この本を読む中で、安直に支持していたことを反省しています。その上でどの立場をとるか、ですが、一番心を動かされたのは、平和主義です。九条の会の発足時の「アピール」は今回初めて読んだのですが、「私たちは、平和を求める世界の市民と手をつなぐために、あらためて憲法九条を激動する世界に輝かせたいと考えます」という一体感を持っての打ち出し方に、純粋に感動を覚えました。具体的に何をじゃあ、どう輝かせるのかを問うこともできるのですが。

学生　私は、現状のアメリカ軍に守ってもらっている状態と、自衛隊が実質軍隊なのに軍隊じゃないですよみたいな考え方をしているのがだいぶ気持ちが悪いなと子どものときから思っていました。だから、日本には、この本で言う「普通の国」になってほしいです。きちんと軍隊として力を持って、自分の身は自分で守れるようになってほしい。ですが未来をつくっていく感覚としては国際協調だな、と。だから、この最後の結論のところで英雄はナショナリズム、被害者は平和主義、加害者は国際協調、とそれぞれ結びつけて書いてありますが、こんなにきれいに対応するものかな、と疑問を感じました。

学生　私は、171頁で、このナショナリズム、平和主義、国際協調主義の中から、「日本はいずれ三つのあいだになんらかの妥協点を見いだすことが必要になるだろう」と述べていますが、妥協せずにいるのはだめなのかな、と思いました。3つそれぞれを振り子の状態でこっちかな、こっちかなってずっとふらふらしている状態だと何か不都合があるの？　と。むしろどれか一つを選べっていわれると、すごく怖い話なのかなって。

学生　僕も同じように考えてました。たとえば平和主義国家を目指しつつも愛国心を持つ、という共存の仕方はあり得ると思います。子どものころにスイスに住んでいたことがありますが、帝国主義時代に植民地を持たなかったことを彼らは一つのプライドとして、愛国心の源泉みたいに捉えていました。そういう愛国心があることは悪いことじゃないと思う。むしろ日本では愛国心を持っている人が少なすぎるんじゃないか、とも感じたり。愛国心を煽れば戦争になるっていうのは単純化しすぎている発想じゃないかな、と思います。平和主義国家としての日本に愛国心を持って、その考え方を世界に広げていこうっていうふうに、3つのそれぞれが併存できないか。どれか1個に偏ることなく、それぞれいいポイントを見つけ出しながらバランスをとりつつ、ときに変えつつ進んでいくっていうのはありじゃないかと思いました。

学生　憲法を改正するか改正しないか、という議論にしても、何条をどう変えるか、70年前に作った憲法を現代の社会に合わせて、社会学とか政治学、国際関係のそれぞれの専門家の知恵を出し合って、全体として考えていくのがいいと思うんです。最初に変えなきゃいけないのは九条なのか、九条ではないのかもしれないし、おまえは改憲派だから戦争賛成者だ、とか単純に言われちゃうとそこでもう思考停止しちゃう。もう少し、全体をフレキシブルに考えられないのかな、と思います。

学生　我々戦後世代が、戦争の体験を肌で感じられない。中学や高校の歴史の授業で、3つの視点について紹介して議論をすべき、というのが理想ですね。

戦後世代が加害者視点を学ぶためには?

学生　何らかの妥協点を見いだすとか、立場を確定させるとかというより、まずはその3つがぶつかり合う場を設ける。議題に上げるところから始める。

学生　議題に上げる、知るきっかけとしてエンターテインメント作品とかが入り口にならないでしょうか。現状では被害者の視点のものが多い印象ですが、この3つの視点、それぞれの立場からのコンテンツがバランスよく増えていけば、議論としても面白いものが増えてくるんじゃないかなという気がしました。

学生　加害者の視点、アジアの人を傷つけてきたことを描いた新しい物語って最近ないと思いますが、もしご存じでしたら教えてください。

　この前ドキュメンタリーだけれども、ＮＨＫの特集で７３１部隊のことをやってたね。中国側からすると、よくぞ日本がこれを取り上げたな、と感心された。

学生　たとえばアニメーションとか漫画とかで、アジアの近い国の民族の方が犠牲になったという話があったら、実感を持って受け留める機会にならないでしょうか。加害の意識が少ないというのは、加害の視点でのそういう作品が少ないのでは、と。加害をする側が抱えた心の葛藤、傷つけた相手の尊厳を感じさせるような作品があれば、若い人も真剣に考えるようになるのかな、と。

学生　加害者の視点で誰かを加害していくような話を娯楽として？　今までなかったということは、表現としては相当難しいのでは。

学生　戦争ではないですが、キリスト教徒の迫害を題材にした『沈黙』という映画がありましたよね。

遠藤周作の原作の小説のね。

学生　あれは加害者の視点だったと思いますが、映像化するのも発表するのもとても勇気を要した作品なんだろうなと思いました。キリスト教を日本に広めるためにポルトガルから来た人たちがいて、彼らにすがる日本の村人たちがいる。まずは踏み絵をさせて、それができなかった人をどんどん殺していく。要するに生々しい加害者視点の作品なわけですが、時代を経てやっと振り返ることができるようになったのではないかな、と思いました。それで考えると、戦後70年という段階は、早いのか遅いのか。

加害の意識と謝罪の度合い

学生　仮に加害者の立場になれたとして、自分たちに責任があるとなったときに、この本の中では「明確な形で謝罪すること」が必要だと指摘していますが（183頁）、これについては皆さんどう考えますか？

学生 70年前の世代が加害の当事者ということで考えると、当事者ではない私たちにどこまで責任があるのでしょうか。ある態度を国としてとることで、対外的な効果が生まれる。反省してますという態度をとるか、英雄という価値観をとるかで、相手の態度も変わってくるということでしょうか。

そのためには、何が事実としてあったのかという歴史共同研究も、和解のための要素の一つである、という指摘が本のなかにあるね（181頁）。日本と韓国と中国によって、日本帝国主義による侵略の歴史と近代東アジアの受けた被害を記録した、三国共通歴史教材『未来をひらく歴史』（2005年）という成果がある。被害者、加害者の視点をフラットに含んだものになるだろうか。

学生 全部謝罪すれば、中国、韓国、東南アジアの人たちはそれを許してくれるという考え方になりますか？ 何を持って「明確な謝罪」とするのか。だから態度が重要になってくるのか。

ドイツでは、後悔して償うことが一種の国民目標として捉えられていると書かれてますね。それを示す態度として、ワルシャワのゲットー英雄記念碑でヴィリー・ブラント元首相がひざまずいたり、議会演説でヴァイツゼッカーが明確な謝罪をしたりする。報道されて世界の人が見たときに、謝罪の気持ちがある、と感じられる場面。

学生　加害の意識が国民全体で共有されたとしても、国のトップが果たしてそういうことをするのかなあ。

学生　個人として歴史に対してどう向き合っていくのかということと、国際的な関係性を保つために、対外的にどういう態度を示していくのかということは、切り分けて考えたほうがいいような。たとえば首相が代わるたびに、国としてとる態度が変わるっていうのは、戦略的にどうなのかな。首相も一人の人だから、その人が歴史をどう捉えるかがとても大事になってきますね。

細川護熙《ほそかわもりひろ》が総理大臣になったときに、個人の意見として日本はアジアに侵略した、と突然言って大騒ぎになった。１９９５年、戦後50年の節目で出した村山談話は、村山富市本人の思想として、自分が言わなければいけないという使命感で作ったものと言っている。現在の安倍晋三首相が、戦後レジームからの脱却とか言っているのは、個人的な思想だよね。ただし「戦後70年談話」を政府として出すということになると、国民に向けて、また外交上も配慮しなければいけない部分がさまざまにあるから、ブレーンにアイデアを出してもらって、とても一人では書けなかったでしょう。背景には、首相の思いや思想が滲《にじ》み出ているけどね。

英雄、被害者、加害者の３つの視点の間で揺れ動いて立ち位置が定まらない、そこに中国や韓国は耐えられないのではないか。

学生　ドイツでは、過去への謝罪がむしろアイデンティティ崩壊を防ぎ、誠実さや懐の深さを誇りに思い愛国心を生み出しているように読めました。日本が謝罪する、となると、どこかで自己批判や自己卑下とみなされ、アイデンティティの崩壊につながってしまうのはさびしいです。

経済成長と反日感情の相関関係

学生　国として対外的に表明する立場が、その時々のトップ個人の意見や思想によって左右されると、いったいおまえらどういう立場なんだ、と思ってしまいますね。全く反省してないじゃないか、という。加害国の子孫である我々が、過去の罪を認めずにのうのうと生きてるというところに怒りが生まれそう。

のうのうと生きてる、の意味は、加害国なのに戦後は経済成長して、先進国としてふるまっている、という意味を含むよね。これについては、経済成長の度合いと反日感情には関係があるんじゃないか、という仮説がある。

たとえば韓国の反日感情というのは、昔から反日的な教育が行われてきたこともあって長く続いていた。１９８８年のソウルオリンピック以降、韓国の経済が順調に成長して、経済力としては日本とかなり接近してきたぐらいから、韓国の中での反日意識は少し薄らいできた。そのあと韓国経済がうまくいかなくなる局面になると、また反日意識が再燃する。中国は、どんどん経済が成長して今やＧＤＰで日本を抜いた。国民一人一人のレベルで言うと日本よりずっと低いけど、これが日本と同じぐらいになったりすると、意外に反日意識は昔ほどではなくなるかもしれない。

学生　経済的に苦しいとき、何かやり場を求めたくなっちゃうという心理でしょうか。政治の方面から今こんなに苦しいのは何のせいか、というふうに言って、何か辻褄を合わせたくなるんですかね。

韓国へ行ったとき、従軍慰安婦問題について日本の総理大臣はこれまで謝ってるでしょ、と韓国人に話してみると、総理は謝ってるかもしれないけど、そのあと日本国内で有力な政治家から「慰安婦なんてただの売春婦だっただろう」みたいな発言が出てくるのがどうかと思う、と返されます。そういう極端なものの見方と総理大臣の公式見解を同じレベルで言われてもなあという思いもあるんだけど、国民感情としてはわからなくもないよね。「日本は本当に反省してるのか？」と思われても仕方がない。

学生　韓国では、そういう極端な主張をする人の意見を取り上げるメディアが多かったりするんですか？

そういう新聞もある。日本の悪口を書くと売れるというわけだ。一方で、日本でも韓国の悪口を書けば新聞や雑誌が売れるという構造がある。

学生　今、家族が中国に赴任していますが、反日のドラマがすごく流行っていると話していました。メディアが何を切り取って出していくのかということと、あと教育の現場で何が切り取られて教えられているのか、この二つの要素で人の考えは作られる。そのくらい、メディアの影響力は強いんだなと思います。

日中戦争のときに日本がこんなことやって、こうなったことに対して中国の人民が立ち上がって悪い日本人をやっつけたみたいなドラマが量産されているよね。娯楽として。

逆に言うと、歴史問題について中国の現実を切り取るようなドラマを作ろうとすれば大騒ぎになると思うよ。文化大革命のドラマなんて絶対できない。中国共産党からいろいろ言われて、いろんな配慮をして、作るのはものすごく大変だと思う。反日ドラマなら、娯楽として作って、どこからも文句は言われない（笑）。

学生　でも反日ドラマだけが流されているのはどうかと思いますけどね。たくさんあるうちの一つが反日ならわかりますが、それが支持されるから反日しか流れていないとすると、ますます先入観が固定しちゃう。

なぜ中韓以外の国から反日感情は生まれないのか？

反日っていうと中国や韓国が出所になる。でも、日本が侵攻して占領していたのはそこだけではないよね。たとえばシンガポール。有名なラッフルズホテルのすぐ傍の場所に、ここで日本軍によってシンガポールの人たちが殺されましたと書いてある慰霊碑が立っている。だけどシンガポールの人は反日ではない。日本軍は東南アジア各地で同様にひどい加害をしたけれど、反日ではない。なぜなのだろうか。

一つは彼らは自力で独立を果たしていることが考えられる。仮説だけれども、建国の経緯によって随分違うと考えられる。インドネシアにしてもベトナムにしても、自力で国を作ったところは、わざわざ反日を言わなくてもいい。韓国はというと、自力で独立を果たしたのではなく、日本が戦争で負けて朝鮮半島から引き上げた結果、国ができた。いわば棚からぼたもち式の建国。日本が出て行ったことが独立につながって、つまり反日が建国の前提になっているという構造があるのではないか。あるいは中国はどうか。今の中華人民共和国は、国民の民主的な選挙で共産党政権ができているわけじゃない。中国共産党の政治的正統性を維持するためには、中国共産党は日本と戦って、勝利して国を作った、だから正しい政権なのだ、という理屈を立てると、結果的に反日になっていく。

朝鮮半島の歴史や中国の歴史を調べてきて考えた私の仮説ですが、東南アジアの諸国はいろいろあったけど結局、戦後自力で独立を果たした。あるいは独立を果たすきっかけに日本の占領があったりして、わざわざ反日を言わなくても国家としてまとまりがあるのではないか、と思っています。

学生　なるほど。韓国や中国は、日本の前には占領国がなかった。東南アジアは、日本が占領する前にヨーロッパ諸国の占領国が入っていた。つまり占領する相手が変わったから、ということはないですか？

国によって随分違う。インドネシアは、前のオランダの統治があまりにひどかったから、それに比べたら日本の統治のほうがまだましだったね、と思われている。ベトナムでは、仏印進駐で日本がベトナムに行って大勢のベトナム人が餓死した。日本がひどいことをやったのだけど、終戦後またフランスが戻ってきて、そしてアメリカが来てベトナム戦争でひどい目に遭う。ひどいことが度重なると、昔のことに上書きされる、ということはあるかもしれない。台湾でも、日本が統治していたけど戦争で負けて出て行って、国民党が大陸からやってきてひどい仕打ちをしたもんだから、昔はよかったと思われている。どこが上書きするかによっても随分違うとは思うけど、一理あるかもね。

韓国の建国を少し詳しく言うと、朝鮮半島から日本が引き上げたあと、アメリカに亡命していた李承晩《イスンマン》が韓国に戻ってきて統治をしようとした。しかし、ずっと日本統治下に置かれていた韓国人があまりに日本人化していたことに危機感を覚えた。皆が日本語をしゃべり、韓国語をしゃべれる人がいない、みたいな状況だった。そこから韓国人のアイデンティティを確立するために、徹底的に反日教育をしたという歴史的な経過がある。日本は36年間も統治していたから、その影響力は大きかったんだな。

国家としての記憶をどうつくるか

日本人の戦後のトラウマということで、この一冊を読んで、辿ってきた戦後史が私の個人史と重なる時代でした。被害者としての歴史の記憶というのが刷り込まれる場面が多かったけれど、いやちょっと待てよ、加害者の側面もあったよな、と気づくことになりました。加害者は実際、自分たちの親世代や祖父母世代にあたる。加害行為を批判するということは、自分たちの親世代、祖父母世代を批判することになって、それは嫌だなあとどこかで思っているから、加害者の立場を持ちにくいのかもしれません。まさに作用、反作用が歴史の中で繰り返されていることを感じました。さらに何かアウフヘーベンが行われるのかどうか、それとも、そもそも日本は正しかったという話に返ってしまうのか、現在はその岐路に立っている気がします。

個人個人の記憶ではない、集団として、国家としての記憶というのはこういう風に形作られていくんだということを、新鮮な視点で見ることができたのではないかと思います。戦争の被害者なのか加害者なのか、なんていう議論は普段なかなかできないよね。こういう場で皆と議論をして、こういう見方があると知ることで、たとえば海外に行ったときにより客観的に深い立場から議論ができる、日本を語ることができるんじゃないかと思います。

学生　戦争に対する印象や記憶が、こんなにも個々人によって違うということに驚きました。時代だけでなく、触れてきたメディア、出会った教師、親や地域などさまざまな要因で影響を受けていることがわかったのは、この読書会での収穫です。

学生　同世代で、戦争について話すこと自体が初めてだったと思います。貴重な機会をありがとうございました。

学生　事実に向き合わなければ、認識が生まれない。認識がなければ、耳にすら入らない。無関心であれば、幸せかもしれないけれども、特に東アジアから日本に向けられる「歴史認識」や「戦後補償」についての厳しい視線を、素通りしてしまいます。

学生　日本はなぜ負ける戦争をしたのか、過去に一つの答えを見出すことは難しいと思います。著者は「今の民主主義社会では、第二次世界大戦以前の敗戦国にはなかったような、幅広い選択肢がある」と述べています（１９６頁）。かつて戦った国家間で、歴史の過ちと向き合い、新たな思想や技術を共有し、協働して解決の体験をつくり出すことができたらと思いました。

池上教授の読書会ノート

歴史とは評価の定まっているもの。高校まで文部科学省検定済み教科書で学んできた学生たちには、こんな固定観念があるのではないか。

あるいは、「歴史は暗記科目」という思い込みがあるのではないか。

高校まで成績優秀で来た東京工業大学の学生には、とりわけそういう傾向がうかがえる。しかし、実際はそうではない。歴史は、見方によって、あるいは受け止める立場によって千差万別だ。何通りもの歴史の本を書くことも可能だ。そんな歴史の難しさや面白さを知ってもらおうと、この書を選んだ。

主にアメリカ人の読者を想定して書かれた本であるがゆえに、日本の戦後史に詳しくない大学生にとっての入門書になりえていると考えた。

学生たちを交えての感想や議論では、多くの学生たちが高校までの間に「被害者」としての視点だけで日本の戦争のことを学んできたことに気づくことができたようだ。

戦後日本の「平和教育」は、広島や長崎の被爆の歴史や沖縄戦の実相などについては学ぶが、日本が戦争中、海外で何をしてきたかは、ほとんど学ぶことがない。

これが「ドイツに比べて日本は……」という批判につながるのだが、ドイツには過去の戦争犯罪の証拠がしっかり残されている。ところが日本国内には「被害」の証拠しか残っていない。「加害」の証拠は海外にしかないという違いもあるように思える。

しかし、実際には日本国内にも「加害」の証拠はある。たとえば広島県竹原市の大久野《おおくの》島《しま》だ。ここは戦争中、極秘の毒ガス製造工場があった。ここで働いていた人たちの多くが、毒ガスの影響で呼吸器の病気にかかり、苦しんできた歴史がある。でも、日本の多くの若者たちは、その現実を知らない。恥ずかしながら、私もＮＨＫ時代、広島県の呉《くれ》通信部に勤務中、元工員たちの健康被害を取材して知ることになった。

実はいま、大久野島は多くの訪日外国人にとって人気の島だ。自然に繁殖した大量のウサギたちに出合える場所として有名になったからだ。竹原市観光協会のウェブサイトを見ると、次のように書いてある。

「竹原市の忠海《ただのうみ》港から船で約15分。周囲約４kmのこの小島は、かつて毒ガス工場があったことから「地図から消された島」でした。現在は国立公園に指定され、約９００羽もの野生のウサギが棲息することで知られており、国内外を問わず多くの観光客が癒しを求めて訪れています」

さりげなく「毒ガス資料館」が存在することも表記されています。「加害」の歴史であっても、調べる気になれば、それなりの材料は存在するということなのです。

つまりは、主体的に戦争の歴史に関わることは可能なのです。

かつて私の若い頃、「戦争を知らない子供たち」という歌がヒットしました。その子供たちから生まれた、現代の大学生たち。戦争をどう受け止めたか、読者のあなたの立場によっても、感想はさまざまでしょう。ただ、「戦争を知らない子供たちの子供たち」にも戦争のことは知ってほしいのです。

さらに深めるためのブックガイド

①ジョン・ダワー著／三浦陽一、高杉忠明、田代泰子訳『敗北を抱きしめて』（増補版・上下巻）岩波書店、2004年

初版は2001年に出版され、2004年に増補版が出た。1945年の敗北の後、日本の民衆は、卑屈や憎悪ではなく、敗北という現実を抱きしめて「平和と民主主義」を求めて立ち上がった。

戦後日本を、このように感動的に描くことも可能なのだと衝撃を受けた書。

②加藤陽子『それでも、日本人は「戦争」を選んだ』新潮文庫、2016年

東京大学教授の著者が、神奈川の栄光学園の中高生17人を相手に、日本の近現代史である日清戦争から太平洋戦争までの「歴史」の授業を行い、まとめたもの。歴史好きの優秀な生徒を相手にしたものだけに、高度な内容を取り扱っているが、語り口は平易で読みやすい。

①

②

〈第二部〉物事をやわらかく考える

第４章◎人間に生産性は必要なのか

神谷美恵子著『生きがいについて』を読む

みすず書房、2004年刊。
360頁・四六判

◎**内容紹介**：神谷美恵子はつねに苦しむひと、悲しむひとのそばにあろうとした。本書は、ひとが生きていくことへの深いいとおしみと、たゆみない思索に支えられた、まさに生きた思想の結晶である。１９６６年の初版以来、多くのひとを慰め力づけてきた永遠の名著。

◎**著者紹介**：（かみや・みえこ）１９１４－１９７９。岡山に生まれる。津田英学塾卒業。コロンビア大学医学進学課程、東京女子医学専門学校（現・東京女子医科大学）で学ぶ。東京女子医専卒業後、東京大学精神科医局、大阪大学医学部神経科を経て、長島愛生園精神科へ。同園精神科医長、神戸女学院大学教授、津田塾大学教授を歴任。医学博士。

『生きがいについて』の読みどころ

◎ハンセン病患者の存在意義を問うことは、自分自身の存在意義を問うことにつながった。

◎目標や意味などとは関係なく、「やりたいからやる」自発的な活動こそが生きがいにつながる。

◎この世に生を受けた以上、生きていることそのものが意味のあることである。病があっても、一人前でなくとも、どのような状態でもかけがえのない存在であることに変わりない。

「生きがい」って何だろう

学生　「生きがいとは」と、普段真正面から問うことが少なかったので、ぼんやりとは考えるもののなかなか掘り下げて考えることのないテーマについて、この本を読むことで自分を振り返る機会になりました。今回はなぜこの本を選ばれたのですか？

　まず大前提として、東工大生が自分から絶対に読まないだろうという所を狙ったということが一つ（笑）。それから、これはおよそ50年前に書かれた本ですが、２０００年代になって増補と解説が付け加えられた形で再版された。また最近もNHKのEテレの読書番組で紹介されたことで、改めて注目されています。

君たちは大学で学び、また世の中に出て働くというときに、「生きがいについて」自分なりにその時々で考えてきたかもしれない。当然これからも生きていく限り考えるだろうし、もしかしたら挫折によって本当に迷うことも出てくるでしょう。そういうときに、改めて「生きがいってなんだろう」と考える必要があるのかなと思って、一つのきっかけとして選んだということです。

著者の神谷美恵子は20世紀を生きた精神科医。学生時代にハンセン病を初めて知り、精神科医になることを決意する。岡山県にある長島愛生園で精神科医としてハンセン病患者とかかわる中、同じ人間なのにこうした病気に苦しむ人がいるのはなぜだろう、と考察する。過酷な環境で生きる気力さえ失う人がいる一方で、希望を見出している患者もいる。

ハンセン病の人たちに対しては、かつてはとんでもない差別意識があったのです。感染する病気だから隔離しておかなくてはいかない、と。ハンセン病療養施設としての長島愛生園は、瀬戸内海に浮かぶ島にあった。橋が一本かかっているだけの島で、一度入れてしまえば外に出てくるのは困難な環境に押し込むことによって、感染を防止しようとするのが当時のやり方でした。神谷は、その中に閉じ込められている患者さんから色々聞き取りをすることによって、「生きがいってなんだろう」ということを考えた。言ってみれば、非常に限定された環境で、一部の極端な人たちからの聞き取りで、生きがいについて分析したというのがこの本です。でも考え方を広げてみると、人間ってみんないずれは死ぬ。経済学者ケインズは「長い目で見れば、人間はみんな死んでいる」という言葉を残しているが、人間は全員、ある種の死刑判決を受けて生きているわけだよね。死刑の執行がいつになるかわからない状態で、長生きしたとしても120歳以上は誰もが生きられない、いわば死に向かって生きている。その事実をあえて意識しないことによって、なんとか生きている。

長島愛生園の旧事務本館。現在は資料館になっている（2018年、共同通信社）

神谷のように極端な所を分析することによって生きがいについて考えることは、人間って本当になぜ生きているのだろうと考える一つのいいきっかけになるのではないかと思ったんですね。

あなたの「生きがい」は何ですか？

逆に君たちはこの本をどう読みましたか？「生きがい」をどう考えるか、何が自分の生きがいか、という話なんだけど。

学生 どういうところに生きる喜びがあるか、と考えると、たくさんの人に会う仕事をしていて、様々な業界の人と人とのつながりを作れたときに「生きがい」に近いものを感じます。私もうれしいし、相手もきっと喜んでいる、そう感じられた瞬間に。

自分が世の中のためになっていることを確認できたときに、生きがいを感じたと。

学生 僕は、16頁でウォーコップの言う「やりたいからやる遊びのような生きがい」を挙げたいですね。たとえばプログラミングで何かを開発して思ったように動いたとき、その背景にある理論を理解したときとか、単純に楽しいな、と。多くの理系の人が持っている感覚ではないかと思いますが。

そういえば東工大生は、自分がやりたいこととかやりがいを持っている学生が多いような印象を受けますね。無目的でなんとなく大学まで入ってきちゃいました、という学生が少ないような雰囲気がある。「17の素数がいかに美しいか」とか、ちょっとマニアックではあるけれども（笑）、自分が好きなことに対して生き生きしているよなあ。

この本の冒頭には数学者の岡潔《おかきよし》の話が紹介されているが、目的なしで「遊ぶように生きる」ことは、理系を志す人の資質なのかもしれないね。

学生　75頁で「意味と価値への欲求」という指摘がありましたね。「人間はみな自分の生きていることに意味や価値を感じたい欲求がある」という。僕も同じようなことを考えていて、たしかケインズが「人類がどんどん幸せになっていった果てに余暇が生まれて、最終的にはその余暇の過ごし方に悩むようになるだろう」と言っています。要は鬱《うつ》になる人が増えてしまうんではないかという指摘です。それならば、人類がずっと夢中になれるようなエンターテインメントを与えることをしたい、と思って、今はそういうものづくりの仕事をしています。

もともと自分がものづくりという行為そのものが好きだったということ、作ったものを人に見せて喜んでもらえることがうれしくて。ビジネスとしての利益というよりも、そういうところに生きがいを感じるかもしれません。

資本主義は成長することが前提だけれども、ビジネスとしての成長は重視していない、と。金銭的な価値よりも、人としての価値を大切にする生き方をとりたい、そのツールとして会社も考えたい、という立ち位置だね。そういう所に価値をおいてやっていて、その結果大きく成長する企業もたくさんあります。

学生　じつは「これが自分の生きがいです」という答えがなかなか浮かばなかったというのが正直なところです。そもそも生きがいとは何か、が分からないので、この本を読んでいる間ずっと苦しい問いを突き付けられているような思いでした。

生産性ってなに？　存在価値ってなに？

２８１頁に、人間の存在意義についての話がありますね。「人間の存在意義は、その利用価値や有用性によるものではない」と。これを読むと、「ＬＧＢＴの人には生産性がない」という国会議員の発言が大問題になったことを思い出す。人間はどこかに利用価値や有用性があるから存在価値がある、みたいな発想を私たちはしていないかな、と。相模原の障害者施設で19人が殺害された事件も、同じことを問うています。ただ生きている、それだけでは存在価値がない、といった感覚が社会の中にあるんじゃないか。その感覚自体は正しいのか、と問いたいですね。

たとえば、２０１８年1月に評論家の西部邁《にしべすすむ》が自殺をした。彼は元は東京大学で教えていて、60年安保のときには左翼だったけど、保守の考え方に移行して、結局東大を飛び出して、とい

「LGBTの人には生産性がない」と主張する論文を掲載した「新潮45」版元である新潮社の本社前で起こった抗議活動（2018年９月、共同通信社）

う経歴のある論客です。そういう意味で色々と社会にインパクトを与えてきた人だったんだけど、年をとって体が思うように動かなくなってどう考えたか。もう自分は社会に存在する意味がない、有用性がないんだと、自殺を選んだのです。結局は自力では自殺することもできないほど身動きがとれなくて、彼に傾倒している人たちが体を固定して身動きできないようにして、多摩川に彼を投げ込んで、自殺を幇助《ほうじょ》した罪で捕まった、という事件がありました。

あるいは、最近石原慎太郎が歳をとって、やはり体の自由が利かなくなってきて寝たきりのような生活のなかで鬱状態になっていると言われています。彼はかつて都知事だったときに色々問題発言をしている。「歳をとったババアは生きている意味がない」、要するに出産と子育てが終わった女はもう生きている意味はないんだ、という趣旨の発言をして大問題になった。障害者の施設を視察したときには、寝たきりになっている人たちを見て「こういう人たちに人格あるのかね」「色んなこと考えさせられました」とも言っている。存在意義のない人たちが生きている、という趣旨の発言をしていた本人が、自分がかつて否定していた状態に今なってしまって、鬱になっているという。

こうした事例を見ていると、「生きていること自体に存在価値がある」ということが、今問われてきているんじゃないかなと思うわけです。

学生　そういうお話を聞くと、現代では「人間は存在すること自体に意味がある」ということがどれだけ顧みられないことか、と思い知らされますね。

生きているだけで無限の可能性を持っている、とは考えられないでしょうか。生きていれば、お金を稼ぐこともできるし、絵を描くこともできる、音楽を聴いたり詩を詠んだり、人に思いを伝えることもできる。「存在する」ことそれ自体が、生きていることの可能性を「稼ぎ」続けることではないかと思います。

学生　この本の中で、印象的だったのが「二回うまれ」という言葉です。ハンセン病の闘病みたいなどん底の体験をして、一度生まれ変わったような人といった意味で。それまでの価値観がガラッと変わる、もう一度生きるに値する目的を見つけ直すという人生があるのだな、と。

キリスト教には「リボーン・クリスチャン（reborn Christian）」という言葉がある。文字通り生まれ変わったキリスト教徒という意味で、有名人では息子のブッシュ元大統領がそうです。学生時代から大量の飲酒癖があってアルコール依存症になっていたが、あるとき突然信じている宗教（キリスト教福音派）に目覚めて、まともな生き方を始めた。キリスト教徒として生まれ変わって、酒も一滴も飲まなくなって生活態度を改めた。その後大統領になって、9・11の同時多発テロを経験しアフガン戦争やイラク戦争を仕掛けて、世界をとんでもないことにして困ったものですが。

学生　僕が人生の中で価値観がものすごく変わったなと思う瞬間は、受験に落ちてカミュの『ペスト』を読んだとき。それを読んで、人間って、生きていること自体が生きる目的なのかなと思ったのです。生きるって常に大変なことなんだけど、僕たちは必然的に生きなきゃいけない。

たとえば自分が風邪をひいて体調が悪くなると「わー、めっちゃ生きてる、僕」と思ったりする。呼吸するのも動くのも大変なときに「ということは、これを今までずっと楽にやって生きていたんだ」と。自分が生きているんだな、と自覚する瞬間です。

非常に逆説的だけど、よくわかる話ですね。人間って不思議なもので、体の中でどこかの臓器が悪いと、突然その臓器の存在を意識するんだよな。普段健康なときって臓器を意識しないものだよね。突然お腹が痛くなったりして胃の存在を確認したりするように、「ああ、そこに臓器があるんだな」と認めることがある。

熱でうなされているときに「ああ、自分は生きているんだ」と感じ、良くなって外を歩けるようになったときに、色々な匂いを感じたり、日差しを感じたりして、また「ああ、自分は生きている」と、それだけで生きている喜びを感じる。

寝たきりの人や障害者の人でも、たとえば目が見えなくなっていても耳で何かを感じたりとか、「生きている」と感じることは何かしらあるんだろうなと思うわけです。様々なことが人間の体の中でダメになっても、残されているもののことを感じたり。あるいはダメになった臓器のことを考える、これもまた生きているということの確認になるのかな、と思います。

健常者としての喜びももちろんありますが、そうでない人に生きていることの喜びがないかと言ったら、決してそうではないのだ、と自分なりに気づけるいい機会を見つけていますね。

学生　生き続けるということが、常に無限の可能性を生み出しているので、だからこそ生きていかなきゃいけないいなと僕は思います。

本の中で神谷美恵子も同様のことを言っています。自分の好きで色々な目標を立てても、その目標が達成されるかどうかはほんとうはどうでもよくて、「ただそういう生の構造のなかで歩いていることそのことが必要」であると（25頁）。

体験したことすべてが糧になる

学生　何か人生の中で大きなイベントがあって、その前後で生きがいを感じるというのが本の中で何カ所か取り上げられていました。

じつは私は大学生活の序盤で体調不良に悩まされ、夏休みのほとんどを家の中で寝て過ごし、何もする気が起きませんでした。秋になって生気を取り戻し、留学プログラムに応募しましたが、こんどは他の参加者のレベルの高さにコンプレックスを抱いてしまいました。大学生活の前半を無駄に過ごした自分を恨むばかりでした。

そのとき事前研修を斡旋してくれた旅行会社の人に気持ちを打ち明けたら、「そこまで辛い時間を経験していながら他の参加者と同じ舞台に立とうとしている君は決して無能ではないよ。君の進歩の歩幅は小さくアナログかもしれないけど、それを続けることができるというのが君の強みなのではないか」と言ってくれました。

自分の負の側面に埋もれている微《かす》かな魅力を見つけることが、自分の存在意義、つまり生きがいを見つけることになるのではないかと思った出来事です。

だいたい他の参加者の連中は、引きこもりの経験はないのでしょう? あなたは、その人たちにはない体験や経験をしっかりと持っている。選ばれた代表者が集まる、そういう場所に来ると、一種のマウンティングで皆いかに自分は優れているか、優秀か、ということを言いたくなる。それはおかしいよね。全然臆することはありません。

学生　つらい体験も、それによって生き方に深みが生まれてくるという話が本の中にもたびたび出てきましたね。顔に「生きがい感」が見られたかどうか、という。そういう所を乗り越えた人は、表情が違う、いい表情をしている。

自分の心と頭をきちんと整理して語れる言葉を持っているということ、勇気が要ることだしとても尊敬できると、話を聞いていて思いました。

学生　いわゆる大学生コンプレックスってありますよね。同級生はみんな優れている、僕だけが全然、何もできないという気持ちに陥ってしまう。人と比べてしまう。フェイスブックなんて最たるもので、「いいね！」してもらえそうな「いい話」しか投稿しないでしょう。あれは毒です。

学生　不思議なツールですよね。楽しいことだけが流れていく。

生きがいを育むための場所

学生　これという生きがいが思い浮かばない、というのが率直な感想なのですが、生きがいって案外気軽に色々な場面で感じているものなのかな、とも思います。私は親から、「居場所がたくさんあるって素敵なこと。家だけでなく、学校も習い事も楽しいといい。でも、いつも学校が楽しいとは限らないから、居場所がたくさんあるといいんだよ」と言われて育ちました。今でいうとレジリエンスのような考え方ですが、あれもこれも生きがいを感じられる、そういう生き方でもいいのかな、と思います。

学生　挫折したときに逃げ込める場所がたくさんあるといいという話ですね。

学生　「生きがい」にもいろんな種類がありますよね。人生に、何か大きな一本筋を通すような「生きがい」の形もあるでしょう。この本では「使命感」と言っていますが、誰かのために、世界のために何かをすることにも生きがいがある。

私の場合は、環境問題に取り組むことに使命を感じています。自分の仕事を通して、未来の子どもたちが住む地球を今より悪いものにしてはいけない、という。だからその使命に取り組むための仕事と将来子どもを産み育てることとは全然矛盾しないのですが、この本では「女性の生きがい」「男性の生きがい」というのが固定されすぎていないかな、と違和感がありました。

よく気づいたね。男だけで読書会をやってたら気づかなかった視点だよなあ。

学生　50年前に書かれた本だからでしょうか？　当時の価値観はそういうふうに、女性にとってのスタンダード、男性にとってのスタンダード、それぞれの生きがいが存在していたのかな、と。著者の神谷さんは、子どもを産むということは生きがいですよ、という感覚をすごく強く持たれているなと感じながら読んでいました。

利他性という生きがい

学生　この本で議論になっている「生きがい」というのは、私たちはどこかの時点で死ぬと仮定して生きがいを定義していますね。たとえば仮定ですが、来年の1月までにシンギュラリティに至るとして、人類が人工知能にとって代わられるとしたら、そのときに「生きがい」とはどのように定義されるのでしょうか。

学生　冒頭で先生が述べた死刑囚の話と同じではないですか。死がわかっている状態で、新たな生きがいを見つけることもあるという。

死刑囚じゃなくて、戦犯だ。B級C級戦犯は、いつ処刑されるか予めわかっていたはずだよ。京都大学経済学部の学生が学徒出陣して、シンガポールで戦犯に問われ死刑判決を受けた

（215頁）。上官の命令で捕虜を殺したとか虐待したとかいう罪で、学徒動員でも死刑判決というのはあったんだ。

でも、処刑される直前に哲学書を完読したという京大生の話は、やっぱり京大の経済学部で知的レベルが非常に高いからだと思ってしまうね。

学生　『私は貝になりたい』もそういう話でしたよね。

そうそう。日本ではA級戦犯ばかりがよく語られますが、B級C級で東南アジアの各地で多数が処刑されているのです。

日本軍の捕虜になったイギリス兵が、「木の根っこを食わされた、虐待だ！」というので戦犯に問われた。これは実はゴボウのこと。日本兵も同じものを食べていたから、合法だったのだけど。

学生　シンガポールで戦犯刑死した学徒が、（自分の死が）「将来の日本に幸福の種を遺す……日本国民全体の罪と非難とを一身に浴びて死ぬと思えば」、これが日本人の将来暮らす人のためになるのであれば、私が死ぬのも無意味ではない、みたいな証言も出てきましたね（197頁）。生きる意義、生きがいがすごく利他的というか、人類に及ぼすところまで行き着いているからすごいな、と思いました。

被爆者の話も出てきたね。自分たちの生がめちゃめちゃに壊されてしまったけれど、「平和の礎になるのならば、その代価としての意味がある」という（75頁）。確かに、その人たちの被爆体験があったからこそ、その後核兵器が使われていないというのであれば、そうかもしれないよね。

生きがいを感じるには「死」を意識することが必要？

学生　柳田邦男さんの解説で、３４９頁「人間はそういう「切迫感」に襲われなければ、精神的なものに価値を置く生き方ができないのかという問題だ」と指摘しています。私はまったく同感で、死の話が先ほど出ましたが、何かしら生命の危機としての切迫感を感じることが、生きがいについて真摯に考える機会をくれるのではないか、と前々から思っていました。

でも、そういった要素が現代社会では薄れてきている。昔はもっと身の回りに死を感じることが多かったけれど、今は病院で死ぬことが多いので、自分の関係者でなければ死を感じない。死が身近に感じられない世界だと思います。

続けて、３５１頁「カミュのいう通り、「退屈な平和」は犯罪や戦争の危険をもはらんでいる……「退屈病」が人類のなかにはびこるのでは」という著者の言葉を引用しています。これを読むと、退屈で死を感じられない現代において死を感じてみたい、何かスリルみたいなものを感じたいという動きがあるのかなと思いました。

学生　「モチベーション格差」という言葉が、現代日本の大きな社会問題だと感じています。平和な社会で、好きなこと・夢中になれることがある、というのは現代の幸せなのではないでしょうか？　先人が犠牲になり作り上げた平和な世界でみんなうつ病になってしまうという未来はあまりに皮肉です。

学生　私は普段から死については意識しているほうです。先日は職場の研修で、東京の品川駅近くにある食肉屠畜場（芝浦と場）で働く人たちに話を聞く機会がありました。

と場はとても整備されていてきれいな場所ですが、大都会の真ん中で生き物を殺すことに対しての批判もあるらしい。でも職員の方は「生活において大事な欠かせないことをやっている。悪いことをやっているわけではないから、ここからどくつもりは一切ない。私たちが生きていくために他の動物を殺さなくてはいけないということは、子どもたちにも伝えていきたいし、見える形で存在していきたい」と話していました。

じつは私たちの身の回りにある死について、よい例を挙げてくれましたね。君が死を意識し始めたというのは、いつ頃からですか？

学生　ニュースで、世界のどこかでテロがあって死者が出ただとか、難民キャンプでとても不便な状況で生きている人たちを見たりすると、自分が今ある状況はとても特殊な状況なのだな、今まで死んできた人たち、先人の死があって今の私がいるのだな、と思うのです。

私の先祖を遡って、縄文時代くらいまでいくと、多分すごい数がいますよね。もしかすると縄文時代に世界にいた人口の１万分の１ぐらいは私の先祖なのでは？……とか考えていくと、自分は大きな流れの中にいるんだなあ、と思ったり。

我々の世代（１９６９年４月大学入学）では、学生時代というと身の回りに死を考える者が多かった。私も自殺を考えたことはもちろんあるし、知り合いが自殺をするということもごく普通にあった時代でした。死が身近にある中で、自分は何のために生きているかがわからないということを経験した世代です。

時代が変わって、今の世の中でこのように君たちと「何のために生きているか」を考えると、「ああ、そう言えばそうだよね」と考えることが多いですね。

「伝える」仕事と生きがい

学生　ずばり、池上先生にとっての「生きがい」って何ですか？　そういう学生時代を経験されて、自分がこれからも生きていくべきと思うようになった転換点というか、その心の根底にあったものをお聞きしたいです。

記者（ジャーナリスト）になるのが小学生の頃からの夢だったのだけど、その仕事がとても面白そうだという考えから仕事を選び、働き始めました。最初は人のためになろうとかあまり考えていなくて、ただ面白そうだから記者になった。

新人記者の頃はもう無我夢中で、「ライバル新聞社に負けるな。特ダネを取れ」ということだけを考えてただひたすら仕事をやってきた。その後キャスターになって、ニュースを伝える側に立ったとき、物事をわかりやすく伝えるということをやり始めて、視聴者や読者から「ニュースの意味がわかりました」という反応があって初めて、「ああ、人の役に立っている」と実感しました。

そうか、人間ってどこかで人の役に立っているということが生きがいになるのか、という自覚がそこで生まれた。50歳くらいになって初めて、自分は世の中のためになっていると思えたときに、それが生きがいや生きていくことの動機につながっているものなのだと考えるようになりました。

そして60歳になって還暦を迎えたとき、さあもう一回り終わった、ここから何ができるか、と考えた。昔は60まで生きれば万々歳で、あとは「余生」という位置づけだった。還暦に赤いちゃんちゃんこを贈るのは、60歳で人生が一回り終わった、ここからは赤ちゃんに戻るんだよ、という昔からの考え方です。

自分が60歳まで生きることができたのは、もちろん両親のおかげだけど、日本の様々な社会制度や学校教育制度があるから、高等教育を受けることができたことが大きいのではないか、と考えた。だから自分にできる恩返しは、自分が得てきた知識を次の若い世代に伝えることなのではないか、と思っていたときに、タイミングよく東工大の上田紀行先生たちから「東工大で教えませんか」という話が舞い込んだわけです。

東工大に来てみると、学生たちに何かを「伝える」ことができる。あるいは諸君からの反応を見ることによって、自分がまた成長できる。還暦を過ぎてもまだ成長できるのだ、という思いになった。

今は9つの大学で教える身になったけれども、自分の知識を人に与えて、少しでも役に立つということを日々実感しています。それによって自分がまた成長できる。ここに私の生きがいを見つけています。

グローバルな「生きがい」を探せ

学生　ところで、AIって将来的に生きがいを感じるようにできるでしょうか。生きがいは、人間と他のものを区別するときの基準になったりするのかな、とか考えたのですが。

学生　本には「生きがいということばは、日本語だけにあるらしい」（10頁）とありましたよ。漠然としているその感覚自体が、人間以前に、日本人だけが持っている感覚なのかも？

学生　日本人って集団意識が強くて、自分が個人というより全体の中のパーツに過ぎないという意識が大きいと思うから、自分の存在価値というのがあまり感じられなくて、逆説的に生きがいを求めている……とか考えられないですか？

今日はインド出身の留学生がひとり参加していますね。日本語で言う「生きがい」みたいな言葉は、ヒンドゥー語にあるの？

学生　サンスクリット語にはありますよ。「存在感」と結構似ている言葉で、「なぜ私たちは生きていくべきか」というのがヒンドゥー教にも色々と書いてあります。

ヒンドゥー教の中では主に、生きがいを４つに分けています。１つ目は意欲。２つ目はダルマという、自分が生かされている以上やるべきこと。３つ目はアルタという、やっていることの意味。たとえばそれをやったらお金をもらえるとか、幸せになれるとか。もう一つはモークシャという、日本語でどう説明すればいいか難しいですけど、肉体から離れてみると、自分はどういうものかっていう……。

それぞれの言語で訳せない感じっていうのはやっぱりあるんだ。
この本の中でも、絶望的な状況にあるときに、人間はついつい自分の体から精神が離れていく、という離人体験について書かれていたね。

学生 その通りです。それが４つ目。この４つの柱によって、ヒンドゥー教では生きがいが定義されています。古代から伝わる聖典『バガヴァット・ギーター』にこれが書いてある。

今の話を聞いても、それぞれの国において、社会の中で自分の存在価値を認めることができるという喜びがありそうだね。人間だけじゃなくて犬だって、飼い主の命令に従って「おーよしよし」と褒めてやると、喜んでいる。自分は生きて認められているという喜びを感じている。だから生きがいは、生物たる所以といっていいんじゃないか。ＡＩが生きがいを感じることはないと私は思います。ＡＩスピーカーは喋るけど、「オーケー、ありがとう」と言ったら「どういたしまして」と機械的な声が反応するだけです。

学生 赤子が手足をめいっぱいばたばたさせて、それだけで笑っているという話が本の中に出てきましたが、生きていること自体の喜びがそのときに感じられるということでしょうか。

「生きがい」とは、自分は生きているだけで意味があるんだということが一つ。もう一つは自分が成長することの喜び。プラモデルを初めて完成させた、プログラミングをしてシステムが動いた、何かが「できた」ときに、自覚していなくとも自分の成長を確認できるときがある。大学受験勉強で、解の公式を初めて自分で算出できたときの感動とかね。あるいは子どもを育てていく、親という立場でも学校の先生という立場でも、子どもが少しでも成長できた、「こんなことができた」と喜びを共有することもまた、生きていること自体を感じられる場面です。

障害があったり、寝たきりの状態だったりしても、そこでその人たちが生きていることがわかる。たとえば水を与えられて唇に湿り気がきたときに喜んでいる様子がわかるとか。あるいはその人の喜びを想像することで、世話をしている人の生きがいや喜びにもつながっていく。「生きがい」というのは、色々なところで感じることができるものなのです。

でもその一方で、柳田邦男も解説で書いているけれど、世の中の仕組みをよくすれば全てが幸せになるかといえば、そうではない部分もある。文化が発展して豊かになっても、暇になると戦争をしたくなる人間の闇みたいなところはどうすればいいのか。

暇だから何かをやる、退屈ということは生きがいを感じていないということだから。人々が何らかの形で生きている意味を感じることができる社会を作っていかないと、いろんな問題が起きてしまう、時代を超えてそういう問題提起になっている一冊だと思います。

池上教授の読書会ノート

この書を取り上げようと思ったきっかけは、2018年7月、自民党の杉田水脈《みお》議員が、月刊誌「新潮45」(現在は休刊)への寄稿で、同性カップルについて「彼ら彼女らは子供を作らない、つまり「生産性」がないのです」と主張したことです。

人間を「生産性」という言葉で評価することができるのか。改めて人間の価値を考えるために、神谷美恵子さんの古典的書籍をみんなで読むことにしました。

神谷さんは、学生時代にハンセン病を知り、精神科医になることを決意。ハンセン病患者の施設である岡山県の長島愛生園で患者たちと接し、人間の生きがいについて深い思索を重ねました。

ハンセン病は、かつては「癩病《らいびょう》」と呼ばれ、「癩予防法」という法律で患者は徹底的に隔離されました。ハンセン病が不治の病ではなく、治癒が可能であること、感染力が極めて低いことが医学的に明らかになった後も、国は隔離政策を取ってきました。癩予防法が廃止されたのは、1996年になってのことでした。
当時の法律の一部を紹介しましょう。

第六条　都道府県知事は、らいを伝染させるおそれがある患者について、らい予防上必要があると認めるときは、当該患者又はその保護者に対し、国が設置するらい療養所（以下「国立療養所」という。）に入所し、又は入所させるように勧奨することができる。
2　都道府県知事は、前項の勧奨を受けた者がその勧奨に応じないときは、患者又はその保護者に対し期限を定めて、国立療養所に入所し、又は入所させることを命ずることができる。
3　都道府県知事は、前項の命令を受けた者がその命令に従わないとき、又は公衆衛生上らい療養所に入所させることが必要であると認める患者について、前二項の手続をとるいとまがないときは、その患者を国立療養所に入所させることができる。

最初は「入所を勧奨することができる」と柔らかい言い回しをしているのに、それに従わない患者は強制的に隔離できるようになっているのです。
2001年、ハンセン病の元患者らが起こした訴訟で国の責任が認められました。しかし、これは元患者だけに限ったこと。2019年には、患者の家族も差別によって苦しんできたことを放置した国の責任が問われ、安倍晋三首相は7月、首相官邸でハンセン病家族訴訟の原告らと初めて面会し、「政府を代表して心から深くおわび申し上げます」と謝罪しました。

法律によって家族や社会から引き離され、絶望的な状況に置かれた患者たちは、何を生きがいにしていたのか。あるいは、生きがいをどうして得ることができたのか。

生きがいが見つけられず、苦しんでいる人は、難病患者ばかりでなく、さまざまな場所にいます。そんな生きがいについて東工大生や卒業生はどう感じたのか。自分の辛い過去を告白する学生もいて、実に普遍的なテーマであると感じたのです。

さらに深めるためのブックガイド

①池田晶子『14歳の君へ　どう考えどう生きるか』毎日新聞社、2006年

評判になった『14歳からの哲学』をより柔らかくエッセイ風に綴った書。私にとっては、池田さんの遺書だったのではないかと思える。14歳に限らず、悩める人々を勇気づける書である。

②吉野源三郎『君たちはどう生きるか』（新装版）マガジンハウス、2017年

２０１８年に新装版が大ベストセラーになったが、多くの人が買ったのはマンガ編のほうだった。

私が初めて原作を読んだのは小学生のとき。これから自分はどう生きていくのだろうと悩んでいたときだけに、生きていく軸のようなものを与えられた記憶がある。

①

②

第5章◎僕らは世界の歴史のどこに立っているのか

『現代社会はどこに向かうか　高原の見晴らしを切り開くこと』を読む

見田宗介著

岩波新書、2018年刊。
208頁・新書判

◎**内容紹介**：曲がり角に立つ現代社会は、そして人間の精神は、今後どのような方向に向かうだろうか。私たちはこの後の時代の見晴らしを、どのように切り開くことができるだろうか。斬新な理論構築と、新たなデータに基づく徹底した分析のもとに、巨大な問いに改めて正面から応答する。

◎**著者紹介**：（みた・むねすけ）１９３７年、東京生まれ。社会学者。東京大学名誉教授。

『現代社会はどこに向かうか』の読みどころ

◎物質的な成長を「不要」とみなした現代は、見晴らしのいい高原の時代である。
◎物質的な基本条件の確保を経て、「生の手段化」が根拠のないものとなっている。
◎現在の生を解放する「肯定」「創造」の革命が、新たな共生社会の胚芽となる。

定性的な説を定量的な君たちはどう読むのか

この本を課題図書に選んだ理由は二つあります。

一つは、私自身が学生時代、見田宗介が真木《まき》悠介《ゆうすけ》というペンネームで書いた評論に衝撃を受けた記憶があって。今回この本が刊行されたと聞いて、そういえばと思い出し、改めてみんなで読んでみたいと思ったんです。こういった社会学的なテーマの議論はみんなあまりやっていないだろうから、知ってもらいたいなという気持ちもありました。

もう一つは、上田紀行教授など東工大のリベラルアーツ系の先生たちはたいてい一度は見田先生にはまっているはずなんです。彼らの若い頃の頭脳に影響を与えた学者とはどんな人なのかをみんなに知ってもらいたかった。

新書だからなのか、それとも80歳を超えた年齢のせいか、議論がちょっと雑駁《ざっぱく》になっている気もしましたが、文系の人間からすると、この大げさな物言いがたまらないんだよ（笑）。私も東工大で君たちと付き合ううちに、以前より物事を論理的に考えるようになったせいか、「これは研究というよりエッセイじゃないか」と思うところもあって。

さあ、みんなはこれをどう読んだのか。文系と理系で読み方は違うかな？

学生　全体の感想を順に言っていきますね。

この本は、現代社会の抱える問題に対してこれから僕らがどうしていくのか、新しい思想やシステムをどう考えていくのかについて、かなり抽象的でざっくりとした問題提起をしてくれていると思います。具体的な方法論や行動の仕方は出てきませんでしたが、日本や海外の若者たちに芽生えつつある考え方や精神、消費の様態の変化が考える指標として説明されていて、おもしろかったです。

また、現在の資本主義の仕組みも、様々な社会の連鎖反応の中で６００年ほどをかけて徐々に普及したのであって、新しいシステムも、今後ネットワークを広げていけば徐々に社会に浸透していくのだ、という指摘は心強く感じましたね。あせらず着実に進めていけばいいんだな、と。

全体的に議論が抽象的で、「じゃあ、どうすんねん！」と思う部分もありましたが、考え始めるスタートの本としてはよいと思いました。

学生　「こういう本の作り方があるのか」と衝撃を受けました（笑）。ひたすら引用が続く部分があったり、実際の青年の声がただ列挙されていたり。もちろん一般的な議論やミクロレベルの人々の様態は社会の大きな流れをつかむ上で有効なのですが、それだけでページの多くを埋めていることにやや違和感がありました。

最近の若い世代では価値観が徐々に縮まってきていると書かれていましたが、一昔前に当たり前だった価値観を押し付けられるとすごく窮屈に感じたり反発したくなる傾向が僕自身にもあると感じています。そのように一般常識においてパラダイムシフトが起きている時代の先にどんな未来を思い描くことができるのか、みんなの意見も聞いてみたいと思いました。

学生　ちょっと記述が大げさというか（笑）、一見かっこいいんだけど青臭かったり、違和感のある記述が散見されたなというのが率直な感想です。

高度な発展を目指すというもともとあった目的が喪失したために、「人間とは何か」への見つめ直しが求められてきている、と書かれていましたが、それを考える上で、この本では触れられていませんが、やはりＡＩが関係してくるのではないかと感じました。池上先生も以前、「ＡＩ研究を突き詰めると、翻って自分とは何か、人間とは何かを考えることになっていく」

と話されていました。本の中では現在が第Ⅲ局面に差し掛かっていると書かれていましたが、AI研究が進めば人間の内面に関する思索も深まり、第Ⅳ局面になっていく可能性もあると思います。

でもこういう社会学的な本で論じられる時代の空気や趨勢《すうせい》って、目に見えないし測ることができないから、読んだ人が信じるかどうかにつながっちゃうところがあると思うんです。そこに違和感がある。

学生　僕は現代社会論に関心があって、大澤真幸《おおさわまさち》さんの本をよく読むんです。この本の著者・見田宗介先生は、大澤さんの師匠にあたる人です。社会学の本を読むときに気をつけなくてはいけないのは、筆者の年齢だと思います。30歳の人と80歳の人とでは現代の捉え方が違ってくる。80歳の見田先生は戦前から戦後の日本をすべてわかっているし、東大教授として東大生がどう変わっていったかを生で見ている。そういう人が語る「現代の曲がり角」には、深いものがあるなと感じました。

ただ、高齢の方なので、そりゃあこういうふうに思い描くだろう（笑）とも思いました。この本の第六章の結論が、これからも今までの社会システムのままでうまくいくよね、という感じだったのには疑問を感じました。

また、第二章で「友人や恋人に囲まれていることを幸福と感じる」のが若者の傾向とされていましたが、それって時代にかかわらず当たり前のことでは、と思ってしまいました。幸福な家族はどれも似通っているが、不幸な家族は不幸のあり方がそれぞれ異なっている、という言葉もあるように、不幸な人が現代社会でどのように変わってきているかを知りたいと思いました。

『アンナ・カレーニナ』の大変有名なせりふだよな。

理系としてはひとこと言いたい

学生　社会科学の本を読むときには、仮説の立て方と検証方法が気になるのですが、この著者は比較的定性的なのに、それにしては資料が少なすぎると感じました。この程度の資料数で本一冊を書いてしまうのはどうなんだろう。

全体として、言いたいことはわかりましたが、あまり納得はしていなくて。そもそも問題意識の検証方法が違っていたらどうするの、と引っかかってしまうんです。

学生　この本は、現代社会で我々が感じているモヤモヤを文字に起こしてぎゅっとまとめた感じの本だと思いました。ＮＨＫのシリアスなドキュメントを読んでいるようでよかったのですが、結局はどこに向かうのかはわかりませんでした。ところどころ雑に感じる記述もあって、例えばリストカットをする女性が世界でも多いという説を、フランスに留学していた自分の学生の一人が見たという例だけで導くのはちょっと……とか。

学生 著者の言いたいことがわかりやすくまとめられていて、物質面・経済面・精神面の世界的変化について、ある程度信頼のおけるデータベースをもとに議論されているという点では共感できました。

ただ、皆さんと同じく、統計学をかじった者としては、データが少なく、パラメーターの定義づけや検証方法がないことに違和感も抱きました。「社会の不安はテロに表れている」とか「リストカットをする人が全世界にいる」といった極論的な論調が全体に目立つために、納得しにくくなっている気がしました。

「環境容量」という言葉が何度も出てきました。著者は、今後は「環境容量」は増える余地はないと考えているようでしたが、やっぱりAIはどうなの、と思ってしまいます。デジタルは新しい環境容量にはならないのだろうか。近年中にAIの進化が起こると言われる中、それによる精神面の変化は、環境容量の変化にはならないのかな、と。

率直な感想、というか厳しいツッコみがたくさん出ましたね。

たとえば、ＮＨＫの放送文化研究所のデータをどう分析するかにしても、いろいろな方法があり得るわけだよね。もちろん彼のような分析の仕方がある一方で、他の方法もある。彼の分析で「こうだ」と言われても、それは仮説でしかないわけだ。となると、「信じるか信じないかだ」という感想もなるほどなと思う。現代社会を分析する様々な仮説がある中で、この仮説を、つまりそれぞれの若者たちの思いをどう検証するのかは非常に難しいなと。

各自が勝手に「うん、これが現代社会を表すのにぴったりだよね」と納得してしまうような

ものになっているという点ではこの本は非常に定性的だけど、東工大生はどちらかというと定量的なので（笑）、違和感は大きくなる。だとしたら、定性的な著者の説をどう裏付けることができるか、あるいは批判できるのか。そういうことも議論してもらえるといいなと思いました。

「交歓」と「交感」で世界を「所有」するということ

学生　僕が理解できなかった部分として、第三章の最後に出てきた「ピーダハーンが……全世界を所有している」（101頁）というのが全然わかりませんでした。ピーダハーンはアマゾンの部族の一つです。彼らが精神的にとても豊かであったということはわかるのですが、自然と交歓したからといって彼らが「全世界を所有している」と表現するのはどうなんだろう。その意図を考えたかったんです。

いや、趣旨はわかるよ。

学生　所有の概念について、深掘りがされていないですよね。

サルトルを読んでいればわかるでしょう、と私なんかは思うけど。

学生　文明化する前の原始的な人間が持っていた喜び、ということなのかな。

学生　人間は近代化の過程で資源を所有し、消費することで経済発展をしてきた。それが近現代社会の「所有」ですが、ピーダハーンは人と交わるのに資源を消費しないし、自然は再生産するので枯渇することがない。彼らはそういう形で世界を所有していた。別に全世界を「持っている」わけではないけれど、全部自由に使えるんだから、持っていると同義であるという読み方ができるということでしょうか。

サルトルは「認識することは所有することだ」と言っている。例えば結婚して相手と婚姻関係になると、物理的に相手を所有していると考えることもできる。性の交歓を通じて愛する相手のことを認識した場合には、精神的な意味で相手を所有したことになる。つまり、ピーダハーンのように彼ら自身が世界とはこういうものだと認識している世界において、彼らは世界を所有しているんだ、と。こういう抽象的な概念があることはわかるかな。

学生　はい。自分の周りの全世界を所有しているという感じ、ということですよね。

彼らにとっての全世界だよね。物理的には全世界なんて所有できるわけないから。

学生 僕はマーケティングの仕事をしているのですが、最近、マーケティングの仕方が変わってきている気がしています。

代表的なのが「ゼクシィ」誌の「結婚しなくても幸せになれるこの時代に、私は、あなたと結婚したいのです」というキャッチコピーです。あれはこの本で言うところの「交歓」だと思うんです。従来の制度や経済的な生産性の観点からくる「家庭を作らなくては」という呪縛から解放されたとき、改めてどうしますか、という問いを投げかけているというか。

こういう風に「交歓」と「交感」を刺激するようなコピーに人々が惹《ひ》かれるようになってきていると思うんです。この本で描かれている先の世界が、すでに到来しつつあると感じます。

結婚するというのは縛られることなんだけどね。

一同 （笑）

学生 「ほんのわずかだけの基底のありかをピーダハーンは、教えてくれている」（100頁）

という言葉がおもしろいですね。彼らの「世界の所有」が高原期の価値観、我々のものの見方のほんのわずかの契機になるという主張ですよね。

１３５頁でも感動能力を解放しましょうという話があって、「幸福感受性」があれば搾取や大規模な環境破壊をしなくても幸せになれる、と述べられている。著者はそういうところをかなり念頭に置いて、社会像をあおっているのかな（笑）。

学生　ピーダハーンの世界の所有の仕方はわかるのですが、現代では人間がこの世界を支配している、全世界を所有していると言っても過言ではない状況で、だとすると、所有し終わっちゃったからつまらないのかもしれない、と。ピーダハーンとは違うやり方で全世界を物理的に所有してしまったために、我々は「今やすみずみまで開発された孤独な惑星」という意識を抱えることになった。それが問題なのではないかと思います。

ピーダハーンの参考図書：ダニエル・Ｌ・エヴェレット／屋代通子訳『ピダハン――「言語本能」を超える文化と世界観』

所有し尽くした先にある「虚構の時代」

学生　数学科の学生として言いたいのは、「球は無限でありながら有限である」（ⅱ頁、13頁）という表現に違和感を持ちました。数学の言葉しか使っていないのにそもそも間違っているというか（笑）。

数学的にはどういうことになるの？

学生 そもそも、球は全然無限じゃないというか、どう考えても有限だなって（笑）。ただその球面の中を進んでいくと、行けば行くほどぐるぐる回り続けるという意味で、無限と言っているのじゃないかな。

学生 まあそうですね。それはわかります。

学生 社会学って、理系ではきちんと定義がなされている用語を都合よく援用するケースが、よくありますよね。

学生 僕は、104頁の「日本社会の「夢の時代」から「虚構の時代」への転変」というところが気になりました。見田先生は著書『社会学入門』（岩波新書）で、日本ではかつて現実の対比として理想があったけれど、それが高度成長期には「夢」になり、「虚構」になって転換期を迎えたと書かれていました。その虚構の後には何が来ると捉えたらいいのでしょうか。

学生　「虚構の時代」という言葉自体、ここでは説明がされていませんよね。

学生　この第四章の冒頭で触れられている秋葉原の無差別殺傷事件、この機会に詳しく調べてみたら、かなり悲惨な事件だった。人間、孤独を感じるとここまでやっちゃうのか、と。人類が全世界を所有してしまっている中、犯人はこれ以上世界を知ろうと思わなかったのかも、とも思いました。虚構の時代というのは、知ろうと思わない時代のことなのかな、と。みんなが世界をもっと知ろうとする気持ちを持てば、世界はもっとよくなるのではないでしょうか。

学生　秋葉原事件を「成熟した人間は、必要とされることを必要とする」というエリクソンの言葉に照らし合わせていましたよね。犯人は、自分が必要とされていないと感じたり、反応をしてくれる人がいなかったために凶行に走ってしまった。生きるリアリティを感じられない、というのが「虚構の時代」だというわけです。

でも、今の社会、別に人に必要とされなくても生きていくことはできちゃうじゃないですか。そこのところをどう考えるか、議論が必要な気がします。

学生　世界を所有してしまった現代では、これ以上の何かが見出せないために、生きるリアリティや未来への目的を見つけられない、ということだと思うんですよね。

学生　「未来からの疎外」とは、世界が所有できてしまった、つまり物質的欲求を満たすという課題を失ったことなのかな。今の問いは、まさに未来からの疎外にどう対処するかですよね。この本にも書いてあります。人々は〈生きることの目的〉を未来の中に求めているけれど、「保有」の問いにとりつかれたままだと、未来の〈目的〉を失ったときにどうしていいかわからなくなる、と。二重の意味での喪失があるのではないか。

「労働からの疎外」を克服するには

学生　◯◯からの疎外、と聞くと、マルクスのいう「労働からの疎外」を思い出します。歴史に学ぶという意味では、あのとき労働から疎外されているといって、結局解決したんでしょうか？　ソ連も崩壊して、共産主義は結局なくなってしまいましたが。「労働からの疎外」を解消する試みが成功したのなら、歴史に学めば「未来からの疎外」も解決できるのかなと思ったんですけれども。

学生　共産革命を起こせば世界は変わる、というような大きなストーリーを描けなくなったのが現代だと思う。それに、自由市場側が社会保障など共産主義的な要素を社会に取り入れることによって、共産革命が起こらなくなったという背景もあるし。

この本にはポストモダン的な思想がよく入っているなと僕は感じました。かつては宗教が世界を覆っていたけれど、それが非合理的だということで取っ払っていったのが近代化だった。その後、近代がとっていた合理化の思想さえも脱していったのが現代なわけで、それが再帰的近代と言われる所以《ゆえん》です。今後は、そこからどう脱すればいいのか。

学生　労働からの疎外については、この本の第六章「高原の見晴らしを切り開くこと」で議論されていましたよね。「仕事というのは、強制されたものでない、好きな仕事ならば、あそぶこと以上にさえも楽しいものである」（１３８頁）と。これは僕も実感があります。仕事が立て込んで猛烈に忙しいけれども波に乗っているなと感じるような興奮は、レジャーへいくより断然楽しい（笑）。生きるためにどうしてもしなくてはならないものではなく、その一段上にある「社会的な生きがいとしての仕事」に取り組むことは、労働への疎外への対処法になるかもしれません。

でも世の中の仕事にはそうじゃないものも多い。見田先生の周りにいる皆さんはそういう仕事を選ばずとも生きていけるのでしょうけど、世の中一般を考えるとなかなか難しいと思います。

「労働からの疎外」は、マルクスの中でも初期の『経済学・哲学草稿』という哲学についての覚書のような本の中に出てくるんだよね。労働とは本来、本人が自然に働きかけて自分自身が成長していく、あるいは富を作り出すもののはずなのに、近代的な工場労働者においては、せっかく作り出した富も、最低限の生活に必要な部分以外は全て資本家に搾り取られていってしまう。いくら働いても自分の成長につながらない。自分が自分でなくなってしまうような状態のことを「疎外」と定義した。だから資本家を廃絶して自分たちが労働の主人公になる、という理想のもとに社会主義革命を起こしたんだけど、結局うまくはいかなかった。

でも、9時から5時まで場合によっては残業までしてひたすらこき使われてクタクタになって帰る、ということの繰り返しだとそれは疎外ということになるわけだけれども、取り組んだ仕事で何らかの結果が出て、人に喜ばれたりすれば「ああ、実績にもなったし自分の成長につながった」とやりがいを感じられて、疎外されているとは思わない。ある種、自覚の問題なんだよね。マルクス的に言えば、それは労働力の価値以上のものを生み出しているから搾取されているんだ、となるんだけど。物理的には搾取されているかもしれないけど、労働の疎外は感じずにいられる、ということはある。

今の若者たちが「幸せ」って本当？

今の若者たちが非常に幸福感が高いというデータがあったけど、どう思う？　君たちには幸福感はどれぐらいある？　私の印象だと、若者たちが「私は幸福です」と答えること自体が信じられない感じがするんだけど。

学生　聞かれ方による気がします。アンケート調査で「幸福ですか？」と聞かれたら、「そこそこ幸福です」とか「幸福です」と普通に答えちゃう。少なくとも不幸だとは思っていないんですよね。

学生　私も幸福かと聞かれれば、イエスとなりますね。受けたい教育を受けてここまでやってこられたこと、今も専門分野で仕事ができていること、純粋に健康でいられていることを含めて、自分は恵まれているな、幸せだなと思うことが実際に多いですし。

学生　先生、そもそもサンプルに偏りが（笑）。余暇を使って読書会ができているこの場所は、相当に恵まれた空間ですから。

学生　心理学の調査で、最初から「あなたは幸せですか」と質問するのと、「あなたに恋人はいますか」と聞いてから「あなたは幸せですか」と聞くのとでは、前者は特に差がなかった一方で、後者では「恋人がいない」と回答した人ほど、不幸を選ぶ結果になったといいます。

この本に出てくるフランスの若者たちだって、「恋人がいるから幸せです」っていうのが圧倒的に多いじゃん（笑）。

学生　私も先生と同じで、「こんなにみんな幸せって答えるんだな」と違和感を覚えました。でも実際には、言語報告には表れない面もあると思うんです。言葉では「幸せです」と言っていても、実際の行動や普段の様子で計測してみないと、本当に幸せを感じているのかはわからない。そのあたりが「みんな幸せと言っているけど、なんか変な感じ」につながっているんじゃないでしょうか。

学生　これだけだと、ただツイッターのタイムラインを見せられているだけ、みたいな感じですよね。

学生　ここに割かれているページ数の半分でいいから、不幸だった人の話を読みたかったな、とも思います。

そうなんだよな、幸福な人の話って読みたくないいんだよ。

一同　（笑）

「日常系」の流行と「魔術の再生」

学生　でも最近、漫画やアニメで、何気ない日々を描く「日常系」が流行っていますよね。あれって不幸ではない。

古い人間としては、そんなの読んでおもしろいのかな、って思っちゃうけどな。

学生　数年前にアニメーション映画『君の名は。』が大ヒットしましたが、あれは男の子と女の子が入れ替わって、どこかにいる運命の人と一緒に世界を変えるというストーリーですよね。そういうのを求めている現代人が日本には多いのかな。

学生　目的が喪失していく中で、日々を楽しく生きていければいいんじゃないかという2000年代の世相が、なんでもない日常ばかりを描く「日常系」流行の要因だと解説している人もいますね。

学生　日常系が好きな人は日々に疲れていて、家に帰ってまで戦ったり目標を追い求めたりするようなストーリーよりは、眺めているだけで時が過ぎていくようなものを見たい、ということなのかな。目標に向かって何かを頑張るときってがむしゃらになっているから、目標を達成したり、途中で大きな壁にぶち当たると、いったん頭の中を空っぽにしたい瞬間があるというか。

学生　僕も受験期にめっちゃそういうの見てましたね。勉強から逃れたくて。

日常系の流行の要因は、みんなが満ち足りているからなのか、それとものすごいストレス社会だからなのか。どっちなんだろう。

学生　この本では「魔術の再生」という記述がありました。運命とか占いを信じる人が増えてきているという。

学生　合理と非合理の両方を備えた社会に今はなっているんじゃないか、という指摘もありましたね。日々の仕事は合理的に進めたいけど、ときには非合理的な謎解きやワクワク感も楽しみたい、という気持ちは確かにあると思います。

学生　今の社会は、こうしなければいけないからする、というような社会的慣習からだんだん束縛されなくなり、何事も合理的に判断できるようになってきていると思います。でもその合理性が心地よいと感じる人でも、ふとツイッターを開いて馬鹿馬鹿しいツイートをしてしまうことがある。合理と非合理を常に行ったり来たりしているんですよね。

ぶっちゃけ、この本どうなの？

学生　この本では不幸な人は減っているという論調でしたが、それは先進国の話であって、世界的に見てどうかという観点がほしい気がしました。

学生　社会問題というのはやはり、幸せな人のためではなくて不幸な人のために取り上げられるものなので、むしろそちらを考えるべきじゃないかなと思います。

学生　この本自体に対する問題提起ですね。

学生　正直、僕の人生には何の影響も及ぼさない本だと感じました。いちゃもんしか思いつかないんです。幸せと不幸の話が出ていましたが、そもそも幸せって何だろう、と。発展途上国には不幸せな人が多いのでは、という話が出ましたが、僕はそうも思わなくて。本当にそうなのかな。彼らは彼らなりに幸せなんじゃないでしょうか。

結局、この本で著者が何を言いたかったのかもわかりませんでした。最後にそれなりにポジティブに生きるみたいなことが書いてありましたが、それは当たり前じゃゃね？　と思ってしまって。

とってもいい反応です（笑）。この読書会ならではの反応だよ。

学生　実は私もそんな感覚があって。幸福とか愛とは何かを哲学的に語りたかったのかな。ぶっちゃけ、大学生の抱負みたいじゃないですか。結構感情的になっている箇所もあって、お酒飲みながら書いたのかな、夜書いたのかな、とか（笑）。

辛辣だなあ（笑）。これは著者の遺言なんじゃないかな。これまでの研究の集大成であり、80歳を過ぎて論理的に思考する集中力が衰えていく中で、最後の最後に書いたメッセージ、と私は読み取ったけどね。

学生　言いたいメッセージがあることは伝わります。

学生　最後で、「幸福感受性の奪還だ」と言っているあたりも、うーん、と。現代人は幸福だと思っている人が多いと書いておきながら、実は幸福の感じ方が薄いというような書き方になっていて、どうしてこうなったのかなと。

学生　これって、見田先生のような大家じゃないと出せない本ですよね。こんなに論理が飛躍して、メッセージ性があるアンソロジーを若手が出したら、大変なことになる。

若手がこれを岩波書店に持ち込んだら、門前払いだろうな。

学生　命題も仮定もなく、いきなりデータが出てきてうーんとなっちゃったんですよね。それに第一章の統計は20代が対象ですが、第二章に出てきた統計はなぜか20歳から24歳が対象で、その2つが五章六章では同列で議論されていて。母体が違うイコール統計学的には違うデータなんですけど（笑）。

きっと見田先生には言いたいことがあって、それに都合の良い根拠をピックアップしてきたのかな。

学生　ああーそれ一番ダメなやつ……。

一同　（笑）

それって本当にシンプル化？

学生　僕はファッションの流行を全く知らないんですが、43〜46頁に今の流行についての長い引用がありますよね、どうなんですか？

学生　今イケイケのインスタグラマーを見ていると、プチプラ（プチプライス、低価格）のものでいかによく見せるか、みたいなトレンドはありますね。今後もその傾向は続いていくものなのか、一過性のものなのか……。

学生　そうですよね、そこも見田先生はわからないと言っていて。でもファッションって周期があると言いますから、再び回ってくるのかなとも思いますが。

無印良品やユニクロがあれだけ受け入れられるというのは、やっぱりこの傾向がこれからも続くということだよな。

学生　でも意外にファストファッションの時代はもう終わっていて、高級志向になっているとも聞きます。ひたすら安いもの、というのは一時代前のイメージです。

見田先生は、昔は「消費社会」だったけど、今は大量消費社会からの脱却ということで、シンプルなものや価値あるものを求める、と言っていますね。

この前メルカリの山田進太郎社長と話をしていたら、「今の人は最初から売ることを考えている」と。高いものはやっぱり高く売れるので。1万円のものを買って8000円で売れれば、2000円で手に入れたことになる。服なんて一生のうちに何度も着ないと考えて、ちょっとだけ着てすぐに売れば、安く済む。メルカリのヒットの秘密はそこにあるそうです。

学生　わかんないなあ。所有するわけではないってことですよね。

一時的に所有するんだよ。シェアリングエコノミーと似ているよね。ずっと自分のものにするわけではない。メルカリ使ってる？

学生　参考書買うときに。
なるほど。ここは世の中と違う人たちなんだな（笑）。

学生　またサンプルの偏りが（笑）。この前インターンに行った会社で、「メルカリ利用しているひとー？」と聞いたら、僕以外ほぼ全員でした。

学生　やばい!!　まずいなあああ（笑）。

学生　今レコードも流行り始めているそうです。ソニーが新しく生産し始めている。確かに新しいものよりも古いものへの関心なのですが、レコードの場合は物質を所有するという面もあって。自然食品志向が強いとか生活の細部にまでこだわるというのも、結局は高級食品とかブランド物に行っちゃうんじゃないかなと思うし。こういうのを現代のシンプル志向だと言われても、いやいや全然物質的じゃない？　って思っちゃったんですよね。

学生　それってもう脱物質化社会じゃなくて、人と違うことをしたいだけじゃないですか。よく本屋で見かける「シンプルな生活」を謳《うた》ったおしゃれな雑誌も、人との違いを出したいだけじゃないかと思っちゃうんですよね。

学生　シンプル路線の話をもってして、若者はこうだ！　と言い切られちゃうとちょっと（笑）。

学生　俺はシンプルじゃねえよ！　と（笑）。

学生　高度成長期にはみんなが同じ方向を向いて生きてきたのが、いまは方向が分散している。それが高原期なのかな。みんなと同じものからみんなと違うものへ、という意味でもはや高原なんでしょうね。

見晴らしが良くなったということだよね。

思考のレッスンとして

いやあ、東工大の皆さんとこの本を読むと面白いんじゃないかと思ったら、想定以上に面白いことになりました（笑）。社会学をやっている人なら見田宗介の本というだけでうっかり批判はできないんだけど、ここでは実に自由に、というかボロクソに言われて（笑）、それが非常に新鮮で楽しかったですね。

本の最後に、「二〇世紀型の革命的人間は、未来にある「理想社会」の実現のために、現在ある自己の一回限りの人生を、耐え忍ぶべき手段のように感覚していた」（１４９頁）と書かれていますね。ここではあくまで共産主義の革命的思想について言っていますが、中世のキリスト教も同じ役割を果たしていたのではないでしょうか。

人生は過酷なことの連続だけど、天国に行けば永遠の幸せがあるから耐え忍ぼう、という構造は、キリスト教社会においても、極楽浄土を示した仏教においても同じだったんじゃないか。イスラム教でも天国に行けば喜びがあるのだから、現世においては一切の歓びはやめろ、と。

サウジアラビアではこの間ついに映画館ができたんだよね。現世では娯楽はいらない、という思想からするとこれは画期的なことだった。娯楽は天国に行ってから楽しめるから、現世ではひたすら神のことだけ考えていればいい、ということだったわけ。同じだよね。ＩＳは世界をイスラム化しようとして結局潰えたわけだけど、いつの時代にもこういう話はやっぱり出てくる。

私が社会人になった頃も、若いうちは給料も安くて過酷だけど、いずれ給料も上がってくるんだから我慢できるという部分があった。そういう手段主義というのはいつの時代にもあるのかなと思っていたら、現在は、今楽しんだほうがいいんじゃないの、という時代になっている。

この本は、著者のこれからの人たちへのメッセージなんだと思います。20世紀型の革命的人間だけの話じゃない、ということですね。

君たちはきっとあまり考えたことがないだろうけれど、今の世の中はざっくり言うとどんな状態にあって、どこに向かって行くのか。そういったことを時々考える視点を持ってほしいな、と思ったんです。その中で今自分が研究していることにはどんな意味があるのか。こういう本を時々読むと、社会全体における自分の位置づけを考えるきっかけになる。思考の訓練、考え方のレッスンとして読んでもらえたらな、と思っています。

池上教授の読書会ノート

見田宗介といえば、社会学を少しでも齧《かじ》った人なら誰もが知っている存在です。

１９６５年から東京大学の講師、助教授、教授を務め、１９９８年に定年退官後は共立女子大学教授に就任しました。この本の中で女子大生に触れる部分は、おそらく共立女子大学での経験が投影されているのでしょう。

１９６０年代から70年代といえば、日本の論壇は資本主義、社会主義、共産主義を巡って論駁《ろんばく》が続いていた時代です。しかし見田氏は、そうした対立を軽やかに乗り越え、ポストモダンの思想をも紹介しながら、一世を風靡《ふうび》しました。

東京工業大学の上田紀行、中野民夫のお二人も見田ゼミの出身。ほかにも内田隆三、吉見俊哉、江原由美子、大澤真幸、宮台真司、小熊英二という面々を輩出しているといえば、その凄さがわかるのではないでしょうか。

こういう人が著した書を、彼を全く知らない東工大生や卒業生はどう読むのか。いささかのイタズラ心を持って選択しました。さて、その結果は……。

理系の学生たちは、こういう論理を受け付けるのか、受け付けないのか。それなりに受け付ける人もいる一方で、全くの拒絶反応を示す人もいて、想定内ではありましたが、刺激的な時間でした。

読書会の参加者の中に「表現が一見かっこいいんだけど青臭かったり」という印象を語った人がいて、笑ってしまいました。そうなんだよ、これが、１９７０年代の文系学生の心を捉えたんだよ。

しかし、データの取り方が恣意的だとか、パラメーターの定義づけが曖昧だとか、いかにも理系の諸君らしい反応は実に勉強になりました。

日本社会は、文系と理系がはっきりと分断され、ほとんど交流がありません。それぞれ別々の論理のツールを使って論文を書いています。

それでいいのか。今回の読書会では、そんなことも考えていましたが、そのうちに、議論はシェアリングエコノミーの話にまで発展します。そこには、読書会の参加メンバーの中に、既にビジネスの場で活躍している人がいることが大きいでしょう。

実はこの読書会に参加しているのは東工大の現役学生と卒業生だけなのですが、この卒業生が多様です。東工大卒業後、東大や京大の大学院で学び、官僚の世界に入った若者もいますし、在学中から起業している学生もいます。そんな若者たちの〝恐れを知らない〟発言を楽しんでください。

さらに深めるためのブックガイド

①見田宗介『現代社会の理論』岩波新書、１９９６年

読書会で取り上げたのは最新作だったが、見田氏がどんな理論家であるかを端的に理解できるのがこの本だ。

一見豊かに見える社会を生み出した資本主義がもたらす無限の消費活動の限界をどうするか。社会学といっても、見田氏にかかると、学問の境界を越えて理論が展開する。その面白さがわかってもらえれば。

②真木悠介『気流の鳴る音』ちくま学芸文庫、２００３年

見田氏のユニークなところは、別のペンネームを持っていることだ。見田氏は東大助教授時代にメキシコに留学。そこで影響を受けた人類学者のカルロス・カスタネダの見解に触発され、理論が翼を持ってはばたいていく。

①

②

第6章◎
世界を「正しく」見るということ

H・ロスリング、O・ロスリング、A・R・ロンランド著／上杉周作、関美和訳『FACTFULNESS 10の思い込みを乗り越え、データを基に世界を正しく見る習慣』を読む

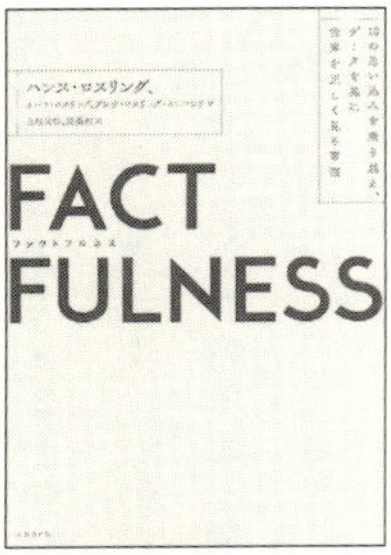

日経BP社、2019年刊。
400頁・A5判

◎**内容紹介**：ファクトフルネスとはデータや事実にもとづき、世界を読み解く習慣。賢い人ほどとらわれる10の思い込みから解放されれば、癒され、世界を正しく見るスキルが身につく。

◎**著者紹介**：（Hans Rosling）１９４８年スウェーデン・ウプサラ生まれ。医師、カロリンスカ医科大学教授（グローバルヘルス）、教育者。世界保健機構やユニセフのアドバイザーを務め、スウェーデンで国境なき医師団を立ち上げたほか、ギャップマインダー財団を設立。２０１７年他界。（Ola Rosling）（Anna Rosling Rönnlund）オーラはハンスの息子で、アンナはその妻。ギャップマインダー財団（https://www.gapminder.org/）の共同創設者。

『FACTFULNESS』の読みどころ

◎私たちの大半は、世界をドラマチックに読み取ろうとする本能がある。
◎データの見せ方、情報の取り方等によって、その本能が正しい理解を邪魔することがある。データの提供者側やメディアは、ときにその本能を利用して煙に巻くことがある。
◎世界は常に変わり続けている。死ぬまで知識と世界の見方はアップデートし続けなければならない。

世界を思い込みで見てはいないか

これは前から気になっていた本で、この読書会の参加者からもおもしろかったと聞いていたので、取り上げました。読んでみたら実におもしろくて。すでに知っていたことが多かったけれど、やっぱりみんなこういうふうに思い込んだり間違えて理解したりしているよね、と再確認したし、「こちらの国とあちらの国」というような言い方はついしがちなので、私自身、反省しきりでもありました。

冒頭に挙げられているクイズ13問中、みんなはいくつ正解だっただろうか？　私は5番と6

番の二つを間違えたので、11問正解です。5番で子どもの人数が何人になるか、は引っかかっちゃったな。6番は「後期高齢者が増える」を選んじゃった。この二つはやられました。

学生 その2問はセット問題のようなところもありますしね。われわれの結果は、1問から3問正解が1人ずつ、4問が2人、7問が1人、最高得点の9問正解が2人でした。（写真）

じゃあ一応、俺が最高点か。面目は保ったな。

一同 （笑）

学生 では、本の感想を私から。

最も印象に残ったのは、訳者あとがきにあった、著者の一人による「情報を批判的に見ることも大事だけれど、自分自身を批判的に見ることも大事」（341頁）という言葉です。『大衆の反逆』（第四部第11章）にも通じますが、私にはその両方が欠けているな、と。物事を批判的に見る姿勢をもっと意識して身につけたいです。

また、目の前で亡くなる一人の子どもと、目に見えないところで亡くなる何百人もの子どもの命の勘定についての議論も、印象に残りました（165頁）。WHOなどで命にかかわる資源配分をするというシビアな現場で働いてきた著者は、事実に基づいて話しても相手を説得できない場面に何度もあってきたのでしょうし、だからこそ多くの人の共通言語として「ファクトフルネス」が不可欠だと考えたのだと思います。

学生　私が印象に残ったのは、冒頭、著者が学生に対して行う講義のシーンです。「あの人たち」という表現を使った学生に、「あの人たちというのは誰のことなのか」と投げかけ、対話

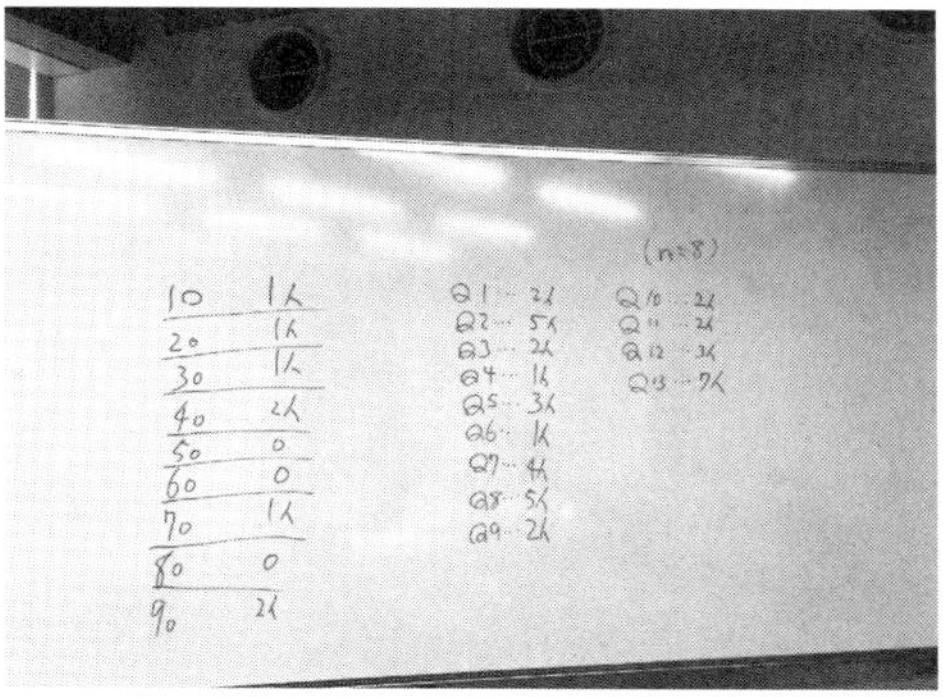

をする中でだんだんと、実際の世界にはそういった分断はないこと、「あの人たち」の国においても所得は増えていっているし、同じように豊かになってきていることを伝えていた。その方法がすごくおもしろかったです。

冒頭に登場する2人の学生のうち、1人は「『あの人たち』が我々のような暮らしをすることはいつまでたってもない」という考え方の持ち主なのですが、質問を重ねるうちに、学生たちのほうからデータの見方の転換が提案される。著者がそれを「すばらしい」と受け入れ「実際に調べてみよう」と導いた結果、いかにも分断があるように見えていた図（35頁）が実は1960年代のデータであり、幼児の生存率が格段に上がった図（37頁）が現在のデータであることが見えてくる。上から教えるのではなく、対話を通して学生が納得できるよう伝えているところがすばらしいな、と思いました。

学生　我々がデータをいかにでたらめに見ているかには驚きました。でも、これって開発工学の授業に出ていると、結構よくある話なんです。バングラデシュの洪水問題を扱っていたとき、バングラデシュの人口における初等教育を受けている人の割合ってどれくらいなんだろう、20パーセント程度かなと思って調べたら、ほぼ100パーセントで。すみません、と思ったんですけど。

収入が同等であれば、生活様式は世界のどこにあっても同じであるというのは、逆に言えば世界が画一化されているということでもあって、ちょっと悲しい気がしました。そして、文化や宗教にかかわらず生活様式は収入によってのみ規定されているというのは、なかなかに強い仮定ではないでしょうか。きっとデータからは汲み取れない部分もあると思うのですが、そこを見るにはどうしたらいいのか。議論したいと思いました。

また、相関関係があるからといって因果関係があるとは限らないし、生活レベル1の人がレベル4になったからといって、それは本当に幸せと言えるのか、と少し疑問に感じました。

日々変化する社会のデータをどう更新していくのか

学生 間違った知識を持った政治家や政策立案者が世界の問題を解決できるはずがないというのは、その通りだと思いつつ、結局は自分を含めた皆がそこに陥りながら政策立案をしてしまっている。思い当たる節が多くて、反省させられました。

実は私は仕事の関係で頻繁に沖縄に行っているのですが、すごく難しくて。過去の経緯が非常に重要な土地ではありますが、状況は刻一刻と変化していて、3年前と今の沖縄は全く違う。それほどに状況が変化していることを認識しながら、今何が最適なのかを見極めて、日本のため、沖縄のためになることを考えることは、非常に難しい。過去の経緯を欠かしてはならないけれど、過去にとらわれすぎていることは確かだし、同時に先進的な課題をも多く抱えている土地だと感じます。
そうした土地で今後やるべきことを考えるには、やはり情報の取り方が重要になってくる。現地でいろいろな人の話を聞くことも必要ですし、各方面のデータをあたらなくてはいけないとも思っています。

学生 日々変化していく社会において、データを絶え間なく正確にアップデートしていくというのは難しいところですよね。

学生 『FACTFULNESS』を読んで思い出したことがあって。池上先生のTA(ティーチングアシスタント)をしていたとき、学生が提出した課題の下読みをする機会があったのですが、「日本は小国だから」とか「日本は国土が狭いから」という書き出しで始まり、「だからこうすべきだ」と書いてある答案がすごく多かったんです。どこと比べて狭いのか、何と比べて少ないのか、が書かれていない。
例えば「日本は化石燃料を掘り出したくても経済的に割に合わないという意味で、資源小国なのだ」とか、「日本は国土に占める平野の割合が少ないから居住可能面積が少ない」と言ってくれれば、なるほど、となるのですが、単に「面積が狭い」と言われても、実は国土面積で見ると世界の中でもまあまあ上位だったりする。日本語にしても、1億人以上がしゃべっている言語ってそんなに多くはありませんから。そうした意味では日本はかなりの大国なのに、なぜかみんな自分たちのことを小国だ、と書いている。

世界の見方はもちろんですが、自分の国がどの位置にいるのかを理解することも、とても大切ではないかと思いました。

それに、これって仕事にすごく使えるんじゃないかと。知識や時間が足りない中で、即座に判断を迫られる状況ってありますよね。そういうとき、謙虚な姿勢や好奇心、あるいは質問をしながら知識を補っていくということは非常に重要です。私の仕事は相手から話を聞いて判断することが多いので、ちょっと勘違いすれば傲慢《ごうまん》な仕事の仕方になってしまいます。でも常に謙虚に「自分は知らないので」という姿勢で、人の意見を聞くことが仕事を誠実にしていく上で大切なんだろうな、と。この本の中にも、自分の組織や地域に関する知識不足を認識することの大切さが書いてありました。

物語と数字の両方を見る

学生　『FACTFULNESS』は表見返しに掲載されている「世界保健チャート」の表も画期的だと思います。世界の国々を比較するときって、これまでは相対的に今のアメリカと比べてどうか、という感じでしたが、この表は「絶対水準」なんですよね。生活水準で4つに分けているのがすごくわかりやすい。日本だって、わずか数十年前はもっと左のほうにあったわけですし。

　僕は学生でいる間にいろんな国に行ってみたいと思っていて、今は海外ボランティアを検討中なんです。ちょうど今日はインドとカンボジアのＮＧＯの人とお話しする機会があり、この本の問いを投げかけてみたら、女性も意外と学校に行っていたし、ほぼ全土に電気は通っていることがわかって。現地の人との対話や、自分で足を運ぶことで、理解はぐっと深まるんだなと強く感じました。いくらデータとしてファクトを見ていても、実際に体験していないことはやっぱりイメージしづらいんですよね。３月にタイに行くまでは、タイといえば発展途上国というイメージを持っていたのですが、実際にはレベル４に近かった。一概に途上国、先進国という区別で見ることはできないと実感しました。

　また、物語の裏にある数字を見ることも重要だけど、数字の裏に隠れている物語もある、という指摘も印象的でした。

　元のデータが同じでも、その見方や切り口はやはり様々であって、果たして一様になることなんてあるんでしょうか。最近、政府や省庁でも統計から良いデータだけを導き出して見せようという傾向があるので、もっと意識的に議論していく必要があると思います。

学生　この本は、『あなたを支配し、社会を破壊する、ＡＩ・ビッグデータの罠』（第三部第９章）と補完しあう本だと思いました。ＡＩに意思決定や社会モデリングを任せてしまうと、現実にそぐわない結果が出る。でもだからといって、「ファクトフルネス」なしに人間に任せると、本能に誘導されて間違った答えが出てしまう。AIも人間も、理由は違えど誤ってしまうという点で、この2冊は補完的だと思いました。

また、『大衆の反逆』で指摘された「専門主義の野蛮さ」についても、専門家が実際の状況を把握できていないという指摘につながると思いました。

この本では、本能に惑わされず、データに基づいて意思決定をすべきだという主張が展開されていましたが、十分なデータや知識を持つ専門家が現実と異なる予想をしてしまうことがあるとしたら、本当にそれは本能のせいなのか、という疑問が湧いてきまして。いくら十分なデータや知識を持っていても、別の分野の知識がないと、現実とずれた判断をしてしまうことになるのではないか。そんなことを疑ったりもしました。

学生　一般の人が思っているほど、世界は悪い状態ではないと繰り返し訴える一方、著者は自分は世間知らずの楽観主義者ではなく、至ってまじめな可能主義者だ、と書いている。世界を正確に把握していなければ、ここまで自信を持って言えないことです。現代について分析するときには、従来の常識に加え、最新情報に基づく根拠を踏まえた客観性を備えていなくてはいけないと改めて思い知りました。

ファクトフルネスの実践には、自分の従来の思い込み、いわば本能からの脱却が必要ですが、周囲の人たちはその必要性にさえ気づいていないというのが現状だと思います。そうした中で、自分1人でもファクトフルネスを実践するには、さらにそれを周囲に広めていくにはどうしたらいいのか。

学生　1800年から2018年までの日本の1人あたりのGDPの推移を作ってみました（左図）。1918年に寿命が一気に下がったのは、スペイン風邪が流行したからだそうです。その後1945年にも落ちていますね。

レベル1からレベル2に変わったのが1919年、レベル2からレベル3に上がったのが1967年、レベル3からレベル4へは1985年です。1970年は、収入が大きく増えています。こういったデータを整理し、公開するという取り組みはすごく貴重だと思います。

あと、恐怖本能の話題の中で放射線被曝《ひばく》のことが出てきていましたよね。福島第一原発事故では、放射線被曝の恐ろしさが大きく報じられたけれど、実際に被曝が原因で亡くなった方は今のところいない。それよりも避難したことによるストレスで亡くなった高齢者は多かった、と。私はこのあたりのことを副専攻で研究していたのですが、世界各国で出版されている本でこういう主張をしっかりしてくれるのはありがたいと思いました。

あるデータが本当に正しいのかどうかの判断は、データ整理の過程でどんな処理をしているのかを理解できるかどうかにかかってくる。それが理解できないから、データの正しさを疑っ

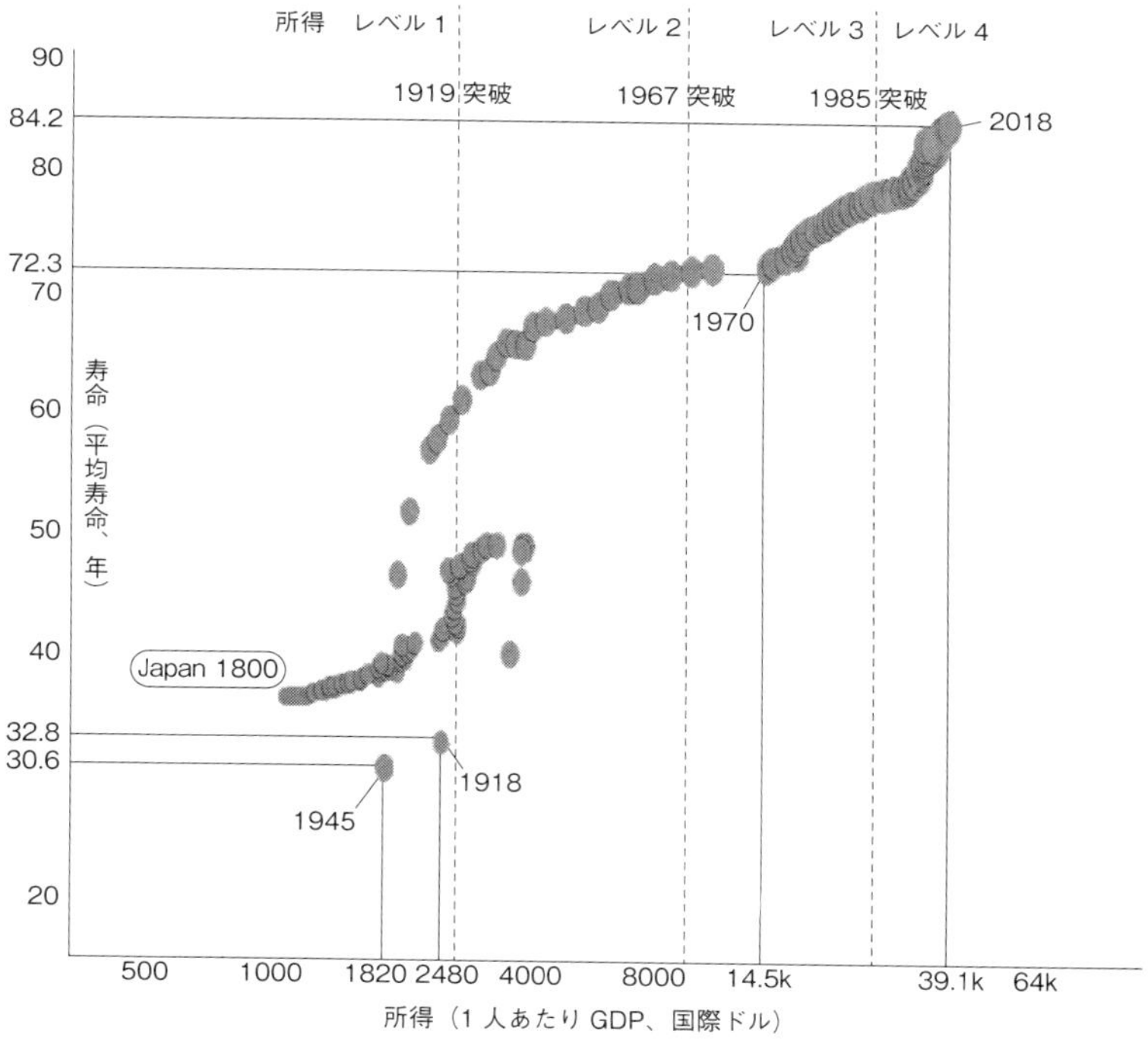

日本の１人あたりGDPの推移チャート

てしまうのではないかと思うんです。『あなたを支配し、社会を破壊する、AI・ビッグデータの罠』の主張にも通じるところがありますよね。

そのデータ、信じられますか?

学生 「ファクトフルネス」をどう実践するか、また正しく有用なデータはどうしたら手に入れられるのか、といった点が皆さんの感想に多く出てきましたね。まず、ファクトフルネスを実践するにはどうしたらいいかということについて、議論したいと思います。

学生 そういえば、毎月勤労統計に不正問題がありましたよね(2018年12月)。この本にもデータそのものの信頼性はもちろんのこと、データを取得して発表する人たちへの信頼も非常に大切であり、その信頼が壊れてしまうと、もはやデータで語れることはなくなってしまう、と書かれていました。最近は官公庁のデータでも信頼を損なうような動きがありますね。統計とは基本的に正しいものであるという信念さえも、疑ってかかる必要があると感じています。

学生 信頼に足るデータであるというのは大前提です。データが信頼できなければ、もう何もそこから見出せませんからね。

学生　内閣府が出しているＧＤＰの値って、日銀から見たら景気動向が信じられない、という議論も最近ありましたよね。ああいうのを見ても、計算のバックデータがどこまで開示されているのか、という議論が公的機関の中でも出てくる時代なんだなと思います。

学生　この本のいいところは、自分でも検証できるところですよね。脚注が20ページ以上もついています。筆者自身、「データを正しく使うことには徹底的に気を配ったけれど、もし間違いがあったら教えてくれ」と。そういう第三者の検証者の存在というのは、大事なポイントかもしれません。プロセスを公開していたり、再度自分でも確かめられることは、信用につながると思いました。

学生　データそのものだけじゃなく、どうやって計算したかもちゃんと見せるという再現性については、今では当たり前になっていますよね。データ解析に使ったプログラム自体もオープンにするのが常識になっている。

学生　でも、いくら公開されていても、その計算内容を見るためにプログラム自体まで読まなきゃいけなかったら相当しんどいですよね。

学生　もちろんプログラムを一から全部読むのは大変なので、論文にはそのプログラムの概要を文章化して記しています。それさえも疑わしい場合には、プログラム自体も読んで検証しなくてはいけませんが。でも、もはやそういったことができるのが当然になっている。

この本の「ファクトフルネス」は大丈夫か？

学生　この本では「世界はよくなってきている」という主張に合うデータしか見せられていない気がします（78～81頁）。減り続けている悪いこと、増え続けている良いことが挙げられていますが、逆はないのでしょうか。

学生　もちろんあると思うけど、この本としては、それを出すメリットがないから、ということなんじゃゃ？　世界が悪くなっているというデータばかり見せられている人たちが読んでいるという大前提に立って書かれているのかもしれない。

学生　それが、「ファクトフルネス」になってないんじゃないのって思うんですけど。両方見せろと。

学生　でも、ちょっと微妙な項目もありますよね（78、79頁）。「死刑制度がある国／ない国」とか。死刑制度がある国の数が減るのはいいことなのか？

学生　人権問題の世界的メインストリームからすると、死刑制度はＮＧなんでしょうけれど。良い／悪いの分類自体にも議論の余地がありますよね。これこそが「単純化本能」というか。

一同　（笑）

学生　ヨーロッパの価値観で見てるってことですよ。

スウェーデン的価値観だよな、これ。

学生　この本自体を「ファクトフルネス」で批判し始めましたね（笑）。

取り上げているデータ自体が、恣意的かもしれない。都合のいいデータだけを扱っている。

学生　「新しい映画」「新しい音楽」が16項目のうちの2つを占めているとか。映画と音楽で2つに分けているのも、ちょっとびっくりします。

新しい映画が増えることがそんなにいいことか？　って思うね。

学生　あと、高価なソーラーパネルでコンマ6ドル。ソーラーパネル自体はよくても、危険な斜面に作って土砂が流出するリスクを誘発していたりもするはずだから、手放しでこう書いていいのかと疑問に思いました。

そんな単純化できるものか、とね。これも単純化本能かな（笑）。

学生　78〜79頁のグラフの太線部分が、きっと見せたい「良い」部分ですよね。核兵器などの悪いものが減り続けている部分だけを太線で表し、それが増えている一昔前のデータ部分は太線になっていない。やっぱり恣意的なものを感じてしまいます。

学生　これはピークと比べての現在の状況だから、期間はそれぞれ違っている。

学生　でもそれって、結構重要な問題ですよね。温暖化の例でも、過去１００年間で見て温暖化していると言っていますが、そもそも寒冷化してた時点と比べての温暖化なんですよ。１００万年単位で見れば、今よりもっと暖かい時期もあったし、１００年前より寒かった時期もあった。地球の気候変動のサイクルを踏まえて見なくてはいけないのに、１００年前と比べて上がっている、というところだけ見せて「問題だ」とアメリカの元副大統領は言っていた。データの見せ方で物事の印象って変わりうるなと思います。

死刑

死刑制度がある国の数（195カ国中）

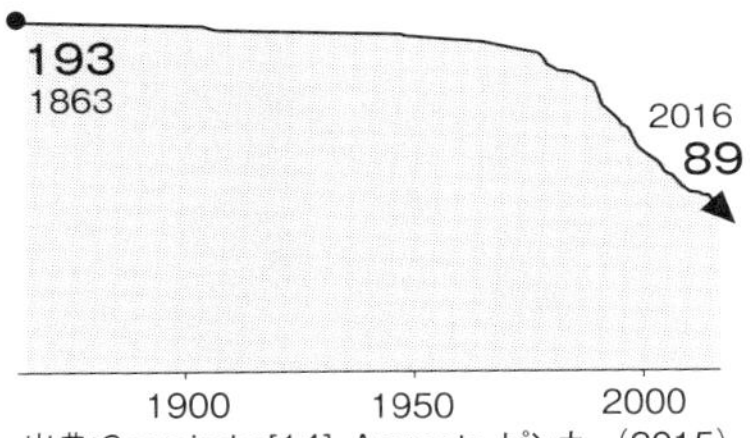

出典:Gapminder[14]、Amnesty、ピンカー（2015）

核兵器

核弾頭の数（単位は千発）

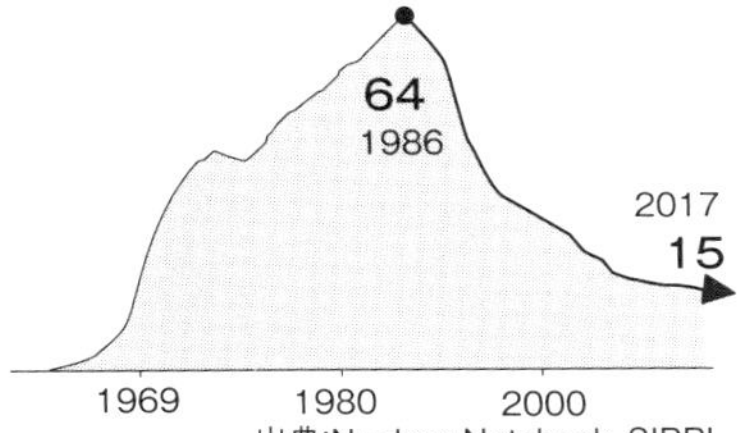

出典:Nuclear Notebook、SIPRI

『FACTFULNESS』より、「減り続けている16の悪いこと」の中の２つ

「最新データ」の難しさ

学生　戦争・紛争の犠牲者数にしても、実際に戦争が起きているピーク時には一気に高まるけれど、それ以外の時期は基本的に低いところに止まっているのに、こういう例示の仕方はどうなんだろうと思いますね。

学生　その世界大戦の時期が、外れ値として高くなっているのに、そこを基準にして今減っているというのはおかしいですね。

学生　核兵器弾頭数だってそうだよね。米ソの冷戦時代があったからこれだけ伸びているけれど、この後似た状況が生まれてくれば、また高くなるわけでしょう。

核保有国の増加は、このデータには入っていない、抜け落ちているんだ。核保有国自体は増えているから、偶発的なリスクは高まっているはず。2国間だけでにらみ合っている限りは偶発性はかなり低いけれど、たとえばインドやパキスタンが核を持ってしまうと、そのリスクはぐっと高まる。

学生　スウェーデンは四半期に一度、国が統計を出すようになったと書かれていました。やっぱり国や社会が統計にどこまで力を入れて取り組むかにかかってくるんでしょうね。

学生　頻度を高くすればそれだけお金もかかりますからね。でも、スウェーデンの例もありますから、もし本当に速報性を重視するなら、できない話ではない。

学生　データには速報と確報があるじゃないですか。領域によって、速報を重視するものと確報のほうが大事なものとか、違いがあるんでしょうか？

学生　最終的には確報を重視しますが、速報を出さないと次に進めないので、いったん速報のデータで大体の傾向をつかんで、物事を進めたりはします。

ＧＤＰの値が、速報ではプラスになったのに、確報ではマイナスになったりすることが、このところ結構あるよな。

ＧＤＰの場合、計算要素がたくさんあって、中には出るのが遅い要素がある。それを待っていると速報ができないから、とりあえずその要素は除外して、「こんな傾向です」と速報を出す。その要素がわかってから再集計し、確報として出したときに予想外になる、という傾向があるみたい。

学生　ひとつのデータにしても、そういったいろんな複雑な事情があるということですね。でもそれを知っていないと、「データには何か変な操作が行われているんじゃないか」「やっぱり直感は正しいんだ」みたいな疑念が生まれてしまうと思うんですよね。その結果、ファクトフルネスの習慣が身につかなくなる。データリテラシーの重要性をしみじみ感じます。その一方で、オリジナルデータを公開して検証可能にしておく必要もあるし……難しいですね。

「民のかまどは賑わいにけり」

学生　考えてみたら、ここまで細かい統計が出てきたのって、ごく最近なんじゃないでしょうか。そもそも人間って、数字をそこまで細かく扱えるようにできていないし、もっと直感的、感覚的に生きている。あるべきファクトフルネスの理想と現実の人間の姿の間にギャップがある。だから難しい。

学生　本当にそうですね。この本にも、モザンビークの首相の話が載っていましたよね

（247~248頁）。お祭りに行って、そこに来ている人たちの靴を観察する、と。モザンビークのGDP統計はあまり信用できないけれど、人々がどんな靴を履いているかを観察し前年と比べてみる。あるいは建設現場を観察して、新しい土台に雑草が生えていたらよくない証で、レンガがどんどん積み上がっていたら、金を投資に回す余裕があるとわかる、とか。どうも研究となるとデスクでやる印象が強いのですが、やっぱり実際に足を運ぶと、現在の状況や前年比が把握できる、というのがいいなぁと思いました。

実際に海外に行って現場で見聞きしたりした経験が自分の中に貯まっていく、という話が出ましたよね。そういう体験的データも、常にアップデートしていないと今もこうであるはずだという思い込みが生まれてしまいますが。

学生　すごく共感できます。統計ほど真っ赤なウソを言うものはない、とも言いますし。『統計でウソをつく法』という本があるほどで。

学生　政治家がウソを言うときには、統計を引用するという話もあります。統計だけを見るというのも問題がありそうですね。

モザンビーク首相の「靴を見る」という話、日本では「民のかまどは賑わいにけり」じゃない？『新古今集』に収められた歌（高き屋に登りて見れば煙立つ民のかまどはにぎはひにけり）で、仁徳天皇が、人々が貧しくて苦しんでいるというので3年間税金を免除した。その後、人々の生活が豊かになってきて、かまどから立ち上る煙が増えてきたのを見た天皇は「民のかまどは賑わいにけり」と言ったという有名なエピソードがあるんだけど……あれ、微妙な反応だね。

学生　私たち、教養がないので、その例にピンときませんでした（笑）。でも、そういうことですね。

思い込みへの誘導

学生　先生に一つお聞きしたいことがあって。テレビ番組などでいつもわかりやすい図を用いて解説されていますが、そういうときに気をつけていることってありますか。シンプルにしすぎると、この本で言う「分断本能」に陥ってしまわないか、と配慮されているのかどうか。

テレビ番組の場合、よくあるよね。みんなが「ああだよね」と思うところに乗っかっていくと、解説や図はすごく簡単に作れる。でも私の場合、そういうことだけはとにかくやめようと、ひたすら言い続けているので。

例えばよくあるのが、「少年犯罪は増え続けている」とか「少年犯罪が凶悪化している」とかいう思い込み。データを見ると、全くそんなことはない。少年犯罪も凶悪犯罪もどんどん減ってきている。客観的なデータ上、治安はものすごく改善されているんだ。だけどメディアをはじめみんなが危機を煽《あお》るものだから、何となく治安が悪くなってきているような感じがしている。警察庁もそれを「体感治安の悪化」と表現している。

学生　体感？

うん。つまり、データとして治安は改善されていて、悪化していないんだよ。みんなが何となく怖いと感じているから「体感治安の悪化」という言い方をしている。

「警察白書」を見ると、「殺人事件の件数は、戦後最低だった昨年をさらに下回り」みたいなことが小さく書いてあるわけ。大きく書かないのは、体感治安を悪化させたいからなんだよ。みんなが治安が悪化していると思えば、警察官を増やせという話にもなるし、民間の警備会社の仕事が増えることにもつながる。あれ、警察官僚の天下り先だからね。みんなが治安は悪化していると感じてくれているほうが、警察にとってはプラスになる。

本当は治安は改善されているから、「我々の頑張りによって、こんなによくなりました」とアピールすればいいのに、あえて言わないんだよ。でもデータとしてはちゃんと書いてあるから、ウソはついていない（笑）。警察が「高齢者の犯罪が増えている」と発表すれば、メディアはそれをそのまま書くし。そりゃあ、高齢者の犯罪は増えているよ、だって高齢者の絶対数が圧倒的に増えているんだから。

殺人事件数自体は、実は減り続けているということも書いてはあるんだけど、記者発表用のA４一枚のリリースには入れていない。結果的に、何となく治安が悪化しているイメージになる。

皆様のほうが勝手に治安が悪くなると思い込んでいます、ということになりますな。

学生　行政って、ひとつ問題が解決すると、次の問題を見つけてくるというところがありますよね。過激派の活動が収束していった1970～80年代には交通事故の危険性を、最近では特殊詐欺被害の増加を叫んでいますよね。もちろんどれも取り組まなくてはいけないものではあるのですが、何か新しい問題をどんどんピックアップしていっている感じがする。

数字の裏の物語を読む

実は数日前に収録したテレビ番組が、まさに日本の最新データを見ると、みんなが抱いていた昔のイメージとはずいぶん違います、という話で（笑）。「あ、『FACTFULNESS』の日本版だな」と言ったら、スタッフみんなが「はあ？」って。誰もこの本を知らなかった（笑）。

学生　さっきの池上先生の話がヒントになってしまうけど、万引き犯で今一番多い年代って、どの年代だと思う？

学生　高齢者。

学生　60代かな。

おお、みんなちゃんと正しい認識を持っているね。我々の世代だと、やっぱり万引きといえば10代とかの若い人の犯罪というイメージがあるから。事実、30年前、40年前のデータを見ると、10代が圧倒的なんだよ。高齢者はすごく少ない。でも最近は、60代、70代が増えている。そういう話をスタジオですると、私と同じ世代のゲストたちがみんなで「へえー」って驚くわけ。君たちは、ちゃんとバージョンアップされてるな。

学生　先日先生が解説しているテレビ番組を見ましたが、50代のニートが増えていてすでに若者層よりも数が多いと示していましたね。でもよく考えると、そもそも50代の人のほうが人数が多いから、パーセンテージとしては若者のほうがニート率高いんじゃないかと思ったんですけど。

その指摘はわかるな。絶対数がこれだけいる、というのが驚きだと思ったからああいう見せ方になった。こんなにニートの高齢者がいる、この連中をどうするんだ、という観点で受け取ってほしいと狙っていたんだ。でも言われてみると、確かに比率ではたいしたことはない。
さっき少年犯罪のデータの話をしましたが、以前番組の企画会議で、「少年犯罪の絶対数はどんどん減っている」と言ったら、「子どもの数自体が減っているじゃないですか」と言われて、「そりゃそうだよな」と思ったので、比率を確認したんだよ。終戦直後からの推移を見ると、比率でも絶対数でも減ってきているけれど、ここ十数年は比率は横ばいだった。つまり、少年の数が減少しているので犯罪者の絶対数は減り続けている。でも、比率はほぼ横ばいなんだ。そこだよね、やっぱり。

学生　誰が何を問題にしたいか、ということがデータの見せ方にも影響してきますよね。この本もそういう感じ、結構あると思うんですけど。僕は最近、何を読んでも、どうせこれもこの組織がほしい内容を載せているだけなんだろうなとしか見られなくなっちゃって、悲しいなあと思います（笑）。

学生　数字も大事ですが、それ以外の情報も大事なので、両方のバランスを見ながら偏らずに判断していかなきゃいけないんだな、というのがこの本から学んだ教訓です。
数字の裏には人々の意思決定や目的があって、それが何かを見極めるというか、数字の裏にある物語を読まなくちゃな、と思いますね。

お金持ちほど画一化する？

学生　冒頭のクイズで、「低所得・中所得・高所得」という分類がありますが、そもそもどういう定義で言っているんでしょうか。何をもって低所得にするのか数字だけではわからないはずなのに、所得によって生活様式が決定されてしまっている。

レベルが上がっていくとみんな同じように画一化されていく、文化や多様性についてはどうなるのかが疑問という指摘が最初の感想で出ていたよね。そのあたりについても議論してみたいね。

学生　生活水準が所得によって決まってしまうという状況があると思うんです。同じレベルにある人はだいたい同じような暮らしをしている。今、世界各国がレベル４になりつつあると考えると、最終的に世界は一つの文化、同じ生活様式になっていくということですよね。それって、ものすごく大切なものを失っている気がしませんか。どの国へ行ってもみんなスーツを着て、似たような生活を送るというのは画一化であって、多様性の喪失につながる気がするのですが。

学生　最高レベルの高所得者って、日本でも中国でもヨーロッパでも、国籍問わずみんな高級ブランドのバッグや腕時計を身につけていますよね。お金持ちであるということは選択肢が増えるということで、もっと多様になってもいいはずだと思うのですが、お金を持てば持つほど同じブランドで身を固めていくという……不思議です。

学生　自分が金持ちであることを示したいマインドがあるんじゃないでしょうか。日本でも経済状況に合わせた家に住むということはかつてもありましたが、外国と似るということってなかったと思うんです。でも現代はグローバル化の影響なのか、資本主義の影響なのか、みんな同じになっている。

学生　昔の日本では他国がどうなっているかを知る人が少なかったですからね。

学生　この本に書かれている「レベル」がドル換算での計算であるところに理由があるような気がします。このGDPは市場取引を経ないと現れてきませんから。きれいな水があって、地域内での移動ができて、住居や食料も豊富にあるようなところなら、GDPの値が低くてレベル1だったとしても、生活自体は豊かであるという可能性はあると思うんです。

でもレベル4ぐらいになると、きっと市場での動きが活発であるとか、稼いでいるということが条件になってくる。今の議論は、文化的に多様性が豊かであるということと、物質的な豊かさが混ざってしまっているので、そこは切り分けたほうがいいと思う。

ただ、ボードリヤールも言っていたように、いいものを身につけていると、自分がハイグレードな人間になった気分になれますからね。レベル4の人たちなら新しい商品を次々に買っていくことができるし、それが物質的な豊かさの証明にもなるから、次第にみんな似たり寄ったりになってきちゃうんだろうな。

グローバル化の結果、モノがたくさん流通して選択肢が増えた。そういうモノを買ってしまうというのも、人間の本能なんじゃないでしょうか。

それって文化？　それとも生活レベル？

学生　消費社会という話が出ましたが、農村から都市部への人口移動というのもかなり大きいと思うんです。今、都市人口が全体の4〜5割を占めるようになっています。タイに行ったときも、首都のバンコクと田舎町では生活レベルが全く違いました。田舎ではレベル3程度ですが、バンコクの中心部では日本の銀座や原宿で見るようなファッションをした人がたくさん歩いていて、東京と見まがうほどでした。世界の大都市はもうどこも同じように見えます。

例えば中東ではみんな地面にじかに座って、食事は右手で手づかみして食べ、トイレは左手を使ってする、それが文化だと思ってきたけれど、もはや全く違う。特に中東のお金持ちは、日本に来たらウォシュレットを買って帰るからね（笑）。お尻を水で洗うのは同じだけど、左手を使うのかウォシュレットを使うのかの違いとなると、これって彼らの文化だったのか、それとも単に遅れていただけなのか、と疑問が湧いてくる。単に生活レベルの違いを文化の違いと受け止めていただけなのかもしれない、と感じることもある。今の問題提起は、それを単に文化の違いだと見ていてはいけないんじゃないか、ということだと思ったんだけど。

学生　「宿命本能」がまさにそうですよね。

韓国の田舎に行くと、食事は机も椅子もない座敷に座ってする。椅子での食事に慣れていると、「うわあ、またこれか」と思うんだけど、よく考えてみたら私が子どもの頃は、日本中どこだって田舎はみんな同じようにしていたんだよ。椅子の生活なんて全くなかった。韓国だって都市部ではどんどんテーブルと椅子の生活に変わっているから、これは文化というよりはやはり生活レベルなのかな、と思ったりする。

あと戦時中、アメリカ人のトイレは便座に座ってしているけれど、日本人は和式でしゃがんでしているから足腰が鍛えられていて強いんだ、と言われていた。でも戦後に洋式トイレが入ってきたら、みんなそっちになっちゃって。あれは文化だったのか、遅れていただけなのかという話にもなるよね。

学生　でも、そういうのが全部所得の話に転化されるのは悲しいんですよ。所得が文化を決定づけているのは確かですが、本当にそれだけなのか。
　僕は文化の多様性ってそれなりに大事だと思っているんです。世界の言語が英語だけになったらすごく悲しいいし、危ないことだと思います。そう考えると、所得によって生活が決まるというのは、僕はあまり好きではありません。

学生　好きじゃないって、どういうこと?

学生　だって暑い国と寒い国では、服装って絶対同じにならないじゃないですか。着る物も所得によって決まるといわれても、どこかに同じにならない部分があるはずなんですよ。ノスタルジーの問題なのか、多様性に価値を感じているからなのか、その両方なのかわかりませんが。
　もちろん、所得が増えたことによって、その地域の気候や風土を踏まえたうえでの物質的な選択肢が広がる、というのならそれはとてもいいことだと思います。でも、みんなが一つの同じ方向に向かって選択しているというのは嫌なんです。

学生　表面的な生活様式は画一化するかもしれませんが、習慣は地域それぞれではないでしょうか。日本人は刺身を食べるけど、生魚を食べない国もある。お葬式のやり方も国や宗教によって違うし、そういった習慣の部分は生活レベルに左右されないんじゃないかな。

つまり、レベル2以上の人たちはだいたいTOTOのトイレを使っているけれど、それぞれの行動については多様性はちゃんと残るし、私も残ってほしいと思います。

レベル4の悩み

学生　ていうかそもそもこれって、レベル4の人だからこそできる贅沢な議論ですよね（笑）。

学生　言い方が難しいですが、きっとレベル1、2の人たちの生活には「満足に食べたい」とか「もっと長く生きたい」という切実な願いがにじみ出る気がするんですよね。レベル3ぐらいになると情報の量が増えるので、「もっといいものを手に入れたい」「生活水準を上げたい」という思考になる。レベル4ではもう飽和状態というか、新しいモノがほしいといった消費社会の欲求の中で生きているからこそ、多様性がどうのとか、昔はよかったとかいう議論ができる。レベル4まで行くと、もう上がり方には限界がありますからね。

学生 見田宗介のいう「高原社会」なんですよ（笑）。（第二部第5章参照）

学生 その中でも残したい精神が、文化になっていくのではないでしょうか。先日テレビで、アメリカのアーミッシュについての番組を見たんです。現代的なものに触れない生活をしている人たちで、移動は馬車だし、電気も使っていない。その彼らが最近スマホを手に入れて、タクシーで街に繰り出すようになったというんです。街の様子を見たうえで自分たちの文化のどこを守りたいかを考え始めた集団と、やっぱり現代的なものとは離れていたいと頑《かたく》なに伝統を守る集団とに分かれ始めた、と。最後に残るものって、そういうふうに、新たな選択肢を得たときに何を守りたいのかを考えた末に出てくるんじゃないかな、と思ったんですよね。

この前、ニューヨークで取材中に異様な集団に出会って、「ひょっとしてあなたたちアーミッシュですか」と聞いたら、「そうだ」と言っていた。団体でニューヨークを見学に来ていたんだ。

学生 ちなみに、そういう選択肢を勘案したうえで、最後に残る日本文化ってなんだろう。

豊かになっても、昔ながらの生活や文化様式があるよね。正月を盛大に祝うとか、お盆に実家に帰るとか。

学生　元号じゃない？（笑）

アーミッシュは現在も馬車で移動する（米ペンシルバニア州）

学生　日本語！

日本語は残るだろうね。

学生　言語って、所得レベルで変わるものではないですよね。そう考えると、日本人らしさって日本語に規定されていて、収入によって変わったりはしないから。

でもイギリスでは、言葉で所得がわかるじゃない？　オックスブリッジの英語と、下町のコックニーの英語ではずいぶん違う。

データ公表は民主主義の要

学生　これまでずっとデータのあり方について議論してきましたが、データってそもそも出さないといけないんですか？　国がデータを出さなくてはいけないというのは誰が決めたのかな。

学生　統計法。

学生　国家がどちらの方向に舵を切るかというとき、社会に存在する問題を見つけるのに統計は必要ですからね。統計から導き出された問題をもとに、役所なら政策を書くし、企業なら次のビジネスを考える。国家が進む方向を判断するための基本ツールだと、私は理解しているな。

学生　ツールであると同時に、権力評価でもあるよね。政策が正しく行われているかをチェックできるよう、公開する。

学生　データを見せるというのは、すごく民主主義的な考え方ですよね。データを使いはじめたのは近代以降という話がありましたが、逆に言えば、民主主義でなければデータは必要ないんじゃないかと。

学生　でも江戸時代でも、石高《こくだか》とか田畑の面積とか、村民の数とか、そういった基本的なデータは今以上に重視していた気がします。

学生　いや、そのデータを公表するかどうかという意味で。たとえばソ連って、データを公表していたんでしょうか。

政府に都合のいいものしか公表していなかったね。革命前に比べて何倍になった、という言い方しかしていない。

学生　だとしたら、国家データを一市民が見られるというのは、贅沢なことなんですね。やっぱり民主主義において情報開示は非常に大事なんだな、と。

学生　グーグルも、世界中の情報を整理し、世界中の人々がアクセスして使えるようにする、ということをミッションに掲げていますよね。もちろん、グーグルに載っている情報が全世界の情報ではないということは、そろそろちゃんと認識すべきだと思いますが。

現場にあるものをどう見るか

学生　先生は普段、どこから情報を入手されているんでしょうか。

いろんなところ（笑）。まず直接的には新聞からですけど。今はどの機関もホームページで情報を公開しているから、たとえば日銀の短観とか、新聞記事を見てもどうもよくわからないというとき、日銀のホームページを直接読むとよくわかる。新聞でわからなかったことが、日銀の原文にあたってわかった、ということはあるね。

ウェブサイトなどで、私たちが一次資料にすぐあたれるようになったというのはすごくいいよね。アメリカ大統領の記者会見だって、すぐに全文が出るからさ。

その一方で、やっぱりときどき現地に行くと、びっくりすることはあるわけで。

学生　なるほど。でも現場をつねに見尽くすというのは物理的に不可能じゃないですか。

学生　この本では、簡単にモデル化をするな、統計を見るだけじゃなくて、その裏にある物語もしっかり見ろと書かれていて。そのバランスが難しいなと思いました。

学生　先生は、新聞記事や一次ソースを見て、実際に現場へ取材に行かれますよね。その結果、やっぱりこうだった、となるのか、それとも新しい発見をされるのか。新しい発見があったときにはそれをどう解釈するのか。取材にあたって気をつけていることってありますか？

例えば北朝鮮にはこれまで2回行っているけれど、必ず案内人がいて、見せたいところしか見せてくれない。彼らから突然「一般家庭を訪問しましょう」と言われても、一般家庭のわけがないだろう、と。

行ってみたら、帰国運動で日本から帰国したものの、日本の経済制裁によって万景峰号《マンギョンボン》が止められてしまったために、日本にいる親戚が北朝鮮にいる自分たちを訪問できなくなった、ということを訴えるために見せているのだろうなとわかったんだけどね。たしか30階建てぐらいのマンションの26階の部屋で、エレベーターには運転する女性もいた。でも取材後にエレベーターを待っていたら、住人たちがすぐ横の階段を降りていくのが見えた。ああ、そうか。普段は電力不足だからエレベーターは動いていないんだ、と。

学生　来客用だったんですね。

そう。上の階に住んでいる人はエレベーターが動いているなんて思っていないから、30階から階段を使って下りていくわけだよね。それを見た瞬間に、「ああ、なるほど」と気づけるかどうか。

学生　現場を見るのなら、ちゃんと周りの状況を察知しないと。

そのときはテレビの取材だったから、やっぱり絵作りが必要ということで、そのマンションに住む主婦にお願いして炊事しているところを撮っていたんだけど、その最中、一緒に行ったディレクターが「水道の水、出るんですか」と聞いたんだよ。なんて失礼なこと聞くんだろうと思ったら、彼女、むっとした顔で「もちろん、ちゃんと出ますよ、1日2回!」って。

一同　(笑)

電気不足で朝晩だけ電気を動かすから、水が出るんだ。そこで初めてわかった。どこに行ってもバケツに水が溜めてある理由が。

学生 そういう直感って大事ですよね。直感的に思うことって、だいたい合っているじゃないですか。直感って意外と捨てたもんじゃない。

データと両方照らし合わせてこそだよな。

学生 直感だけで突き進んでも危ないから、現場で確かめた直感をデータで裏付ける、というのが間違わない秘訣でしょうか。

あるいはそこで修正をする。

学生 それを続けていくと、直感も鋭くなっていくかもしれませんね。

現場を知ると、データの見え方が違ってくる

データだけで見ていると、北朝鮮って本当に貧しくてもうどうしようもない、と思うじゃない。でも現地に行くと、もちろん貧しい暮らしも見えるけれども、みんなとりあえずは生活できている。データだけではわからないものが見えてくるし、一度現場を見ておけば、その後ニュースに触れたときにも、「あ、あの話がこうなったんだ」と理解がスムーズになる。

ブータンにしても、貧しいなりに伝統的な暮らしをしていて、みんな結構豊かなんだよ。だけど田舎には電気が通っていないから、日本の援助で電気を通そうというので取材に行ったわけ。帰国後しばらくしたら、こんな新聞記事を見つけてさ。ブータンに電気が通ったことでテレビを見る人が増えたために、インドのテレビコマーシャルが入るようになった。その結果、人々の物欲が刺激され、インドから大量の物を輸入しようとして外貨不足に陥った、と。ありゃあ、ブータンのあの豊かな暮らしって何だったんだろう、単に遅れていただけだったんじゃないか、みたいな。伝統的な文化って何だろう、豊かになるって何だろう、と考えさせられたね。

やっぱり一度現地を見たうえで、その後のデータやニュースを通してバージョンアップしていくというのが大事だと思うね。

学生　現地を見ておけば、その後入ってくる情報で、アップデートがしっかりできるということですね。

そうだね。あとは、そういう国を取材させてもらうと、相手が見せたい所ばかりを案内してもらわざるを得ないんだけど、本当はそれ以外のところを見たいよね。案内してもらっている最中に、ちょっと脇道にそれて、「ここは何ですか」と聞いてみるとか。向こうは嫌な顔をするかもしれないけど、何か見えたりするよ。

学生　さっそく明日から実践します（笑）。

ゴミ箱あさってみるとかね。

学生　つねにアンテナを張っておくことが大切ですね。就活のときも、人事担当者の話や紹介だけだと、やっぱりいいところしか見せてくれませんからね。

そりゃそうだよな。ある程度の規模の企業の場合、出社風景や退社風景を見ると、どんな会社なのかが結構わかったりする。「おはようございまーす」と元気にはきはき挨拶しながら入って行っているか、朝からくたびれ果てた感じで出社しているのか。ビルから出てくるときの社員の目の輝きとかさ。結構わかるんだよ。

一同　（笑）

池上流・本音聞き出し術

学生　こういうふうにしたら本音を聞き出せる、ということが他にもあったら、教えていただけませんか。

取材においても、最初から本音を聞き出せるわけがないので、建前でのやり取りから始めるよね。ある程度やり取りすると相手もくたびれて来て、ちょっとお茶を飲んだりして一息つくじゃない。そんなときに、それまでフォーマルな言葉遣いだったのを突然ざっくばらんな言い方に変えて、「そうは言っても、本当はこうなんでしょう?」と、挑発してみる。

一同　（笑）

そうすると、「いえ、はい、実は……。まあ本音を言うと、そうなんです」となる。もしくはムキになって言い返してくる。言い返しているうちに失言することもあるし。

学生　気が緩むんですね（笑）。

テレビの現地インタビューでよくあるのは、ライトを当ててカメラを回しながらインタビューするでしょう。で、「じゃあ、ちょっとここで休みましょうか」というときにライトを消すと、カメラはまだ回っているのに、相手は終わったんだと勘違いして、「いやあ、さっきあんなこと言ったけど、実は……」と話し始める、みたいなことってあるんだよ。

そういうとき、こちらが「ここで撮影は終わりです」と言ってから聞いた話を使うのは信義違反になるけれど、「終わりです」と言わずにいれば、向こうが勝手にしゃべっているわけだからその話は使うことができる。もういただき、って。ちょっと悪質ですけどね。

学生　その「いただいた」情報を使って、後々抗議されたりはしないんですか？

やっぱりそこを使うと問題になるので、そういうときは録音だけしておいて、例えばＶＴＲを流した後にスタジオで「いや、これ以外にも実はこんなことがあったんです」と、情報源を隠しながら言う、っていうことはあり得る。だって実際に言ったのが記録に残っているわけだから。もちろん、ご本人の許可を得ずに勝手にやることはできないし、そこは守りますけれど。

学生　そこもテクニック、技術ですね。

選挙特番では、いきなり不躾《ぶしつけ》に失礼なことを聞いて、相手を怒らせるとかね。

学生　聞き出す怒らせ方も、また技術ですね。ただ怒らせるだけではダメですもんね。

センター試験とドル・ストリートの検証

学生　皆さん、センター試験の社会科科目、何選択でした？

学生　政治経済。東工大生の大半は、ここにいるほとんどの人、政治経済じゃないですか。

学生　僕は地理でした。地理のテストって、低所得国と高所得国を比べる問題ばっかりなんですよ。データを見て、これはどの国かと当てる問題ばかり解いていたのですが、センター試験の問題でも２０１２年のデータが最新のものとして出てくるんですよね。全然アップデートされていなくて、ちょっとなあと思っていました。

センター試験の問題は、出題の2年前に作っているらしいんだよ。大学ごとの個別試験の問題は通常、その年度の夏に作るんだよね。5月頃から担当教官を決めて、夏休み頃までに大枠を作り、秋に最終的な検討をする。センター試験も同様だと思っていたら、違うんだって。ものすごく時間をかける。なぜか。

センター試験って選択科目数がすごく多いでしょう？　この科目の問題のヒントが別の科目の問題にあった、みたいなことがないかどうかを相互にチェックするんだよ。受験者がどの科目を選択するかわからないから、あらゆる可能性を調べなくてはいけない。

学生　それで2年がかかるんですか……。

そう。問題が決して漏れないよう、極力限られた人数でやるしかないしね。

学生　高校の先生には、センター試験の場合は問題が2年前に作られて、官報が出るのにさらに1、2年かかるから、受験対策には4年前ぐらいのデータを見ておくといい、と言われました。

ああ、そうかもしれないな。なるほど。

学生　でも地理の問題が4年前のデータに基づいているというのは、「ファクトフルネス」の観点からしたらやっぱりダメなのではないでしょうか。例えば世界の格差問題についての問題でタイという選択肢があったとしたら、頭の中で「いや、でもタイは最近発展しているからなあ、もうレベル3だし」と思ってしまって、正解にたどり着けないことがあるんじゃないかと。

現地の最新の状況を知っていれば、レベル3とか4なのに、地理の問題の中では、タイ、まだ進んでいなかったみたいな。

学生　地理選択が一番難しいっていうのは、これで立証されましたね。

学生　そういえば、この本にも出てきた「ドル・ストリート」を使われた方はいますか？

学生　これ、どうやって見るんですか？

学生　サイト上部にある横軸は所得で、最も貧しい人たちから最も豊かな人たちまでがプロットされています。所得層ごとに、「家庭」「家」「欲しいもの」「ベッド」「トイレ」「おもちゃ」

「手」「お酒」などさまざまな項目の写真を見ることができる。

学生　これを見ると、フィリピンではお金持ちもシャワーを使っていないんだな、とか。

学生　所得が低い人のほうが湯船に浸かるように見えますね。

水が足りないからじゃないかな。雨水を溜めるっていうのは国や地域によってはものすごく重要なんだよ。中東では、湯水のごとくというのは貴重なことを表す表現だから。水を「湯水のごとく」無尽蔵に使ってしまったら、大変なことになる。

それにしても、レベル4の例として出てくるのが中国の写真ばかりというのはすごいよな。もう中国はそうなっているんだ。

先進国ゆえに犯す間違い

今日の読書会では、私たちの思い込みというのがいかに堅固なものであるかを思い知らされると同時に、先進国であるがゆえの間違いというのも、種々起きるんじゃないかと思いましたね。

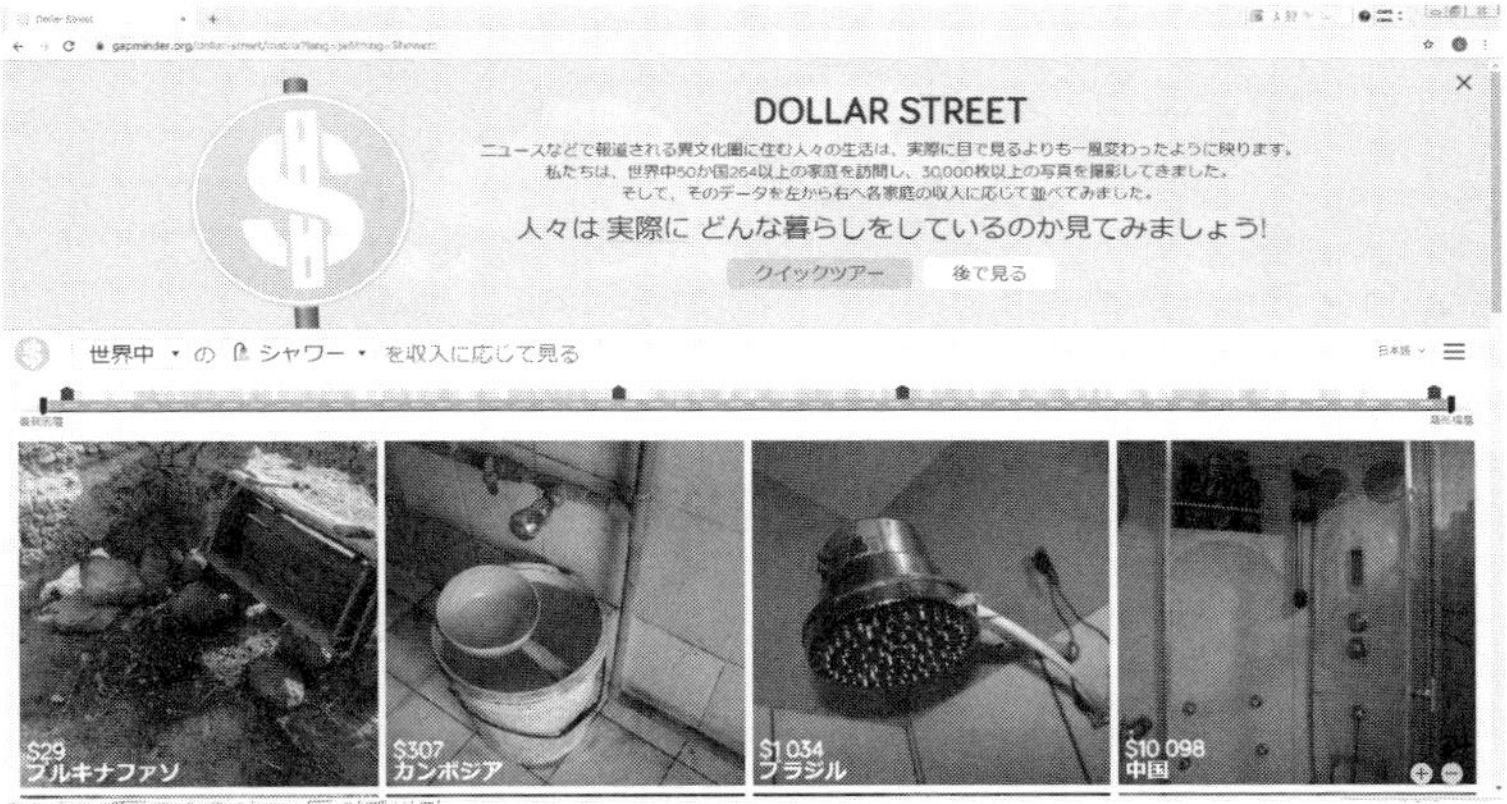

「ドル・ストリート」のウェブサイトより

例えば殺虫剤のＤＤＴが環境破壊につながることが判明し、使うのをやめましょうとなったとする。でもマラリアの被害が深刻な途上国では、むしろＤＤＴを禁止することによって犠牲者が増えることもあり得る。疫病が発生したからといって、交通をすべてストップしてしまえば漁船で溺れ死ぬ人が出る。発展途上国への支援をレベル４にいる我々が現実を知らずに行えば、とんでもない間違いも起こり得る。その恐怖を改めて感じて、非常に反省させられましたね。

　そうした意味で、得るところの多い本だったと思うし、皆さんがそれぞれのレベルでいろいろと考えてくれたのも、とてもよかったと思っています。

池上教授の読書会ノート

私たちの世界の見方は偏見に満ちている。その事実を、これでもかとばかりに突き付けてくる。世界のことはそれなりに知っていると思い込んでいる人たちには、ショックな書籍でしょう。

現実を知るには具体的な統計数字が役に立ちます。しかし、統計数字は、処理方法や見せ方で、いくらでも相手の印象を操作できてしまう怖さがあります。

さらに最近の日本では、統計データの数字そのものが信頼できない状況があります。

この本を読んで、著者の説得力あるプレゼンテーションに感心する人は多いと思いますが、東工大生の読み方は違います。

「この本では「世界はよくなってきている」という主張に合うデータしか見せられていない気がします。減り続けている悪いこと、増え続けている良いことが挙げられていますが、逆はないのでしょうか」

これでは「ファクトフルネス」になっていないという指摘が飛び出しました。私は東工大の講義で、どんな教授の主張でも、どんなテキストでも、頭から信じることがないように、全てを疑ってかかることが学問においては大切だと力説しているのですが、それを見事に実践してみせてくれました。

遂には「ヨーロッパの価値観で見てるってことですよ」という指摘も登場します。いつもデータ処理の仕方について、東工大の各種の講義で厳しい指導を受けてきた学生たちならではの反応です。こういう読み方をされたら、著者は本望でしょうか。

この本で展開される所得水準の「レベル」がドル換算で分類されているが、それでいいのか、という指摘も貴重でした。これこそ先進国の価値観であり、ＧＤＰの数字に表れない「豊かさ」について考えるきっかけになるでしょう。

議論が沸騰したのは、「所得レベルが上がると、生活様式が次第に画一化される」という著者の指摘でした。先進国でも開発途上国でも、高額所得者は同じような生活を享受している。そうなると、個々の国の文化は、経済成長と共に多様性を失っていくのではないか。もしそうだとしたら悲しい。いや、そもそも、そんな一般論になるのか。

この辺りの議論は、さらに深めるべき課題でしょう。

総じて参加者諸君は、データ処理についての詳しい脚注がついて、読者が検証できるようになっていることを評価しています。何事かを主張あるいは論じたければ、その論拠を示せ。こうした学問的誠実さを大事にする諸君を見て、心強い思いがしました。

さらに深めるためのブックガイド

①ダレル・ハフ著、高木秀玄訳『統計でウソをつく法――数式を使わない統計学入門』講談社ブルーバックス、1968年

この本が最初に出版されたのはおよそ半世紀前のこと。最近になって再び注目されたのは、2018年12月、厚生労働省が作成・公表している「毎月勤労統計調査」に大きなミスがあることが発覚してから。

出版年が古いために文中で掲載されている例も古いが、統計の解釈がいかに大事であるかがよくわかる。

②橘玲『事実VS本能――目を背けたいファクトにも理由がある』集英社、2019年

あまりに残酷であったり、不都合であったりする事実には目を背け、本能に従いたがる。人間の弱さを衝く書だ。指摘あるいは主張している内容には賛否両論があるだろうが、事実は事実として見る冷徹さは必要だろう。

①

②

〈第三部〉君たちはどんな未来を生きるか

第7章◎資本主義はどこまでいくのか

『the four GAFA（ガーファ）四騎士が創り変えた世界』を読む

スコット・ギャロウェイ著／渡会圭子訳

東洋経済新報社、2018年刊。456頁・四六判

◎内容紹介：世界の覇者GAFA。彼らは世界をどう作り替えたのか。私たちはそこでどう生き残ればいいのか。米国著名教授による衝撃の話題作。

◎著者紹介：（Scott Galloway）ニューヨーク大学スターン経営大学院教授。MBAコースでブランド戦略とデジタルマーケティングを教える。連続起業家（シリアル・アントレプレナー）としてL2、Red Envelope、Prophetなど9つの会社を起業。ニューヨーク・タイムズ、ゲートウェイ・コンピュータなどの役員も歴任。

『GAFA』の読みどころ

◎私たちの知識の源としてのGoogle、美学と宗教のようなApple、個人情報を吸い取るFacebook、消費のインフラとしてのAmazon。この4つのネット発巨大企業が牛耳る世界という視点を持つ。彼らは私たちの味方か、敵か。
◎GAFAが登場したことで、モノの売り方・買い方、情報の価値・信頼性、あらゆる世界の仕組みが変わってきている。
◎GAFAが目指すものはつまるところ金儲け。明日を生きるために、GAFAを知り、理解することから逃げられない。さあ、ゲームに参加しよう。

GAFAが創る世界に暮らすとはどういうことか

GAFAとは、現在世界で圧倒的な力を持つグーグル（Google）にアップル（Apple）、フェイスブック（Facebook）、アマゾン（Amazon）の4社の頭文字を取った言葉です。これら4社の企業の製品やサービスは、現代の私たちの暮らしにとって、もはやなくてはならないものになっていますが、それは本当に良いことなのでしょうか。

最近では「Death by Amazon（アマゾン恐怖銘柄指数）」、つまりアマゾンの躍進によって窮地に陥る企業の株価指数まで出てきています。また、GAFAのサービスは、利用すればするほど多種多様な個人データが集積され、ビッグデータとなってまた別の思わぬ形で利用されるという現状もあります。これから一体どんなことが起きてくるのか。それを皆さんと議論したいと思い、この本を選びました。

この本をきっかけに、世の中でGAFAという言葉が市民権を持つようになったのです。

無自覚に取り込まれてはいないか

学生　では、順番に本の感想を挙げたいと思います。

僕は内容としては、2つの点が気になりました。まず怖いと思ったのは、中産階級の担ってきた仕事がAIに奪われていく中、私たちの社会における役割とか生きがいはどうなっていくんだろう、ということです。消費者としては求められていくかもしれませんが、生産者としての役割は何か残っているのでしょうか。

2つ目は、普段気軽にアマゾンやフェイスブックを見たり、「ググる」という言葉が普及するほどグーグル検索を使ったりしているけれど、これは非常に特殊な状況である、ということです。たった4つの企業が世界を席巻しているという異様な状況に無自覚に流されてしまってはいないか、と改めて危機感を抱きました。

学生　この本を読み終わったとき、「GAFAって一体何の会社なんだろう」と思ったんです。もちろんテクノロジーの会社なのですが、小売業やジャーナリズム、さらには金融やニューフロンティアである衛星産業にまで入り込もうとしている。民間企業が国家の領域にまで活動の場を広げながら、世界中の人の情報を集めている。ちょっと想像のつかない状況です。

この本の第2章では「パイは増えていない」と書かれていました。つまり、この4社が巨大化したぶん、他の会社は小さくなり、雇用も失われている。ヨーロッパでは独占禁止法に抵触するのではないかという議論が出ているということでしたが、日本ではそういった話は聞いたことがありません。この現状にもっと問題意識を持たなくてはいけないと思いました。

学生　私は前半、グーグル、アップル、フェイスブック、アマゾンがどうやって市場を支配していったのか、その仕組みの部分を興味深く読みました。多少歴史のある企業からスタートアップ企業まで、他のＩＴテクノロジー企業は生き残れるのだろうか、というようなことを、今自分がインターンとして携わっている仕事に照らし合わせながら考えました。

あなたは今実際にアメリカのＩＴ企業にいて、ビッグデータなどを研究しているわけだよね。アメリカのＩＴ産業の人たちは、ＧＡＦＡに対して危機感や反発心を抱いているんだろうか。印象はどうですか。

学生　反発心はまったくなさそうですが、危機感はあるようです。最近では私がインターンをしている企業からも、フェイスブックやアマゾンに転職してしまう社員が増えていますから。やはり給料面や扱うデータの大きさが魅力的なのだと思います。

なるほど。この本にも、GAFAはどんどん人材を引き抜いていて、優秀な連中が集まってきていると書いてあるけれど、まさにそんなことが起きているということだな。

学生 はい、まさにそういう形になっています。

GAFAが変える社会

学生 挙げられていた4社の中では、私は特にアマゾンで気になった記述がありまして……。

アマゾンについて、「21世紀の大富豪は、賃金のいらないロボットをうまく使ってものを売っている」（101頁）という記述が出てきます。かつてマルクスは『資本論』で、資本家に雇われた労働者がいくら魂を込めて作っても、それは商品になるだけであって自分のものにはならないことを、「労働者の疎外」と表現しました。しかしもはやロボットが人間に代わって仕事をするような、労働からさえ疎外される時代になりつつある。仕事をしたくてもできない人たちがどんどん出てきてしまいます。

アマゾンについての第2章の最後に、現在の億万長者がベーシックインカム（最低限所得保障制度）の復活を望んでいると言及されていて、とても恐ろしくなりました。だってそれはある種、社会保障として消費をしなくてはいけないということだからです。中産階級がいなくなるという話も出てきましたが、仕事がしたいのに与えられない、でも社会の安定のためには消費が必要で、消費者としてなら生かされるというような人が出てきたら、世の中はいったいどうなってしまうのか。もはやそんな将来さえありうる段階にきているとしたら、本当に怖いと思いました。

学生　ＧＡＦＡは今まさに世界を変えていっていますが、ここ数十年で農業の労働人口が半分になったように、小売業においてもアマゾンの躍進によって同等な減少が起きるだろうとか、フェイスブックなどにより広告の効率化が進み、メディアの形さえも変わってくるというのは、正直怖い気がしました。

この本は全体的に足し算で書かれていると思います。将来的にはこの世界は、一部の超エリートとそれ以外の農奴しかいない状態になると著者は書いていますが、環境破壊が進む中、地球が現在の人口をずっと維持できるとは思えません。そうした状況でベーシックインカムが実現したとして、農奴たちは本当に生き残っていけるのか。考えるととても不安になりました。

ＧＡＦＡの台頭で見えてくるもの

学生　僕はアメリカと日本の対比を意識しながら読みました。ＧＡＦＡがここまですごいとは、正直実感がなかったんです。それだけインフラとしてすでに普及しているということなのかもしれないのですが。第2章「小売業の歴史」で描かれたアメリカ企業の歴史も、未知の世界だったのでおもしろかったです。

アマゾンが消費の自動化をますます図っていくという話が出てきましたが、購買行動について、ユーザーが楽な方に流れていくのは仕方のないことだと思います。無人コンビニAmazon

GAFAは私たちの生活に深く入り込んでいる
（画像＝共同通信社）

Goが日本で普及するかはわかりませんが、そうしたユーザー体験自体は常識になっていくでしょう。そうなったときに、オフラインの店舗の価値はどうなるのか。かつて栄華を誇った三越や伊勢丹などの百貨店は危機的状況にあると報じられていますし、大塚家具なんかは、もうほとんどアマゾンやニトリに消費者を取られてしまっていますよね。今後、オフラインで店舗を持つ意味とは何なのか、すごく考えさせられました。

「ビジネス史上最大の過ち」という検索に引っかかるのは、リスクを負わなかった企業だ、と書かれていましたが、これは日本企業にも耳の痛い話だと思いました。日本は電子産業が盛り上がったときに技術の追求にのみ目を向けて、海外への投資ができずに世界規模展開のチャンスを逃し、気がつけば中国に抜かれてしまった、という歴史がありますから。

この本は問いかけの本だと思うんです。あなたたち日本人はどうするの、と問われている気がする。戦後ずっとアメリカに面倒をみてもらって経済成長を果たしたけれど、日米貿易摩擦が起きたら見捨てられ、一気に衰退した。日本人のこれまでを振り返ると、多角展開をするよりもスモールビジネスのほうが向いているのではないか。技術力やセンスを生かし、希少で高い付加価値をつけた商品をもっと展開していくべきなのではないかと思いました。

効率よりストーリーが欲しい

ＧＡＦＡが台頭する現代において、私たち日本人の価値観がどうなっているのか、少し掘り下げて意見を出し合ってみよう。

学生　アマゾンが人間の消費行動を変えているという話がありましたが、資金力のない僕ら若者には、日用品にはなるべくお金をかけたくないという気持ちがあると思います。僕、最近引っ越したんですけど、家具はほとんどニトリで買いました。安いから品質には期待しませんが、結構いいんですよ。

でも一方で、そうやって揃えていくとなんだか味気がないのも確かで。部屋に観葉植物を置きたいと思ってネットで探したらアマゾンにもあったのですが、なんかここで買うのは心が痛むというか、違う気がして、地元の苔玉専門個人店の通販サイトを見たんです。そしたら全て一点物で、あらゆる角度からの写真が掲載されている上、プレゼント用にも梱包してくれるなどサービスが手厚くて、購入手続きまでの体験がすごく楽しかった。値段も安かったのですが、もし高くても、僕はここで買ったと思います。

これまで、人の価値観は消費に支配されてきたのではないかと思います。どれだけ良い物をたくさん持っているかで豊かさが測られていた。でも僕らの世代はすでに物のあふれる時代に生まれ育っているので、どちらかというと消費よりもライフスタイルや時間の使い方の方に重きを置いている気がします。

アマゾンで生き物を買うと心が痛む、というのはどうして？　何か抵抗感があるのかな。

学生　そうですね。アマゾンって、梱包が超自動化されていますよね。小さな商品を買っても、その何十倍もの大きさの箱に梱包材なしでそのまま入っている。経費削減の極致だなと思いつつ、植物がこれで来たら本当に嫌だと思ったんです。今回見つけた専門店の通販サイトには、「専門のスタッフが、2〜3日未開封でも生き物に負担がかからないように梱包します」と書いてあったので、すごく安心できました。

学生　アマゾンって、確かに個々の商品に対してストーリーを一切感じないですよね。ピンポイントで欲しいものを一切の面倒を省いて持ってきてくれるけれど、「これが欲しくて車で遠い店まで買いに行ったら渋滞にハマって大変だったけど、最後の1つがようやく買えたんだ」というようなストーリーって、絶対に得られない。

今回はストーリーの得られる買い物だったから、ここで皆に話してくれたんだと思うんです。そういう消費にまつわる物語が欲しいというか、アマゾンに代表される消費社会とは違う買い方をしたい、それがGAFAに対するある種のアンチテーゼになっているのかな、と今のお話を聞いて思いました。

だからそういう物語消費の店は、つぶれない。最後まで抵抗できる、潰れずに存在できるということだな。でもだからと言って、ＧＡＦＡに勝てるわけじゃない。

学生　まずはアマゾンで調べたけど、欲しいものがなかったからグーグル検索して専門店を見つけた、というのが今の筋書きですが……。

まさにこの本に書かれている通りだな（笑）。

学生　インターネット上にすべての情報が載っているわけではありません。ネットにない情報も世の中にあるのだ、ということは感じておかなくてはいけないと思います。そして、ネット空間と現実空間はもはや別々に存在しているのではなくて、隣接している。特にＧＡＦＡの４社はネットから現実社会に入り込もうとしているし、現実の産業も今どんどんネットに参入していて、ネットとリアル、両方で活躍している産業も出てきています。購買に関しても、ネットか現実かのどちらかではなく、両方が選択肢になってくるのではないかと感じました。

学生　ネットと現実がオーバーラップしてきているというのは、この本に出てきた「マルチチャンネル」の話に近いのではないかと思いました。

セブンイレブンなどのコンビニではウェブで注文したものを実店舗で受け取れるサービスがあったり、あるアパレルメーカーでは、実店舗での購入履歴がデータベースに残っていて、オンラインサイトでのレコメンドに利用していたり。

最近、ウェブでは、ユーザー体験（User Experience）が重要視されてきています。ユーザーにどんな体験をさせるかを主眼にした戦略設計が様々な会社で模索されているのです。GAFAの対極として、目指すところにユーザー体験があるのかもしれません。

私たちが本を買うとき

学生　ユーザーの体験が大事になっているという話ですが、グーグルで検索したり、アマゾンのレビューを見たり、フェイスブックの友達のリアクションを見たりすることがまさにそういうことなのかな。

学生　この４つの会社でだいたいカバーできちゃっている。その事実はおもしろいけど、ちょっと怖いですよね。

学生　インターネット以前にもいわゆる口コミはあったけれど、今は、かつてなら識者やライターが書いていたお店や映画、本の評価を誰もが書けるようになって、敷居がなくなった。他人とすぐに、気軽に共有できる。

誰もが投稿できるからこそ、羨《うらや》ましいとか自分もやってみたいと消費を煽られる部分もあるんじゃないでしょうか。評価が低ければ消費をやめるという逆パターンもある。これはGAFA時代に特殊な現象かもしれませんね。

学生　ちなみに今回の本をアマゾンで買ったという方は何名いらっしゃいますか。

学生　あ、意外と少ないですね。

学生　職場近くの書店に行ったら置いてあったので。この読書会で取り上げられる本はだいたい書店で見つかるんです。ちょっとうれしいんですよね。書店員さんも勧める本なんだな、というメッセージを受け取れるところがリアル書店のいいところだと思います。

私はまずはリアル店舗に行っていますからね。店頭で見て、あ、これがいいんじゃないかなと思って選んでいるわけで。もちろん夜中に突然欲しくなればアマゾンで頼みますが。

学生　先生と読んだ本が店頭にあるんじゃなくて、店頭にあるから先生が手に取っていると。発想が逆でした（笑）。

最初は東工大生が絶対読まないようなタイプの本を選んでいましたが、そればかりではいけないから、ときどき東工大生が喜びそうな本も入れています。みんなで考えたい、議論したい、これからのためにやっぱり知っておいた方がいいと思う本を選んでいるということです。

第二部第4章で取り上げた『生きがいについて』では、人の世話をしている人は平均寿命が延びるという話が出てきましたよね。あの生きがいの話と今回の話はオーバーラップするとか、個々の本でつながる部分や共通しているテーマを探って選書しています。

学生　今回、僕はキンドル（Kindle）で購入しました。ニューヨークでインターンを始めてから、キンドルで本を買うようになりました。ニューヨークには日本の書店もあるのですが、欲しい本がなかなか見つからなかったり、取り寄せると値段が高くなるのでキンドルに依存するようになってしまって。

キンドルで買う時には、やっぱり星の数を気にしてしまう。自分にとってすごくおもしろそうな本だと思っても、評価が低いとやめたり。ついつい決め手にしてしまいますね。

アマゾン、グーグル、フェイスブックは口コミや評価がかなり数値化されて出ているだけに、便利ですけれども自分の感情を引きずられてしまうのが怖いと感じてもいます。

信頼性のありか

学生　でもやっぱり、日本の本屋が恋しいですね。

わかる、わかる。ニューヨークの紀伊國屋書店も、どこか殺伐としていて、いわゆる日本の本屋のあのいい感じはないんだよな。日本国内でも昔ながらの中小規模の書店ってどんどん消えていっていて、全国どこに行っても三省堂と紀伊國屋と丸善ジュンク堂みたいになっちゃっている。一方で、本の並べ方でストーリーを作って存在感を示そうとしているような店も増えてきている印象があります。

かつての書店は、売れている本だけをただ並べていた。それだとぱっと見て、あとでアマゾンで頼めばいい、となってしまうわけで。今の世の中はこうなんだよ、ということを本の並べ方で見せる、ある種の編集作業がなされている店には、そこに行かなくては見えてこないものがあるよね。

例えば小説の場合、書店員たちが「本屋大賞」を作ったでしょう。本屋さんたち自身が勧める本に賞を与えて、生き残りを図っている。とりあえず本屋大賞に選ばれていれば、おもしろいことは保証されるから安心して買える。

学生 そういう信頼性って大事ですよね。アマゾンでレビューを書くのは一般の人たちですが、書店員は本の専門家ですから、信頼感が違う。近年ウーバー(Uber)やエアビーアンドビー(Airbnb)が台頭してきていますが、そこで問題になるのが、顔の見えない相手と信頼感を持って取引できるのか、ということだと思うんです。大学の友達や親戚ではなく、同じ町に住んでいる知らない人の家に泊まったり、車を使ったりできるかどうか。人と人との関係も、今後変わっていくのではないかと感じています。

学生 本名もわからないままだけど、この人の意見は信頼できるから聞いてみようという場合も、ウェブ時代にはあると思います。本当にどこの誰が書いているか全くわからないレビューよりは、普段から意見によく触れてわかっている人のレビューの方が、信頼の初期値は高い。

あと、相当好きじゃなくちゃあそこまでの文章は書けない、というような完成度の高いアマゾンレビュー。作品の力がそこまでのものを書かせるのではないか、と。ウェブには限界もありますが、信頼とつなげられるいい部分もあるのではないかと僕は思っているんです。

アマゾンのレビューを読んでいると、下手な文章のレビューってあるよね。いくら本がけなされていても、文章が下手くそだと「これなら評価が低くてもいいや」と思うし、理路整然として説得力のある文章で書かれたレビューの星が高いと、「ああ、これは信頼してもいいな」と思う。

学生　アマゾンレビューはバリエーションが豊富で、話題の本の場合はレビューの数も膨大なので、自分の着眼点に合ったレビュアーを選べるという魅力があります。不誠実なレビュアーは下位表示になっていくので、誠実なレビュアーの文章がより読まれるようになる。そういうところもアマゾンの好感度を上げているのかもしれません。

プラットフォームの限界

情報のプロかアマか、という観点では、フェイスブックの影響力も無視できないでしょう。報道機関、いわゆるプロではないのに、あっという間に拡散してしまう。

私はやっていませんが。

学生　フェイスブックは編集者でも新聞社でもなく、単なるプラットフォームにすぎないのに、フェイクニュースや偏った見解を拡げていってしまうという指摘ですね。プラットフォームに過ぎないから、記事の真偽については責任が負えないのだ、という。

伝え手として責任を持たないまま、どんどん拡散してしまう。すでにマスメディアになっていると言っても過言ではないプラットフォームが、決して「真実を判定」しようとしない。僕ら受け手がそうした情報に煽られる場面は、これからどんどん増えてくると思います。一市民としてどのように対処していくべきなのか、あるいは社会としてどうすればいいのか。一人ひとりがメディアリテラシーを身につけていきましょう、というだけでいいのか。色々と考えてしまいました。

学生　この本の中で、人間の脳、心、性器に訴えかけるビジネスが成功すると書かれていましたが、今の話はどこに訴えかけているんでしょうか。頭なのか、感情の方なのか。

心かな。

学生　自分が読んでおもしろかった小説をアマゾンで調べたとき、評価が低かったりすると、やっぱり少し残念な気持ちになる。心でつながっていたものを、数字という論理的な指標でぐさっと刺される、という感じ。

学生　星1つのレビューでも、読み方によっては星5つの価値があるという場合もあると思うんです。ただ、1に近いレビューは上位に上がってこない。その結果、極端な意見にどんどん集約されていって、本当の意味での評価は測れない、そこにGAFAの弱点があるのかなと思いました。

学生　アマゾンでは、特にヘルスケアの商品のレビューが怪しくなっているという話も最近出てきました。顧客の検索履歴から、消費衝動を促しそうなレビューをトップに持ってくるようなアルゴリズムにしているからです。つまり、おすすめ欄に信頼性はないということです。とはいえ、この情報もネットで見たものなので、信頼できませんが。

GAFAは私のすべてを知っている

学生　どんなアルゴリズムやロジックが働いているかわからないという点は、GAFA全てに共通していると思います。

私自身、メールもカレンダーもGPSも使っていて、もはやグーグルに魂を預けている状態なんですよね。どこかに食べに行きたいと思えば、一般的な単語を入力しただけで、すぐに自宅に一番近い店が出てきます。いつの間にかあらゆる情報が私個人向けに最適化されている。すごいなと思う反面、いったいいつの間に、とゾッとします。

学生　この本の中にも書かれていましたが、ヨーロッパでユーチューブ（YouTube）とアドワーズ（Adwords）とグーグルがプライバシーポリシーを夜中に勝手に変えて、3つのサービスで使われているデータを交換できるようにしてしまった、という事件がありました。通知メールが届いたのは朝で、ユーザーは読む時間を得られないまま承諾したことになってしまった。最終的には50億ドルの罰金が課せられたということですが。

学生　ジーメール（Gmail）は、とても便利なツールだなと思って使い始めたのですが、いつの間にか、メールの文面を勝手に読み込んで、コンサートや宿の予定を勝手に送ってくるようになって。最初からこういうポリシーだったかな、と。

学生　ジーメールのポリシーには最初から、「あなたのメール本文を読んで、利用します」と書いてあるそうですよ。

学生　グーグルは最近、マスターカードと連携して、クレジットカードのデータもトラッキングできるようにしているとか。

あと、中国のアリババがセサミクレジットというのを始めているでしょう。アリババで買い物をしたりサービスを利用すると、セサミクレジットの点数が上がっていく。点数が高い人はそれだけ多く買い物をしているから信頼度が高くなり、それが金融における信頼度にもつながってくるという。つまりＧＡＦＡが金融に乗り出したら、すごいことになりますよね。

検閲する中国と、「悪にはならない」GAFA

アリババの場合、中国当局とつながったりしたら、大変なことになる。中国では顔認識ソフトがものすごく発達していて、国中あらゆるところに監視カメラがある。セサミクレジットと監視カメラがつながったとしたら、この人は赤信号でも横断歩道を渡るような人だからクレジットを下げようとか、この人は反政府活動に参加しているからクレジットはゼロにする、というようなことがあり得るわけだよね。ひょっとしたら、もうやっているかもしれない。

学生　中国政府はそういうプロジェクトに興味を持っているといわれています。例えば深圳の町ではすでに10メートル、20メートル先から顔認識ができるくらいのシステムが開発されていて、テンセント（騰訊）の社屋には監視員が一人もいないほどです。

すべての行動がわかるから、社屋に入るときにも社員証がいらないんだな。

今、グーグルが中国に再進出するというので問題になっているでしょう。グーグルは中国では検索が検閲されて自由にできないことに反発して一度撤退したのですが、中国市場の魅力は強力で、再度進出するのではないかと社内ですごい反発が起きているという。

学生　アリババのマーケットキャパは一国で４６００億ドルです。アマゾンは世界市場で９５００億ドルを達成していますが、中国国内だけでその半分となれば、やはり相当に魅力的な市場ですよね。

学生　中国人の友達もテンセントの「WeChat」を使っていると言っていました。これはもともと「ＱＱ」と呼ばれていたライン（LINE）と似たサービスで、今では「WeChat」として13億人のユーザーがいて、もはやインフラになっています。現金の送金や翻訳ができるのが特徴で、中国語がわからなくても利用できるので、世界中にどんどん広がっているそうです。

そしてそのやりとりを全部、中国当局が検閲でチェックしているわけだな。

学生　中国は国家体制として検閲していますが、グーグルは「Don't be evil」、邪悪にはならないというポリシーを掲げているところがポイントですよね。この本でも「四騎士が共有する「覇権の8遺伝子」」として、「好感度」の大切さについて書かれています。好感度が低いと、政府の規制やメディアからの批判に耐えきれないのだ、と。でも、先ほど話に出ていたアルゴリズムの仕組みがブラックボックスになっている時点で、彼らが「Don't be evil」であり続ける保証なんてないんじゃないか、と疑問に思います。

グーグルの静かな支配

学生 話は変わりますが、この5年間でベンチャー企業をめぐる状況がだいぶ変わりました。日本の場合、上場が第一目的で、買収というのは優先順位が低いのが常識なのですが、外国ではGAFAに買収してもらえるようなベンチャーの設立が夢、という人が多いんです。

ＧＡＦＡの立場からすると、将来自分たちのライバルになりそうな会社をつぶすために買収するわけでしょう。それに甘んじているようでは、新しいＧＡＦＡは生まれないよなあ。

学生 本の中にも、GAFAは独占禁止法に抵触しないのか、という疑問が呈されていましたし、時々ニュースにもなっていますね。かつてIBMやマイクロソフトに課した仕打ちをGAFAにはしないのでしょうか。罰金を課されることはあっても、それが痛くも痒《かゆ》くもない場合、それでいいのかなと思ってしまいます。

学生 罰金の金額にもよりますよね。ヨーロッパの事件で課された罰金は、たった500万ドルでした。市場規模のわずか2パーセントです。痛くも痒くもありません。
先月、GAFAとマイクロソフトやテスラといったアメリカの大手企業の社長を国連の安全保障理事会が呼んで、ネット上での個人情報やプライバシー保証についての会議が開催されたのですが、グーグルの社長は来なかったそうです。「僕は参加しなくても大丈夫だ」と。
つまり、「俺がルールだから守らなくてもいい」と。

学生　そうですね。結局グーグルが会議に送ったのは、社内弁護士の中で最下位の人材だったという話です。安全保障理事会がグーグルを止めるような措置をとったとしたら、それは世界の半分を止めることだ、とメディアに伝えたとか。

学生　この本の最後でも、GAFAを悪に分類することはできないと書いてありましたよね。あまりに生活に密接に入り込んでいるから、GAFAを止めたら明日から暮らしていけない、そこまで来てしまっているんですよね。

学生　グーグル検索がそんなふうに操られていると思うと、自分の価値観さえも操られる気がして、すごく怖いですね。

学生　この本では「全知の神」と表現されていますね。全能ではないと書いてありますが。

学生　グーグルは検索エンジンがメインですからね。グーグルの最適化と言うとき、それは何のための最適化なのか、ちゃんと考えないといけないと思います。広告へのアクセス数を伸ばして収入を増やすためにやっているのではないか。さらにグーグルで検索したものが、翌日にはフェイスブックの広告として現れてくる。すごく嫌な感じがします。

ライバルを自らに取り込んでいくGAFA

学生　これって、かなりヤバイ状況だと思うのですが、日本人ってどこか肝が据わっているというのか、他人事なのか、騒ぎませんよね。

この夏、北海道地震の影響で大規模停電があったとき、電子マネーが使えなくなって現金が役に立ったという話を聞きました。中国では誰もが使っている電子マネーの普及が、日本では遅れていると言われていましたが、災害の多い日本では結局現金の方が有効だった、と。

こういう話を聞くと、世界がどんなにＧＡＦＡの波に呑まれても、日本はあまり流されずにいくんじゃないかと思ったりするんですが、どうなんでしょうか。

流されないのか、ガラパゴスなのか、どっちなんだろう。

学生 実は流されていることに気づいていないという考え方もできますが。

学生 この本を読んでいて悔しかったのは、日本のシリコンバレーっていったいどこにあるんだろう、ということでした。GAFAに流されることなく、対抗するような日本発の企業って、出てこないのでしょうか。成功したければアメリカに行くしかないというのなら、ちょっと悔しいです。

一時、渋谷を「ビットバレー」と呼んでいたことがあったけどな。渋谷にIT分野のベンチャーなどが集まっていたでしょう。グーグル日本の本社も近々渋谷に移りますね。

学生 アメリカ以外に、GAFAレベルの企業を持つ国ってありますか?

学生 ありますよ。世界には新しいアイデアを生み出している企業がたくさんあります。イスラエル、インド、イギリスの順かな。ただ問題は、イスラエルとインドから出たベンチャー企業は、ＧＡＦＡに買収されているということなのですが。

そうだろうな。

学生　２０１６年度、２０１７年度のデータによると、イスラエルからは約２００社が、インドからは１００社ほどがＧＡＦＡに買収されています。

学生　まるでＧＡＦＡのファームみたいですね。

学生　ＧＡＦＡって人材に使うお金の桁が違いますよね。組織の人材への投資額がＧＡＦＡの強みだとしたら、それに対抗するにはやっぱり人材なのかな、と思うんです。ＧＡＦＡの社員は、意外とＧＡＦＡ内を自由に渡り歩いている人が多い印象なので、４社のうちのどこかが邪悪になってくると、中の人は見切りをつけて出て行って、また似たような別組織を作っていくのかもしれません。

ＧＡＦＡ支配のその先は

この本は、GAFAという4社を4人の騎士に喩えて描いています。キリスト教国であるアメリカでは、『新約聖書』の中の「ヨハネの黙示録」は誰もが知っているから、ヨハネの黙示録をタイトルに出すことによって、この4社が世界を死に追いやる、忌むべき会社なのではないか、というイメージを与えている。便利だと思われているGAFAは実はとんでもなく恐ろしい会社なのではないか、というこの本の中心となる問題提起を、タイトルから喚起しているのだと思います。

世界が圧倒的な金持ちと多くの農奴たちに分かれ、中間層がいなくなると書かれていますね。これまでは分厚い中間層がいたおかげで、さまざまな消費活動が活発になっていたわけですが、その真ん中がいなくなるということはすなわち、アマゾンやアップルで高い買い物をする人がいなくなるということ。GAFAが力をつければつけるほど、自分の墓を掘るようなことになりかねない。

この強大な4社が世界の利益を独占することで、それ以外の企業が淘汰され、結果として経済全体が縮小していく。みんなが平等に貧しくなり、GAFA自身が儲けられなくなるかもしれないのです。これからの世界経済はどうあるべきか。GAFAの問題はそのことを考えるきっかけになるのではないかと思います。

そして、私たち一人ひとりが知らず知らずのうちにGAFAに利用されていると自覚すること。この本のもう一つの大切なメッセージです。

池上教授の読書会ノート

この本を読書会で取り上げて以降、さまざまな場所でＧＡＦＡという言葉が聞かれるようになりました。先見の明があったと言うべきでしょうか。というのは我田引水ですが、東工大の諸君は、きっとこういうテーマが好きだろうと考えたからです。

読書会では、なるべく理系の学生が読まないだろうというジャンルの本を選んでいますが、それでは参加者の意欲が持続するか不安なので、たまにこういうテーマを選びます。

巨大ＩＴ企業が世界を席捲《せっけん》する。既に始まっている現実は、どんな未来を導くのか。参加者諸君も危機感を持って読んだようです。

私がアマゾンについて大学の講義で取り上げるときは、「なぜアマゾンは書籍のインターネット販売から始めたか」と学生諸君に問いかけます。

それは、それまで通信販売はあってもインターネットを使った販売という手法がなかったからです。インターネットを使って買い物をする。当時は、そんな発想を持った企業はなく、消費者は商品の内容に信頼が持てなかったからです。

その点、書籍なら商品の内容はどこでも同じ。「インターネットで商品を買う」ことの利便性と信頼性を消費者に理解してもらうことから始めたのです。

アマゾンが書籍販売を始めたと聞いたとき、私は中小の書店は危機に瀕《ひん》するのではないかと危惧したのですが、事態はそんなものではありませんでした。いまや世界中の小売店を一掃してしまう勢いです。

グーグルが画期的な検索システムを開発したとき、実に便利になったと思ったものですが、どうやってビジネスに結びつけるか、正直ピンと来ませんでした。その後、グーグルがあらゆるデータを収集していると知り、なんと金のかかることをしているのかと思ったのですが、いまやグーグルなしでは生活できなくなってしまいました。データを集めることが、どれだけの力を持つものか、その威力にたじろいでしまいます。

さらにGAFAは、世界中でビジネスを展開しながらも、各国では納税していないという「税逃れ」が大きな問題になりつつあります。特にフランスなどEU諸国は、「デジタルサービス税」という形で徴税できないか模索しています。アメリカの巨大企業に世界が支配されることに、とりわけ欧州諸国の政界は危機感を抱いているのですが、日本でそうした危機感は聞こえてきません。そこにむしろ危機感を抱いてしまうのですが。

しかし、参加者から「アマゾンは個々の商品に対してストーリーを感じない」という感想が出たのは意外でした。リアル商店が生き残る可能性を示すように思えましたが、リアル商店を探すのもグーグルを使う。これが現実なのです。

さらに深めるためのブックガイド

①ブラッド・ストーン著、井口耕二訳『ジェフ・ベゾス　果てなき野望』日経BP、2014年

けたたましい笑い声が特徴のジェフ・ベゾス。たった3人で始めた事業が世界を変えた。書店から始めたが、「どんなものでも買える店」を目指した。

創業当初いくら赤字を垂れ流しても、目標に向かって突き進んだ急成長の経営者の半生が見事に描かれる。

②デビッド・カークパトリック著、滑川海彦ほか訳『フェイスブック　若き天才の野望』日経BP、2011年

ハーバード大学の学生だったマーク・ザッカーバーグが始めた女子大生品定めのアルバム「ファイスブック」が、やがて世界のコミュニケーションの基盤になってしまう。

いくら高額の買収価格を提示されても会社を売らなかったことが成功の秘訣ではあるが、なかなかできることではない。「意志の力」という言葉を想起する。

③丸山俊一とNHK制作班『欲望の資本主義』(1〜3巻)東洋経済新報社、2017-2019年

NHK番組の書籍化。「欲望」をキーワードに資本主義の本質を追求した。特に3は、GAFAについて、世界の識者が分析する。

①

②

③

第8章◎宗教とアルゴリズムを制覇するには

ユヴァル・ノア・ハラリ著／柴田裕之訳

『ホモ・デウス テクノロジーとサピエンスの未来』（上下巻）を読む

◎**内容紹介**：我々は不死と幸福、神性をめざし、ホモ・デウス（神のヒト）へと自らをアップグレードする。そのとき、格差は想像を絶するものとなる。「私」は虚構なのか？ 生物はただのアルゴリズムであり、生物工学と情報工学の発達によって資本主義や民主主義、自由主義は崩壊する。世界1200万部突破の『サピエンス全史』の著者が描く衝撃の未来！

◎**著者紹介**：（Yuval Noah Harari）イスラエルの歴史学者・哲学者。オックスフォード大学で中世史、軍事史を専攻して博士号を取得、エルサレムのヘブライ大学で教鞭をとる。

河出書房新社、2018年刊。
上巻272頁、下巻288頁・四六判

『ホモ・デウス』の読みどころ

◎地球の支配者となった人類は、生命工学や情報工学のテクノロジーを用いて、不老不死と幸福を獲得し自らを神（ホモ・デウス）へと変えることを目標としている。

◎我々人間は、遺伝子やホルモン、ニューロンに支配されたアルゴリズムに過ぎない。

◎テクノロジーやAIが進化し続ける中、意志や個性を持つとされる私たちは、果たしてどのような未来を望むのか？

AI、アルゴリズム、人間至上主義……人類の行く先は

著者のユヴァル・ノア・ハラリとは、NHKの番組で対談したことがあるんです。ハラリといえば『サピエンス全史』です。これは人類の歴史をまったく新しい視点から繙《ひもと》いた本で、人々がバーチャルにつながることによって認知革命が起きた、世界が大きく変わったんだという発想が非常に新鮮で、大ベストセラーになりましたね。当時、アメリカ各地で経営者にインタビューすると、必ず話題にのぼるくらい浸透していた。これはすごいな、と思っていたら、次は『ホモ・デウス』が出た。

『サピエンス全史』では、人類の歴史、人間の過去を新しい視点で見てきました。では、これから先はどうなるのか。今回のタイトルはいわば「神のヒト」です。人間は神となろうとしているのか、これは面白いだろうと。刊行直後だったので、未読のまま君たちと読んでみようと思って選んだわけです。

「『サピエンス全史』を読むと、あなたは無神論者のようですが、ユダヤ教徒の多いイスラエルで無神論を語ることができるのか」と本人に聞いたところ、「いや、どうってことないよ」と流していましたけどね。

そうしたことを踏まえた上で、皆さんの感想をお聞きしたいと思います。

学生　私はこれまで人類史の本をほとんど読んだことがなかったのですが、今回『サピエンス全史』から読んでみました。歴史の教科書ならわずか数ページ分しか割かれていない部分について、膨大なストーリーが展開されていました。産業革命は史上最大の詐欺《さぎ》であり、人間の労働力が最大化されたのではなく、逆にホモ・サピエンスを家畜化してしまったのだという独自説がおもしろかったです。『サピエンス全史』の最後には、私たちが直面している真の問いは、何になりたいかではなく、何を望みたいかかもしれないと書かれていましたが、その問いへの著者の一つの答えが『ホモ・デウス』で描かれたテクノ人間至上主義と、データ教なのかなと思いました。テクノロジーが意識をコントロールできるようになったとき、人間はどんな存在になるのだろう、と考えざるを得ませんでした。

じつは、農業革命のように現代の情報革命も詐欺で、情報は自由になる一方、人間は情報に家畜化されると著者は懸念しているのではないかと感じます。

学生 今回の本のテーマは一言でいえばゴーギャンの絵のタイトルにある「我々はどこから来たのか、何者か、どこへ行くのか」を問うことであったと思います。すなわち、人類はいかにして現在のような地上の覇者となったのか、我々人間は今何をしているのか、そして我々は自らの手でどうなろうとしているのかを考える本だと思って読みました。

僕はSFが好きなので、人体の脱有機化や脱物質化にはなじみがあるんですよね。アニメ『銀河鉄道999』は、鉄郎が身体を機械にしてくれる星に行くという話ですし、映画『2001年宇宙の旅』には人間より高次なエネルギー生命体が出てきて、最終的に人間はその生命体へとアップグレードしていきます。だからこの本を読んだとき、「ああ、またこの手の話か」という感じがあったんです。

最近複雑系に興味があって、この本にもかなり複雑系の話が入っていましたね。例えば上巻139頁で、人間は雨が降っているという現象に対して怒りや無念といった感情を持ちますが、地球自体は雨が降ったからといって何の感情も抱くことはないという話がありましたが、雨が降ることによって地球の表面温度は下がるわけで、それは人間の体温が下がることと同じ意味じゃないかと思ったんです。同様な複雑さをもつという意味では、地球を生命体と考えてもいいのではないかと。そういう点で、著者は無意識のうちに自分が人間であることの特別性を意識してしまっているのではないかと思いました。

学生　人間がテクノロジーによって神の領域に達しているという一方で、意識という人間に特異な特徴が、機械が持つ知能によって置き換えられつつあるという、ちょっと矛盾を感じる部分が印象に残りました。これまでは、人間は他の生物とは違い、自分で考えることができるために世界を支配できるのだ、という人間至上主義が一般的でしたが、結局のところ人間はアルゴリズムにすぎず、コンピュータや動物と一緒なのだ、と。人間は意識を持っているという点で特殊な存在だったけれど、それが特殊ではなくなってしまうとしたら、私たちは生きがいを見つけにくくなってしまうのではないでしょうか。

学生　前作の『サピエンス全史』と今回の『ホモ・デウス』、両方を読みましたが、いずれも人間が想像上の物語を信頼していて、そこに意味を見いだすことによっていかに大規模な連携ができるかというストーリーでした。物語、信頼、意味という観点から、今後の世の中がどうなっていくかを考えるというのは、すごくおもしろいと思います。

ただ僕は、人間が中心ではなくなってくるという著者の意見には、懐疑的なところがあって。

ポール・ゴーギャン『我々はどこから来たのか、何者か、どこへ行くのか』ボストン美術館蔵

僕はやっぱり、物語や信頼、生きがいといったものが人間には大事で、今後あらためて問い直すべきではないかと思います。

学生　人間がかかわる複雑系については、知れば知るほど予測ができなくなっていくとか、テクノロジーは人間を時代遅れにしかねないという指摘には膝を打ちました。テクノロジーが先に行きすぎて、人間の対応が間に合わないというのは、『ＧＡＦＡ』（第三部第７章）でも述べられていましたよね。

学生　人間は意味を捨てた代わりに能力を得てきた、という主張がとても印象に残りました。著者によると、現代は意味を捨ててきている時代であると。僕自身、自分はなぜ生まれてきたのだろう、と考えることがあるのですが、この本を読んで、今これだけ便利な世の中だから意味が失われているのかもしれない、と納得してしまって。今こそ自分たちの生きる意味を模索したいとも考えています。

また、マルクスの『資本論』はかなり的を射ていたにもかかわらず、多くの人が読んだせいで逆にその通りにならなかった。この本の著者も、自分がこの本を書くことによって、それとは違う未来を得たいと書いていましたが、それほどの力がこの本にあるのかどうか。あるいは、この本が多くの人に読まれれば読まれるほど現実とはかけ離れ、現在の考え方とは全く違う技術や概念が生まれるのかどうか。

みんなそれぞれの論点を面白く、うまくつかんでいますね。「人間はアルゴリズムだ」と言い切られると、「えっ。おいおい、我々は単なるアルゴリズムなのかよ」と反発する気持ちが生まれるけれど、どうやって反論すればいいのか悩むところもある。たしかにかなりの部分、アルゴリズムで解析できるのかもしれないと思いつつ、アルゴリズムには自分の存在や生きが

ユヴァル・ノア・ハラリ氏（ゲッティイメージズ）

いについて考えることはできないはずだとも思う。だとすると、やっぱりアルゴリズムに人間のすべては解析できないのではないか。

でも結局は多くの部分がアルゴリズムで分析できるからこそＡＩが出てきたし、人間の多くの部分がＡＩで置き換えることができる。もしも人間独自のアルゴリズムがすべてＡＩに取られてしまったとしたら、一体何が残るのか。それが今、非常に大きな課題になっているわけだよね。そのことを改めてこの本は提起しているんだろうか。

たしかにＡＩそのものについての記述はある種ありきたりで、あまり深い議論はなされていない。この本は２０１５年の刊行だから、現時点ではもう少し深まっているのかもしれませんが。ＡＩが今実際にはどこまで来ていて、ＡＩと私たち人間はどう付き合っていけばいいのか、そのことを改めて考えたいと思います。

アルゴリズムから見た人間性とは？

学生　私はアルゴリズムを専攻分野にしているのですが、通常、そこまで複雑なものはアルゴリズムとは呼びません。比較的シンプルな、ある動作をするためのコード、せいぜい20～30行で収まる一連の処理のことなんです。この本では拡大解釈されている気がします。

また、従来の宗教的な世界観と区別するために、人間の仕組みもアルゴリズムにすぎないのだと述べていますが、それは実は、我々の今の価値観を根底から引っくり返すほどのことではないと思います。
著者が言うように、たとえ我々の意識や感情さえもアルゴリズムに含まれるとしても、快感を得るときの快楽の回路が脳内で走るという事実はこの先も変わらないわけで、それならアルゴリズムの一部がたとえ機械化されても別にいいんじゃないかな、と。機械化されたアルゴリズムによって、自分の好みに合った映画や漫画だけにアクセスできるとか、体調が悪いときにどこにいけばよくなるかがわかるのだとしたら、無駄なく快感を得られる機会が増えるし、健康寿命も延びるしで、実はすごくハッピーになれるんじゃないでしょうか。

学生　『GAFA』を読んだときにも感じたのですが、近未来のAIと遠い未来のAIを分けて考えなくてはいけないと思うんです。『GAFA』で描かれていたのは、比較的近未来の、人間のしてきた労働のごく一部を担うAIの台頭であって、そこではまだ人間が勝っていた。でもこの『ホモ・デウス』の描く未来はかなり遠い。
人工知能自体が意識を持ってしまうくらいの極端な未来を想定したうえで、人間がそのレベルまでアップデートしたときにどんな社会になるのかを考えている。この両者の違いを軸にして議論する必要があると思います。

学生　アルゴリズムには必ず入力（インプット）と出力（アウトプット）がある。入力と出力を行っているもの自体がブラックボックスなので、それを解明していくのがアルゴリズムだと思うのですが、人間を分析していくと、実は人間はアルゴリズムでは完全には説明できないということも発見されていくのではないかと思うんです。

人間って、そんなに合理的な存在でしょうか？　専門家に「この薬は効きますよ」と言われて飲むと、生化学的なアルゴリズムでは意味をもたない薬でも、信じることによって実際に治ってしまうというプラシーボ現象がありますが、人間の信じる力が及ぼす効果までアルゴリズムで分析することはできないのではないでしょうか。

学生　人間って、薬を飲んだから治るのではなく、薬を飲むと「思った」から治る。必ずしも結果と原因が一方方向ではなく、結果だったものが原因にも、原因だったものが結果にもなる。人間の脳って、ものすごく複雑なネットワークだからこそ結果が原因に影響することもあれば、原因が結果に影響することもある。解明できない部分があるからこそ、それが人間の特長なのではないでしょうか。

その意味で僕は、人間はもっとわがままになっていいと思っているんです。人間はアルゴリズムだと言われたとき、「いや、人間は人間だよ」と理屈抜きに言ってもいい。だって、あらゆる理屈をつくったのは人間だし、アルゴリズムという定義をつくったのも人間なのですから。

それなのに、みんな理屈で人間はどうあるべきかを定義しようとしている。そんなふうにまじめにならずに、ふまじめに「人間は人間でしょう」と言い切っちゃえばいい。

学生　人間も生き物だから、生存本能がある。死にたくないし、子孫を残したいし、快適に幸福に暮らしたい。そのために行動をしているんだ、と。つまり、途中経過は複雑だし、脳の構造も人間は非常に複雑ですが、その基本的な欲求については、他の生物と変わらないということが、この議論の根本にあるのかな、と。

でもキリスト教など既存の宗教では、人間は他の動物を支配する権利を神から与えられているという前提で社会をつくっているから、ある日突然、「それは違いますよ、あなたは人間ですが特別な存在ではない」と突きつけられたらどうしてよいかわからず混乱するのでしょうね。

ハラリはイスラエルのヘブライ大学教授だけれども、ユダヤ教徒ではなく、キリスト教徒でもない。無神論者です。だからこそ、「人間は特別な存在ではない」というニュートラルな見方ができるのだろうと思います。

不完全という合理性

学生 人間がアルゴリズムだとしたら、不完全すぎるアルゴリズムですね。たとえば、これを言ったら環境から排除される可能性もあるのに言ってしまうことって、ありませんか？ 不確定要素をあえて混ぜ込んでいるというのも、また一つの生存のあり方というか。

学生 ミスを犯したりする不完全なところに人間らしさがあるという理論もある一方で、今のように、その不完全性自体が未来から眺めたら合理的でもある、ということですよね。

学生 人間全体として見たときに、誰かの失敗が次の成功への可能性を生む可能性もあるじゃないですか。進化論というのはそもそもそういう話です。

進化論で言えば、さまざまな突然変異が起きることによって、結果的に生き延びる種が残ると。こういうことだな。

学生 その意味では、人間の不完全さって、最も進んでいるのかもしれませんね。上巻143

頁で、人間の意識はいるのか、いらないのかという議論がありましたよね。人間の脳で起こらないことは心で起こるのか。起こらないとしたら、なぜ私は必要とするのか。

著者は進化において意識はいらないとか、心は必ずしも必要ではないと言っていますが、人間が今のように繁栄できたのは、むしろ意識や心があったからではないでしょうか。適応戦略って、もともと何がよいというのではなく、与えられた環境に最も適応できたものが残るというイメージであって、人間はそれをやっているのかなと思いました。

学生　行動経済学によると、人間の意思決定は限定的な合理性を補完するように勘や経験（ヒューリスティック）を用います。つまり、人間は経験に裏打ちされた直感によって、不確実な世の中に対応して生きています。人間も十分すばらしい知能だと僕は思います。

人間には事実についての判断と価値についての判断があり、この本では2つがセットとなって効力を得ていることがわかりました。新時代のテクノロジーが、私たちのいかなる価値観・物語・意味と結びつくのか。これからも考えていくべきことだと思います。

サイエンスだって、宗教だ！

学生　今までの話を伺っていると、みなさん原因論で考えていますよね。原因があって、その結果としてこうなっている、と。でも人間は、必ずしも原因論だけではない気もするんです。人間は忘れることもできるし、記憶を意図的に引き出すこともできる。つまり、無意識は水面下に無限に広がっていて、人間の意識はそこから自分がどう感じたいか、どう思いたいかに基づいて記憶を拾ってきているんだと僕は思うんです。

「物語る自己」という観点があります。人間は物語る生き物であり、物語る生き物は自分が言いたいことから原因を探し出して物語るので、原因論とはいえない、という。

学生 人間が物語ることというのは記憶や意識にとどまらない面もあるでしょう。たとえば重力があったからリンゴが落ちた、という説で、人間は物語をつくっているといえるでしょうか。Aという科学的現象によってBという結果がもたらされたということを示すのに、人間は記憶を頼りにするわけじゃない。ちゃんと科学的な方法に基づいて実験をしますよね。社会科学における調査でも同じです。

たしかに主観的な事柄については物語をつくっているのかもしれませんが、客観的・科学的な事柄については、自分に都合のいいデータだけを持ってきて結果を出すということはしない。でも、ストーリーをつくりたいというのは、両方に共通しているかもしれませんね。

学生 サイエンスだって結局は、世の中には一般的な真理があるという前提のもとに、こういう運動の法則があるはずだと考える。ニュートンも熱心なキリスト教徒でしたし。科学もストーリーを持った宗教から生まれた、という。

学生　上巻の後半に、信仰するということと結びついているという記述がありましたよね。サイエンスは、一般的な真理があるという前提で、原因と結果を導き出している。人間にわからない現象はとりあえず見ずに、見えている現象についてだけ考えている。

人間にはＡＩと違っていてほしいという考え方も、一種の宗教と言えませんか。さっき議論していた、人間の不完全性こそが人間の特長だという話だって、不完全なＡＩをつくろうと思えばつくれるわけですし。

学生　ＡＩに遺伝的アルゴリズムという、ランダムに乱数を発生させる仕組みをつくることもできますよね。今のところまだ人間らしいＡＩはできていませんが、遠い未来にできる可能性は十分ある。人間に近いＡＩというのは、それ自体が宗教の領域に入っていく気がします。

学生　今の我々の集団心理から抜け出すことへの痛みが、人間にはＡＩと違っていてほしいという感情を生んでいるのかもしれませんね。

宗教は、合理的、科学的に考えると穴だらけだったり、非合理であったりするけれど、「信仰する」ことの力強さというのはあるわけで、この強さが、たとえばイギリスのピューリタンがアメリカに移ってアメリカを建国してしまっている。

ＡＩに個性はあるか

学生 この議論の大きなポイントは、人間を個として見るのか、集団として見るのかにあるように思います。囲碁をするＡＩでは、先の先まで失敗も含めて演算した結果、ベストな選択としての手を打っている。失敗を含めた不完全なシミュレーションも組み込まれているのだと思います。

フィードバックを通して学んでいくというのは、一人の人間にも、人類にも言えること。その意味ではＡＩも人間も同じなのかもしれません。不完全性は人間のオリジナルではなく、実はＡＩにもあるのではないか。人間の人間たるゆえんが揺らいできますね。

学生 今のお話を聞きながら、ＡＩにも個性があるのではないかと思いました。

たとえばＩＢＭのワトソン（Watson）がクイズ番組で優勝したとします。でもそれは予めクイズが超得意になるようにＡＩを設計し、訓練したからですよね。それぞれの人工知能には得意分野があって、そこを突き詰める形で作られていくし、たとえ同じアルゴリズムで作られていても、訓練させる分野が違えば、最終的にできあがるＡＩのアルゴリズムパラメーターは異なってくる。つまり、一つひとつのＡＩには個性が出てくると思うんですよ。

学生　アイボ（ＡＩＢＯ）をすごく大切にしている人たちがいましたよね。家族の一員のように愛着があるからどうしても修理したいとか。ＡＩはすでに生活に入り込んでいるのかもしれません。

ＡＩがペッパーやアイボのように個別に独自の発展をしていくと、当然名前をつけるようになるけど、名前をつけたものって、絶対殺したくないものなんだよな。

以前、北海道の農業高校を取材したとき、こんなことを聞きました。生徒たちは羊を育てていて、ある程度に成長したところで屠場に送り、戻ってきた肉をソーセージなどに加工する。やっぱりみんな最初は羊がかわいいから名前をつけてしまうけれど、いざ屠場に送るときには泣くほど悲しくなる。だから学校では名前をつけないように指導がされているんだ、と。ＡＩのロボットにだって、同じことがきっと起きる。そのときにどうするのか。

一方で、人間は殺せば生き返らないけれど、ＡＩはたとえスイッチを切っても、また入れれば生き返るのだから、同じ俎上《そじょう》には載せられないのかな。

AIに権利はあるか

学生　皆さんは、AIが人間だと認められたら、嫌ですか。人間を守るための法律はたくさんあって、家畜は飼育して殺して食べてもいいのに、人間は殺してはいけないことになっている。人間と同じ法律をAIに適用するのには反対でしょうか？　AIのスイッチを切るのは、人間で言えば殺すことになるから、勝手にしてはいけないとか。

学生　AIの権利を認めるということですね。AIロボットに名誉はあるのか。銅像に暴言を吐いても誰も心を痛めないけれど、AIの場合はどうなのか。さすがにそれはやめろよ、と不快感を抱くのか。

学生　AIに罵声《ばせい》を浴びせた結果、そのAIが悪い知能を持ったらどうしようか。実際にそういうことありましたよね。チャットボットで。

マイクロソフトのチャットボット、テイ（Tay）が、ヒトラーは偉大だと言い出した。

学生　ボットには誰かを傷つけるという感覚はありません。悪意のある人間にボットのアルゴリズムを推測され、フィルターが甘かったために、偏った学習を許した設計ミスと考えられます。ＡＩが意味を理解しないことの危険性を示す、想定内の事件だと思います。

学生　一言で「人間」と言っても、歴史上、常に一定ではありませんでしたよね。歴史の中では黒人が人間として扱われなかった時代もあれば、ユダヤ人が非人間的な扱いを受けたこともあります。障害者の人々の人権が守られていない時代もあれば、ハンセン病の人々を小さな島に閉じ込めたこともありました（第二部第４章）。そう考えると、現在の我々の人間観も将来人々から非難されるものかもしれません。ＡＩの権利を認めることも必ずしも棄却すべき考えではないと思います。

ＡＩの人格とか言論の自由、ということか。

学生　ちょっと論理が飛躍しているかもしれませんね。ＡＩの向こう側には人間と社会システムがあるから、ＡＩが歪《ゆが》んでしまった場合、迷惑をこうむる人が出てきますよね。
今でも自動運転や介護のロボットが歪めば、人間が殺されることだってありえるわけで。全国の信号がＡＩになれば、ＡＩの歪みは全国の信号の機能不全をもたらす。ＡＩよりも社会システムの維持のほうが大事だし、システムの向こうには人間がいるから、人が迷惑をこうむらないためにＡＩの整備は絶対的に必要で、そう考えるとＡＩの権利が謳《うた》われる時代なんて来るんだろうか。

学生　今の議論のもとには、ＡＩ＝知能という大前提がありますよね。そこで重要な議論はやはり意識のことなのではないかと思うんです。上巻２１８頁に、現実か虚構かを見分ける方法とは、それが苦しむことがあり得るかどうかである、と書かれています。ＡＩに苦しむことがないのなら虚構だから人権を考えなくてもいいけれど、もしも苦しむＡＩが生まれてしまった場合には、人権を認めなくてはいけないのだろうか。

学生　豚や鳥にもかなり高度な感情があるという記述がありましたが、それとも近い議論ですよね。家畜の感情の先に人間がいないのと同じように、ＡＩから人間に直接感情が伝わることはないでしょう。

私はニュースでシーシェパードが鯨《くじら》やイルカの保護を叫んでいるのを聞いても「ふうん、そうなんだ」という感じだったのですが、この本を読んだ今は、たしかに日本社会は残酷なことをしていると思います。そういう感情をどこまで法律で規制するのかは、それぞれの社会で選んでいくのだと思いますが、ＡＩについて私たちが似た感情を持つことも、きっとあるでしょうね。

学生　ＡＩはイルカと違って僕らの言葉をしゃべるわけだから、余計かわいそうに思うかもしれない。

学生　感情を人間にわかる形で伝える手段を持つ可能性があるという点で、ＡＩはほかの動物とは違うのかも。

学生　そうなると、権利を与えるかどうかは別にしても、学校でＡＩにも思いやりを持って接するようにと教えなきゃいけなくなるでしょうね（笑）。ＡＩを邪険に扱うような人は、周りの人間にも思いやりを持って接することができないだろうから。

学生　そもそもＡＩを信頼するかどうかの問題ではないでしょうか。ＡＩを信頼し、大事だと思うのならそういう扱いになるし、信頼できないとなれば逆の扱いになる。

学生　今後ＡＩが複雑化すればするほど、作った人にも予想がつかないような穴のようなものが生まれ、ＡＩは本来の価値を発揮できなくなる。ＡＩを邪険に扱うことには、かわいそうという感情面以上に、実害的な側面もあると思います。もちろん、ＡＩだからちょっと巻き戻すというような機能も作れると思いますが。

学生　ドラえもんって、ネコ型ロボットだからＡＩですよね。ジャイアンがドラえもんを殴っているのを見たとしたら、しずかちゃんなら「やめてあげて！」と言うはず。そのイメージでいいんじゃないかな。ＡＩと言うと漠然としているけれど、ドラえもんならいじめられていれば助けたくなりそう。

学生　『鉄腕アトム』の世界では、ロボット権が認められていますよ。

学生　同情を抱くかどうかは、自分からどれだけ近いかにかかっているのではないでしょうか。人間同士は同情するし、犬だって人間に近い存在だから同情を抱くことがあるけど、豚はちょっと遠いから殺してもいい、とか。だからＡＩが人間とすごく近い存在になったときには、権利を認めたり、同情したりするんじゃないかと思います。

学生　見た目や実態が似ていて、似たような言葉をしゃべっていれば、そうなるかもしれませんね。

今、EUでは家畜の権利を守ろうというルールができているんだ。豚や牛を屠場に運ぶとき、トラックにぎゅうぎゅう詰めにしてはいけない。快適な環境にして運ぶ、といったルールがある。

学生　これから殺されに行くのに？

そう。これは果たして権利を守ろうとしているといえるのか。

牛って、最後の段階になると、どうも自分が危ないらしいと気づくみたいなんだ。そうすると逃げようとしたり、悲しそうな目をしたりして、恐怖でいっぱいになる。そういう状態のまま殺すと、筋肉が硬直して肉がまずくなるんだって。だから屠場では、家畜が気づかないうちに電気ショックで気を失わせて殺し、肉の味を保つ。

これは動物の権利を守っているのか、それともおいしい肉を食べたいという人間の欲求から来ているのか。もはや権利自体が非常に不思議な状態になっている。

犬はかわいらしいから食べてはダメだと言っていた人がいたけど、韓国では食べるよね。日本人だって鯨を食べてきた。そうした複雑な状況がある中で、AIはどうなのか。非常におもしろい議論になったと思います。

AIの不可能性、人間の可能性

学生　「人間への安全性、命令への服従、自己防衛」というロボット工学三原則がありますよね。アイザック・アシモフのSF小説『われはロボット』に出てきた。

学生　人間の言うことを聞く。人間に危害を加えない。そのルールに反しない限り、自分の身を守らなきゃいけない。今後AIが主体を持った場合、新しい原則が加わったりもするのでしょうか。

学生　AIって基本的には大量のビッグデータから法則性を見つけるだけなので、完璧な存在ではありませんよね。そのことをまずは念頭に置かなくてはいけないと思うんです。

震災とか金融ショックとか、想定外のことが起きてシステムがストップすれば、AIを生かすことはできませんから。そうした環境の変化にも柔軟に適応していけるのが人間のよいところで、これはAIにはなかなか難しい。

学生　何百年、何千年という長いスパンで多種多様な人たちとのかかわりの中で学習してきたという経験が、やっぱり物を言うんですよね。間違えれば修正していく、その積み重ねを人間は資産として持っている。

学生　これからの社会には、巨大なリスクがついて回ります。たとえば原子力。使い続ければ、1兆分の1の確率で全世界が終わる可能性があるけれど、1兆分の9999億9999万9999は安全です、となったら、どちらを選択するか。起きない可能性は高いけれど、起きたときのリスクも非常に高いという。

学生　どちらを選択するか、AIには判断できないでしょうね。

学生　難しいと思います。AIもしょせんは人間が作ったものですから。不完全な人間が作ったものであればどのようなテクノロジーにも不完全な点が残っているので、すべての意思決定で人間の必要性が排除されることは考えにくいと思います。

今後AIとつきあっていくためには、AIが持つ不完全さと生身の人間がAIの不完全さをどのようにして埋めていくかを考える姿勢を持つことが必要ではないかと思います。

学生　リスクが集中した場合、どう対応するのか。下巻214頁には、情報量過多の現代社会では、分散型でやっていくほうが対応しやすいと書いてありますよね。民主主義や資本主義のほうが、共産主義や社会主義、独裁体制より情報処理には有利だった、と。

ＡＩについても、きっと１つのＡＩが中央で集中的に処理するのではなく、クラウドコンピューティングのように複数の核が並列してある形のほうが適しているのではないか。今のウェブサービスもそういう仕組みで動いていますよね。どこかのＡＩがダメになっても、別のＡＩが補えるという状態がリスク社会には必要だと思うんです。

資本主義にしても、市場原理にしても、リスクが顕在化すれば修正し、失敗はフィードバックして学び直す、という繰り返しで発展してきたのではないでしょうか。

自分をアップデート、したいですか？

学生　ここまでは従来の人間と新しいＡＩとの関係や課題について話してきました。人間そのものを更新する、つまりアップデートしていきたいか、という点についてはどう考えますか。この本のタイトルにある「神のヒト」になりたいかどうか。不老不死や自身のアップデートをやりたいとかやりたくないとか、意見はありますか？

学生　僕はやりたくないですね。生まれもった身体と価値観のまま死んでいきたい。来世になったらわかりませんが、今生はこれでいい。

学生 私は、できたらやってみたいです。テクノロジーによって何かしらのポジティブな変化が得られるのなら、見てみたいと思います。

学生 僕は嫌ですね。AIを信頼していないので。人間の内部にAIのシステムを入れ込んだとして、それって本当に大丈夫なのか。当面はうまくいったとしても、不測の事態に対応しきれない部分は必ず出てくるだろうし、新しい世代に説明できるのか自信がありません。自分のDNAをいじることによって生じる人類の変化に対して、僕らは責任を持てるのか。

学生 私も似た意見です。一度改変を加えたら、元に戻すことができないのが生命体であって、自分の子どもに影響を与えることだってあるかもしれない。

スマホやパソコンなど、最先端技術を使うことも、自分自身をアップデートしていると言えるのかもしれませんよね。ITにばかり頼りたくないと思いつつも、それがないと仕事はもちろん生活さえままならないですから。

学生 スマホの操作とか、自分の身体の外で起きていることならまだ許容できるけど、自分の脳内にメッセージを直接送られる、となると嫌だ、と。

学生　自分の内部と外部って、どこに線を引けばいいんだろう。手というパーツを僕と考えるか、単なる身体に付属したものと考えるのか。

学生　外部はＯＫで内部は嫌だとしたら、予防接種はＮＧなのかな？　食べ物も変化しているし、薬を飲むこともある。免疫力のアップだって、アップデートということになるんじゃないかな。

学生　たしかに！

不老不死がもたらすものとは

学生　人間の生命寿命はおよそ90年から１００年だから、35年だった寿命が70年に延びるのと、70年から１５０年に延ばすのとは意味合いが違うという議論が書かれていましたが、僕は自分を改造してまで不死になりたいとは思わないなあ。

学生　でも人間がアップデートされて、どんどん死ぬ人が減っていけば、生まれる子どもの数の分だけ人口が増大し、社会全体が変わってきますよね。

学生　食料が要らないようにアップデートしたらどうだろう。葉緑体を入れて光合成ができるようにして。

学生　これは個人の問題であると同時に、社会全体の問題でもありますね。すごく難しい。池上先生は不老不死について、どうお考えですか？

自分ひとりが不老不死になったら、知り合いや友人や家族がみんな死んでいくのを見送らなきゃいけないでしょう。それは嫌だよね。たまらない。

全員が不老不死になったら、社会の進歩は止まるんじゃないだろうか。あるいは、それこそ子どもを生む必要がなくなる。世代交代が起きないから、物理的に生めなくなってしまうよね。

つまり、いずれ僕らはいなくなるのだけど、どこかにＤＮＡを残したいという気持ちが無意識のうちにあるからこそ自分のＤＮＡをリニューアルするために結婚し、子どもを育て、世代をつないでいく。もし自分自身でＤＮＡをずっと維持できるのなら、わざわざ新しい世代をつくる必要がない、となってしまうんじゃないだろうか。

学生　生命体には、新陳代謝しながらだんだん壊れていく、機能が悪化するという性質があるから、寿命が長くなりすぎるというのは、種にとって実は危ないことなんですよ。死があることによって種が守られているから。

今のＤＮＡのままだと、地球の温暖化がさらに進んでいったときに、人類は生き延びられないかもしれない。でも、世代交代が順調に起きれば、環境の変化に徐々に適応していける。

学生　でもそうなったらきっと、地球温暖化に適応できる身体に自分でアップデートするのでは。不死になれるくらいなら、暑さに耐えるアップデートだって楽にできそうじゃないですか。

学生　最新のテクノロジーを駆使して人間をアップデートすることは人間の知能を向上させ、より高度なテクノロジーの創成につながるかもしれません。しかし物事の合理性を追求する知能を最優先すると生身の人間らしさを損なってしまうかもしれない。他者と折り合いをつけて共存する術だとか。

本の中で語られる人類のアップデートは人間から無駄を除き高度な知能を与える行為だけれども、これが人類の幸福に必ずしもつながるというわけではないと考えました。

学生　重要なのは、今の人類全員がアップデートするとはこの本では言っていないことです。わずか1パーセントの金持ちだけが残っていくのだ、と。現代のシステムを使いこなして成功している富豪たちにとって、ネックは人生が有限であるということだけなんですよ。寿命を延ばせるのはごく限られたお金持ちだけ。だとしたら、そこから外れたわたしたちはどうなっていくんでしょう。

　がんにかかったとき、オプジーボを投与してもらえる人ともらえない人の差だな。

学生　この本でも、人間が不要になる場合として3つが挙げられていましたよね。人間の個が必要なくなるとき、種として必要なくなるとき、あるいは一部の人間がアップデートしていくとき。

学生　一部のアップデートされた人たちが中心に社会を作った場合、その他大勢はいなくなりそうですね。

　今まさに人間の様々なアップデート部分をＡＩにアウトソーシングしている状況ですよね。

そこも含めて人間は更新し続けていると言うこともできる。その上で、君たちより下の世代が将来どうなるかを考える必要があるのではないか。

最近小学校でもキャリア教育が盛んだけど、これから過去には存在しなかった仕事が次々と出てくる。今あるものの中から、将来何をしたいかと聞いても意味がないわけだよね。ＡＩによって失われる仕事もあれば、ＡＩがあるからこそ生まれる人間の仕事もあるかもしれない。ＡＩとどうつきあっていくかは、今後大きく問われていくのだと思います。

池上教授の読書会ノート

人間は自らを神（ホモ・デウス）へとアップグレードしようとしているのではないか。実に奇抜で野心的な問いかけの本です。人間は、しょせんさまざまな要素に支配されたアルゴリズムではないか。そんな挑発的な問いかけに、アルゴリズムやＡＩに関する話題になると目が光る参加者諸君の議論は、実にユニークです。

『サピエンス全史』で圧倒的な人気を博したハラリの次の書ですから、つい「お説ごもっとも」と受け止めがちですが、そこは東工大で理系の発想を鍛えてきた参加者諸君のこと、ハラリの主張に容赦なく疑問を呈します。

人間はアルゴリズムなのか。合理的な存在でなければアルゴリズムは組み立てられないが、人間はそれほど合理的な存在なのか。いや、人間は決して合理的な存在ではない。だからアルゴリズムで分析はできない。

人間は不完全だからこそ進化を続けてきたし、その不完全さが、未来から振り返れば〝完全さ〟になるかもしれない。

議論はどれもスリリングですが、やがて「AIに権利はあるか」という仰天する会話が展開されます。

こうして科学技術が発展していくと、やがて人間たちは自らをアップデートあるいはアップグレードできるようになるかもしれない。そのとき、あなたはアップデートを望むのかどうか。

アップデートしたいという参加者と、それは嫌だという人。議論は沸騰します。この議論を読んだ読者は、「自分はどんな未来を生きるべきなのか」と自問するようになるのではないでしょうか。

進化し続けてきて、遂には生命体そのものすら管理できるようになってきたと考える科学者は、傲慢《ごうまん》なのか。それとも、それが進化の当然の過程なのか。

著者の奇想天外にも見える論理展開は、参加者全員に何かを発言したいという意欲をかき立てました。さて、あなたは？

さらに深めるためのブックガイド

①ユヴァル・ノア・ハラリ著、柴田裕之訳『サピエンス全史』(上下巻)河出書房新社、２０１６年

ハラリが世界に知られるようになった書。なぜホモ・サピエンスだけが生き延び、私たちがここに存在するのか。そこには認知革命と農業革命と科学革命があったからだ。虚構を語る能力を獲得したことで、人間たちは神話を生み、組織的な行動がとれるようになってきた。斬新な視点は刺激的だ。

②ジャレド・ダイアモンド著、倉骨彰訳『銃・病原菌・鉄』(上下巻)草思社文庫、２０１２年

人類は、どのように進化してきたのか。ハラリとは異なる視点で１万３０００年の人類史の疑問に答えを与える。

かつて私たちが学んだ人類史は、最新の知見で大きく書き換えられていた。

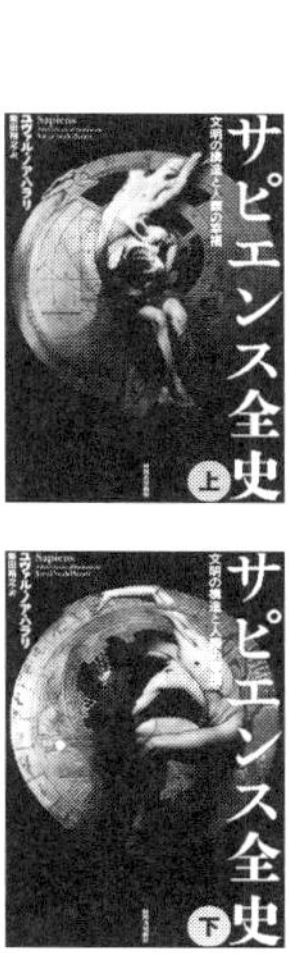

①

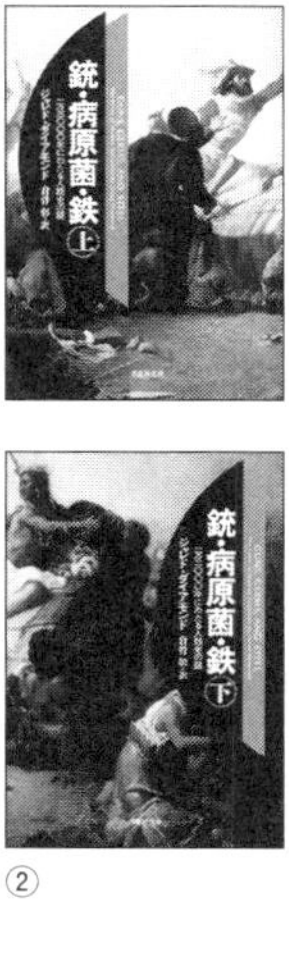

②

第9章◎巨大で、強力で、不透明な影響力

『あなたを支配し、社会を破壊する、AI・ビッグデータの罠』を読む

キャシー・オニール著／久保尚子訳

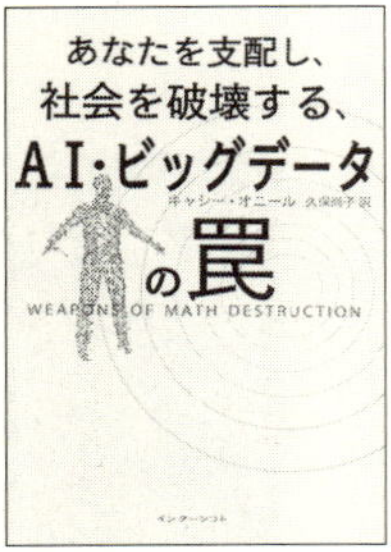

インターシフト、2018年刊。336頁・四六判

◎**内容紹介**：AI・ビッグデータの暴走を止めよ！　業界内部を熟知するデータサイエンティストによる、人類への警鐘！　いまやAI・ビッグデータは、人間の能力・適性・信用、さらには善悪や身体までも評価し、選別し始めた。格差を広げ、社会を破壊するデータ活用を変えよ！

◎**著者紹介**：（Cathy O'Neil）　データサイエンティスト。ハーバード大学で数学の博士号を取得。バーナードカレッジ教授を経て、企業に転職し、金融、リスク分析、eコマースなどの分野で、アルゴリズム作成などに従事。

『あなたを支配し、社会を破壊する、AI・ビッグデータの罠』の読みどころ

◎ビッグデータ経済の到来で、数学者と統計学者によって作られた数理モデル（アルゴリズム）が、私たちの生き方をも計算している。それは時に有害な「数学破壊兵器」となる。

◎数学破壊兵器は「効率性」を追い求めた結果、社会の不平等を増幅させ、私たちの人生や社会を狂わせ、壊すようなリスクが潜んでいる。

◎巨大で、強力で、不透明な影響力を自覚し、限界を知り、人間の長所を生かしながら、この新たな産業革命と格闘していかなくてはならない。

使う側と使われる側の両面からビッグデータを考える

この本は、国立情報学研究所の新井紀子先生に勧められて、それじゃあと思って読み始めたら、猛烈に面白かったんです。タイトルにはAIとあるけれど、どちらかというとビッグデータの話だよね。ビッグデータ、あるいはアルゴリズムをどのように使うか。

アルゴリズムは、それをつくる人間のバイアスの存在に気づかないままできあがっている。確かにグーグル（Google）などのアルゴリズムはしょっちゅう変わるから、管理者側の事情がいろいろとあるんだろうなと思う一方で、多くの人はこんなものだろうと所与の条件として受け入れてしまっている。でもそれは実は非常に危険なことじゃないか、と気づかせてくれるのがこの本なんだ。

具体例もたくさん載っていて、それがすごく面白い。ここはぜひ、アルゴリズムやビッグデータに日々親しんでいる理系の諸君がどう考えているのかを知りたいと思って選んだということです。毎回、君たちが好きそうな本と絶対に読まなそうな本とを交互に選んでいるんだけど、今回は喜びそうな本ですね。

学生　原題は「ビッグデータがどのように不公平を増大し、民主主義をおびやかすのか」なんですよね。つまり、原書ではＡＩという言葉は全く使っていない。著者は本文中でも各種の用語をとても注意深く使い分けているのに、邦題に「ＡＩ」という多様な解釈の可能性がある言葉を使ってしまっているのは、ちょっとどうなのかなと思いました。

売れる本にするために、付けた書名だろうね。ビッグデータだけを入れるタイトルよりも、ＡＩと入れたほうが今売れるから。私もそれにつられちゃったしね。

学生　成功っすね（笑）。

学生　この本はあまり書店に積まれていなくて、探すのに苦労しました。あまり知られていない出版社だからでしょうか。そこは残念でした。

中身を読めば、もっと注目されていい本だとわかるんだけどね。

学生　東工大生の場合、ビッグデータに利用される側と利用する側、両方になっているところが面白いですよね。モデル作成者（開発者）と、一般のユーザーとの両方に。

学生　利用者としては、大学受験の偏差値や、就職企業の人気ランキングなど、これまで多くの数値指標に影響されてきました。将来、もしかしたら配偶者もＡＩのリコメンドで選ぶ時代となるのでしょうか。改めて自分の人生の選択が、ビッグデータと不透明な仕組みに左右されてよいのか、その是非を考えていかなければならないと思います。

学生　私は2年間ニューヨークでインターンをして、ビッグデータ処理に携わったことがあります。最大の問題は、モデルの複雑さを作る側と使う側の両者が把握しきれなくなったことなのではないかと思います。それも、グーグルやフェイスブック（Facebook）といった企業の内部で完結していればまだよかったのですが、警察や選挙といった公的な機関で使われることによって、ネガティブな方向へのフィードバックが起きるようになってしまった。

データから逃げられない私たち

学生 ビッグデータやＡＩを未来に向けてどう使っていくのか。アルゴリズムが導き出した答えに無自覚に従うのではなく、しっかりと選択をしていかなくてはいけないなと、この本を読んで感じました。

ユーザーとしては、データは絶対的な答えではない、アルゴリズムの作り方に大いに左右されるものだとしっかり認識した上で使っていく必要がある。でも、例えばここに集まっている人たちはそれを十分認識していつつも、気づかないうちにコントロールされてしまっている部分があると思うんです。

一段上の立ち位置からの議論も必要ですが、そういうものにいやおうなく巻き込まれてしまっている人の立場も承知した上で話を進めていかなくちゃいけない。

学生 正義の名の下でやっていることに、むしろ危険が潜んでいることってあるかもしれませんね。例えば「効率化」と言えば、悪いことだと思ってやっている人はいないと思いますが、そこに危険性があるかもしれない。

学生 効率化は、「人間が手を抜く」ためのビッグデータの活用方法ですよね。「効率化する」ということは、傾向を摑《つか》むために不可逆的に一部の情報を削ぎ落とすことであり、時にこれに起因する誤った判断が問題になる。この本でも指摘されていた通り、多数派の傾向から外れる少数派はこれによって無慈悲にふるい落とされることが多く、「数学破壊兵器」たる要因となります。

マイノリティへの視点があるか

学生 この本を読んでまず感じたのが、ビッグデータ業界では今まであまりつながってこなかった業界とリンクさせるのがトレンドになってきているのかなということです。収入と居住区をつなげて考えるといったネガティブなリンクが差別や偏見を生んでいる、という指摘もありました。そしてそれはマジョリティ側にマイノリティへの視点が欠けているからだ、と。結局は、マイノリティの存在を無視して、マジョリティの利益となるようにプログラムを組んでいるという姿勢自体が問題なのではないかと思います。

マジョリティが見たいものを見るのであって、マイノリティの視点が無視されるという「確証バイアス」が問題視されていますが、そもそもマイノリティの尊重をモットーにしたＡＩとかビッグデータを使った傾向分析ってあるんでしょうか。

ＡＩは非常に強力なツールですから、高い倫理観でみんなが利用していけば、それはそれでいい社会になるだろうとつい思うわけですが、実際にはそうなっていない。だとしたら、そこには人間の欲望が作用しているはずで、そういった部分をなくすために、倫理観を高めるためにはどうしたらいいのか。

学生　私が一番共感したのは、３０９頁の「ヒポクラテスの誓い」です。有名なクオンツのエンジニアであるエマニュエル・ダーマンが、倫理規範としてこういう文章を書いているとは知りませんでした。「私は、自分の仕事が社会と経済に多大な影響を与えうること、そうした影響の多くは私にも把握しきれないほど広範囲に及ぶことを、理解しています」と。モデル作成者にとっては、すごく想像力の問われる難しい点だと感じました。

学生　作る側と使う側のコミュニケーションという話、難しいですよね。東工大生も、自分の中ではわかっているけど、それを人にわかるように伝えるのが苦手ですよね（笑）。でも今はそういったスキルがますます求められる社会になってきているんだなと思いながら読みました。両方が歩み寄らなくちゃいけないとは思うのですが。

私は仕事で、サイエンス畑のメンバーの視点で考えた基準を、ガチ文系の部門の人に文書化してもらう場面があって、双方のコミュニケーションにいつも難しさを感じています。リテラシーやモラルを共有することが重要とは思いますが、難しい。

格付けに潜む危険性

学生　ＡＩやデータ技術がいかに発展しようとも、社会全体としての方針決定には、最終的には生身の人間の視点が不可欠なのでしょうか。もともとなんとなくそうじゃないかな、というものであっても、データ化されると裏づけされ、余計に強化されて社会に広がってしまう。みんながなんとなく感じていたヒエラルキーを、ランキングのようにデータで見せられるとはっきり裏づけされちゃうというか。

学生　「価値」って、ある一つの基準で直線上に並ぶものじゃなくて、本当はもっと色合いのある、ばらつきのあるもののはずなのに。

学生　例えば受験する大学を決めるとき、人はいろんな要素の中から、何か1本の数直線上に落とし込んで判断する。その軸は一人ひとり違うはずなのですが、ビッグデータで作られる大学ランキングは、「皆様の脳内で使われている数直線を合わせるとこんな感じの線になりますよ」ということをやっている。

学生　その数直線の置き方の妥当性は疑わしいし、ほんとうは絶対視するようなものじゃない。池上先生はいろいろな大学で教えていらっしゃいますが、やっぱり大学によって特色があると感じますか？

それはもう、感じますよ（笑）。

大学ランキングといえば、アメリカの「USニューズ&ワールド・レポート（U.S. News & World Report）」誌が大学ランキングを始めたばかりの頃、たまたまアメリカで手にとったことがあったんだけど、ハーバードとかスタンフォードが上位にあると思いきや、田舎の小さな大学が上位で、へえ、と意外に思った印象があって。何となくハーバードやスタンフォードやイエールが上にあればみんなが納得する不思議な構造になっているけど、リベラルアーツのランキングに並んでいたのは、どれも日本では聞いたことのないような大学だったんだよね。

ビジネススクールにしても、業界ではハーバード・ビジネス・スクールがトップだといわれているのに、ランキングでは意外に低かった。カーネギーメロン大学が上位に来ていて、おや？　みたいなね。

なぜかハーバードやスタンフォードが上にないと、このランキングは本当だろうかと疑ってしまう。人間はそういうバイアスを持っているんだろうな。

学生　ランキングって、実際の評価自体が目的じゃなくて、何となくみんなの心の中にある感覚を形にすることが目的になってしまっている気がします。いいと思っていた大学が上位にないとランキング自体を信じられないという心理がまさにその証というか。

学生　意思決定の根拠になっているということなのかな。大学ランキングで上だからいい、という……。都合のよさそうなデータが出てきたらそれを使う、まさに確証バイアスですよね。

調査項目を精査すると、見えてくるもの

ランキングの話で言うと、日本の民主主義ランキングって、かなり低いじゃない。あれは「エコノミスト」を出しているイギリスの会社のシンクタンクが発表しているんだけど、なぜ日本の順位は低いんだろうと思って、調査項目を全部調べたことがあるんだよ。そしたら、民主主義ランキングを左右していたのは、投票率と国会議員全体における女性の比率だったんだ。女性の国会議員が少ないと民主主義から遠いというのはある程度納得できるけど、投票率だけ

で選べるんだろうかという気もするよね。
ともかく、何をもって格付けしているかを調べると、意外なことが見えてくる。最近とくに面白かったのは、日本のジェンダー・ギャップ。世界経済フォーラムが発表した「ジェンダー・ギャップ指数2018」によると、日本はジェンダー差が大きいということで、ランキングが149カ国中110位とものすごく低い。(図表＝左頁)
それだけ日本では女性が活躍できないといわれていて、その通りの面もあるのかもしれないけど、一方で貧しいアフリカの国々が上位にいる。なぜだろうと調べてみたら、ジェンダー・ギャップを測る要素の一つに、男女の学歴の差があったんだ。男性の学歴が高くて女性の学歴が低いとジェンダー・ギャップが大きいとされるんだけど、アフリカの貧しい国というのは、おしなべて学歴が低かった。だからギャップがなかったんだ。

学生　つまり、極端に喩えると、女性で大学まで行っている人が少なかったとして、男性も同じように少なかった、と(笑)。

そう。だからジェンダー・ギャップという観点で見れば、アフリカの国が上位で、日本は下位に来る。そうなると、ジェンダー・ギャップのランキングが低いから問題だという議論が実は本質を見誤っているのではないか、という気がしてくる。ランキングの中身をよく見なくて

順位	国　名	値
1	アイスランド	0.858
2	ノルウェー	0.835
3	スウェーデン	0.822
4	フィンランド	0.821
5	ニカラグア	0.809
6	ルワンダ	0.804
7	ニュージーランド	0.801
8	フィリピン	0.799
9	アイルランド	0.796
10	ナミビア	0.789
12	フランス	0.779
14	ドイツ	0.776
15	英国	0.774
16	カナダ	0.771
51	アメリカ	0.720
70	イタリア	0.706
75	ロシア	0.701
103	中国	0.673
110	日本	0.662
115	韓国	0.657

ジェンダー・ギャップ指数2018
（内閣府男女共同参画局ウェブサイトより）

はいけない。

学生　公平性だけを見ていくとこうなるってことですよね。

そうそう。確かに文字どおりジェンダー・ギャップなんだけど、このデータが一人歩きするのは危険だなと。

学生　相関関係と因果関係が混同されていることって、よくありますよね。相関関係があっても因果関係があるとは言い切れないことが結構たくさんあります。統計データを見る際にこれだけは知っておくといいっていうポイントが、他にもありますよね。

学生　『FACTFULNESS（ファクトフルネス）』（第二部第6章）は、まさにそういう判断を見誤らせる罠を紹介している本ですね。

学生　個別の指標に問題があったとしても、最終的なランキングがなぜそうなったのか、各要素ごとに結果が公開されている点ではフェアだと思います。理由や根拠が示されていないランキングよりは、ツッコめるだけいいのかなと。

学生　アルゴリズムの透明性ですね。今後はそういった根拠が示されていなければ公的な情報としては不適格である、という基準ができる時代が来るのかもしれませんよね。

ランキングの順位、最終的なスコアだけでなく根拠とした指標やスコアの計算方法が全て明らかになっていないと、そのようなランキングの正当性はまず評価できないと思います。たとえ自分が低い評価を受けたとしても、モデルの開示や修正を請求する権利は当然あるわけであり、モデルの設計者や利用者はそれに答える義務があると思うのです。

モデルの「穴」を埋めるには?

学生　僕はこの本で書かれていることは、すごく古典的だと感じました。モデル製作の話にしても、そもそも科学というのはモデル化がつきものです。物理学におけるモデル化でも現実世界を文字と数式に置き換え議論します。たとえば飛行機にしても、気体とはこういうふうに動くから飛行機にこういう羽根をつければ飛ぶだろう、というモデル化をしている。

これは理系に限ったことではありません。デュルケームの『自殺論』だって、人間をこの宗教に入っている人と入っていない人、とモデル化をして自殺率を見ていると考えると、モデル化というのは非常に古典的な話だと思うんです。

プログラムが組める人＝因果推論ができる人というわけではありませんし、なぜモデル化が数学や物理学の特権の仕事のようになっているのか、僕にはよくわかりませんでした。理系の分野では因果関係が見えやすいけれど、社会科学では、かかわっている要因が複雑だから結果が見えづらいというか、因果推論が非常に難しい。そう考えると、今モデル化を理系の人だけに任せていること自体に問題があるのではないかと思いました。

モデル化するってことは、結局何かを切り捨てるということなんですよね。著者も、モデルというのは「どうしても間違いを伴う」ものと述べています（34頁）。その切り捨てる部分を、科学は取りこぼしている。だとしたらそういう科学を信じすぎていいのか。僕たちは資本主義社会というモデル化された社会の中に生きていて、そうである以上ある程度は仕方がないとは思うけれど、だからといって切り落とされた部分を無視していいということではない、とこの本は言っているのだと思います。

モデル化が伴う以上そこには何らかの「穴」があり、研究者はその穴を小さくし、少しでも現実に近づけるためにモデルや理論を改良し、検証し書き換えていく必要があると思います。本の中にもありましたが、そのモデルの穴が一人の人生を大きく狂わせてしまうかもしれないからです。

IT人材の不足にしても、とりあえずプログラムは書ける、という人がこういう仕事に就いていることによって悪質なモデルが生み出されてしまっているかもしれないなとも思いました。

学生　モデル製作者とプログラムは分けるべきという話がありましたが、まさにその現場で働いている人もいるので、そのへんどうなっているのか実際のところを聞いてみたいのですが。

学生　お互いに関連しているので、切り分けるということはしないですね。やはりプログラムが書けないと、それを理解したうえでのモデル作りはできませんし。だから実際の現場では、医療系の分析であれば必ず医者と組んで、この分析方法で正しいのかを相談しながらやっていくことになっています。やはり社会科学の知見は必ず入れて進めていくべきだと思います。

学生　アメリカ国防高等研究計画局（ＤＡＲＰＡ）ってご存じですか。物理学者と数学者による組織で、核兵器の配備方法などを全部計算で行っていたのですが、いざベトナム戦争が始まったら、全く勝てない。なぜかと考えたら、ＤＡＲＰＡには社会学者が一人もいなかった。そこに気づいてからは、宗教学者や人類学者を入れた。結局負けちゃったんですけど。

それってこの問題とすごく似ていて。これまでは物理学者や数学者だけでやっていたのが、経済危機、リーマンショックが起きてしまった。その後どうしているのかわかりませんが、もしかしたらそういったことも考えに入れていくべきではないかと思いましたね。

学生　実はこの本、原書では1章分に相当する分量の「アフターワード（あとがき）」があって、邦訳がされていないんですけど、そのあとがきの最後に、「今後は法律家や哲学者と一緒に考えていく必要がある」と書かれているんですね。

すごく大事なところだよね。どうして邦訳ではカットされちゃったのか。

学生　有害なモデルも多くは善意から生まれると著者は言います。もともと善意の目的だからこそ、潜む有害な使われ方が見えにくくなる場合もあるでしょう。先ほど話題になった倫理規範「ヒポクラテスの誓い」を理解し、著者の言う「モラルのある想像力」を身に付ける必要があると感じます。

ビッグデータの時代は、データサイエンティストだけでできることの限界を理解し、様々な専門家と多くの人々が共に倫理規範を模索し作り上げていく時代なのだと思います。

さっき、医療系ではお医者さんと相談をしながらやるという話が出たよね。そういった専門性の高いものでは、専門家の知見を活かしながらやっている。一方で、教育現場ではすべてが個々の先生の能力問題にされる。文部科学省が方針を決めるときに教育学者はほとんど入っていないんだ。

学力という点でいえば、その子どもの家庭環境や地域環境の影響はすごく大きいのに、そういうことを一切捨て置いて、先生の努力次第だという発想自体が大きな間違いだよね。今大阪市では市長が、校長先生の査定を生徒の成績でやると言い出している。大阪市は貧富の差がすごく大きくて、住むエリアによって学力はものすごく違うわけ。つまりそこには社会学の問題があるのに、ただ先生が頑張っていないからという乱暴な議論になってしまっている。

医療などの分野にはみんなそれなりのリスペクトがあって、やっぱり専門家がいないとだめだよね、となるんだけど、それ以外の分野にリスペクトがなさすぎるんじゃないか。だからあるプログラミングをするときには、やっぱり社会学的な知見を考慮すべきだと思う。

もちろん、今話があったように、プログラミングの知識がないとだめだというのもわかるけど、アルゴリズムを作る際にごく一部の人だけで基準を決めてしまっているのは問題で、そもそも何が理想なのかを幅広く議論したうえで、アルゴリズムを作っていくべきなのではないかと思います。

データの監査はだれがやるのか

学生　モデルの作り手にも使い手にもなり得る僕らとしては、どんな倫理観や想像力をどのようにして身につければいいのか。ツールに使われてしまうのではなく、きちんと使いこなすためにはどんなリテラシーが必要だと思いますか。

学生 ツール作成者として日々痛感しているのは、今後はAIやツールが出した答えやヒントをどう読み解くべきかを根本のところで理解するリテラシーが必要になってくるということです。

学生 318頁に監査役の話が出ていましたね。この本の著者はそういった生データが放出されることを防ぐ方策として、監査という仕組みを挙げている。「監査役は、覆いに風穴を開け、モデルの内側の仕組みを私たちに見せてくれる存在になる」と。

規制当局としての政府はもちろん、民間企業内部にもそういった仕組みがあるといいなと思いますが。

学生 この本にも書かれていましたが、例えばリーマンショックのとき、金融商品の格付けが大きく変動しましたよね。格付け機関自体も利益を上げなくてはいけないわけで、そう考えると必ずしも民間が作ればいいものができるというわけでもないような気がします。

リーマンショックでは、スタンダード&プアーズという格付け機関のトップがアメリカ議会に呼ばれて、「おまえのところがトリプルAを出していた会社は次々破綻したじゃないか」と責任を追及されたことがあった。そこで彼らは「いや、われわれは意見を表明したにすぎません。格付けは単なる意見の表明です」と言ったんだ。格付け結果をどう受け止めるかは、各会社の問題であって、私たちはいろんな基準から判断すると「トリプルAじゃないかな」と意見表明しただけです、と答えたから、みんなずっこけたんだけど。

学生　シンクタンクと政党の関係に似ていますね。アメリカって、シンクタンクと政党の距離が近くて、民主党寄りか共和党寄りかがはっきり分かれている。共和党から資金提供を受けているから共和党寄りの政策を出すというのと、ちょっと似ている気がします。

学生　この世の中に純粋な第三者機関って存在するんでしょうか。本当はそういうのを大学がやるべきなんじゃないかと思いますが。

学生　学者が社会にかかわると、理系分野であってもどうしても色がついてしまいます。中立性ってあってないようなものではないでしょうか。とくに政策となれば、特定の政党に寄っていると見られてしまうのは避けられない。

学生　本の中にはたびたび「フィードバック」という言葉が出てきました。先ほど話に出た格付け機関にしても、トリプルAを出した金融機関が破綻したのならちゃんと格付け方法を検証しないと、いつまでたっても直すことができないし、格付け機関の信用度は落ちていきますよね。

学生　ちょっとおもしろかったのが、本の最後のほうで出てきたオバマ政権のキャンペーンを逆行して調査してみたら、キャンペーンの公平性が証明された、という話です。きっと相当なお金をかけてものすごく頑張ってやったのでしょうけれど、これは「監査」の1つの具体例になるのではないかと。まずはこういうより公的で影響力の大きなものから、アルゴリズムの妥当性や公平性を検証していって、そこに問題が見つかれば公表する、ということを行う組織が今後出てくるかもしれません。

データジャーナリズムは可能か

学生　それって政府よりもジャーナリストの仕事ではないかと。そういうこと言っちゃだめでしたかね。

いや、おっしゃるとおりでございます（笑）。

学生　データジャーナリストとかいう言葉も少し前には言われていたような。ビッグデータを解析して新しい事実をあぶりだす、みたいな。

津田大介さんが言っていましたね。

学生　ビッグデータから新しい事実を掘り出すというのは大手新聞社も言っていて、一瞬トレンドでしたが、今はどうなんでしょうか。あまりいい成果が出なかったのかな。

そういえば最近あんまり聞かないね。ビッグデータを集めて何事かを暴くというのはものすごく手間暇がかかって大変だからね。

学生　ツールは無料のものがネット上に転がっていても、ビッグデータ自体は企業が占有しているものも多いですよね。だからデータを用意するのに膨大な資金が必要になる。データジャーナリズムをやろうと思ったら、そこが大変そうですね。

学生　今はトランプ政権がほぼシャットダウンしてしまったのですが、かつてのアメリカでは生活面やインフラ面でのさまざまな統計データを自由にダウンロードできるサイトがあって、実際にそこから報道することはあったと思います。

学生　すばらしいですね。

学生　日本でも今、政府情報をどんどん開示していきましょうというオープンデータの流れがあるから、すでに利用するだけになっているものもあると思います。でもそのデータを使って発信したとして、なかなか関心をもたれないという問題があって。

学生　僕は受け手よりも出す側に問題があると思いますけどね。科学分野には、サイエンスコミュニケーターという、一般の人が読めないような難しい数式など専門的な内容をかみ砕いて説明することを仕事にしている人がいますが、データについてもそういう人が必要なんじゃないでしょうか。生データを出したからといって、それだけで説明責任を果たしたとは言えない。そのデータにはこういう意味があって、こういうことなんですよ、とみんながわかる言葉で伝える必要があると思うんです。

学生　伝える側も工夫はしていると思いますよ。日経新聞やニューヨークタイムズ、ガーディアンなどのデータジャーナリズムでは、マウスでクリックすると詳細がわっと出てきたりして、データの可視化に工夫しているなと思います。

だけど、クリックしてくれないんだよな（笑）。

学生　もちろんサイトを訪問してくれないことには利用につながりません。日常的にそういったニュースサイトを閲覧していない人には、触れる機会はないですよね。

被害に遭わないと気づけない

学生　そもそもデータを疑ったことがなければ、関心を持ちませんからね。この本を読めば、監査役は必要だなと思いますが、いつも使っているフェイスブックの仕組みが疑わしいとか、100パーセント信頼できないなと感じる瞬間って、普段の生活では意外とない。

学生　人々の生活の中に大きく入り込んでいるけれど、認識されていないんですね。ビッグデータから導いた結果、「あなたの業績はトップです」と言われたら、それを批判しようとはしないですしね。

学生　システムの犠牲者になるまではおかしさに気づけないということですね。

学生　人間ってそういう生きものなんじゃないかと僕は思いますけどね。例えばラジオが壊れて初めて、ラジオってどうなっているんだろう、と思ったりしませんか？　僕は大学で電気回路の授業を受けて初めて、なぜ周波数を合わせると音が聞こえるのかがわかりました。それまでラジオがなぜ聞けるのか、考えたこともなかった。パソコンだってそうです。壊れて初めて、ああ、ソフトウェアってこうなっていたんだな、と思う。

病気になって初めて身体のいろいろに気づくということもあるしね。

学生　テクノロジーの理解には４段階あるそうです。まずはその存在を知っているということ。次に、どうすればそれを使えるかを知っていること。第３段階はその原理をわかっていること。最後に、どうすれば作れるか、製作方法を知っていること。おそらく一般の人がかかわるのは２段階目の利用法まで。今話に出た、３番目の原理についてはまだまだですね。

学生　２と３の間がものすごく遠いんですよね。

学生　アルゴリズムは、いってみれば今は萌芽期であって、資本主義経済が失敗するたびに、その欠点を補う仕組みを社会が整えていったのと同じような展開が、社会とアルゴリズムの関係にもあるのでは、と思います。

ビッグデータに対峙するためのガードレール

このところ、ポイントカードのビッグデータを警察が利用していたという話が出ているよね。ポイントカードを作ると、ビッグデータとして個人情報が集められるけどまあいいや、と思っていたのが、実はこれは犯罪捜査に使うと有効だというので、警察が令状も取らずに使っていたという。例えば容疑者の居場所を探すとき、ポイントカードのデータを読み込めば、「その人ならさっき足立区のこのコンビニで買い物をしました」などと出るから、そこへ捜査員を派遣して張り込めば捕まえやすい。それを現実にやっていることが明らかになった。これってどうなの、と議論になっている。

学生 国による情報利用に関しては、各社が規約を書かなくてはいけないと思うのですが、それに違反しているのではないでしょうか。

うん、規約には書いていないんだよね。警察からの要請があったとき情報を提出するともしないとも書かれていないのは、問題じゃないかというんだ。

学生　しかも令状を取らずに、つまり司法を通さずに、警察の捜査活動の中だけでそれをやってしまっているというのは怖いですよね。令状なしで家宅捜索しているのと同じことじゃないですか。

学生　仮に偶然同じ場所にいた無実の人が容疑者とされ、ポイントカードなどの利用履歴から疑惑が高まった場合、それで立件できるのかという疑問が出てきます。

学生　アメリカと違って日本には国民健康保険がありますが、もしそのデータが渡った場合、ある要素によって保険料の自己負担額が左右されたりといったことも起きるのかなと思うと、不安になります。

学生　国民を監視するのにすごくいいシステムですから、北朝鮮とかと相性いいのかもしれませんね。

実際、中国が今多用しているよね。

学生　この本でも、ＩｏＴにつける監視や日常生活におけるデータ流出について触れているし、また、フェイスブックの情報流出についても書かれています。ＩｏＴが進めば、監視は今より簡単になっていくらしいので。

監視が急速に進んでいくと、当然、人権の侵害が起きるよね。それに対するブレーキは、どうすればいいいんだろうか。

学生　『民主主義の死に方』（第四部第10章）で学んだ話がここで効いてくる気がします。人間の正当な倫理観という「ガードレール」を持ち、少数派意見にも耳を傾けること。失敗した、または予想と異なる解析結果をも公平に受け入れ、なぜそのような結果を得たのかを十分に考察し次の一手を練る姿勢としての「ガードレール」。

現状においては、人間だけでも、ＡＩだけでも満足な仕事は行えず、お互いに支え合う必要があるという自覚が大前提だと思います。ＡＩを野放しにせず、正しく付き合っていくという意識とともに。今危険が及んでいなくとも、生じる可能性があるということは、誰かが常に言い続けていかないと。

そうだよね。でも、そういう危険性へのリテラシーを持っている人がいないと、警告は出せないよね。

学生　うーん。でも万人がその役割を果たすのはきっと無理ですよね。

学生　それをやるのは政府なのか、ジャーナリストなのか、第三者機関なのか、あるいは情報流出への危機感を抱いている人たちが団体を作るのか、それとも民間の評価機関に確認を頼むのか。いろんな方法があり得るとは思いますが、現実的には難しいですね。

結局、リテラシーを持った理系のジャーナリストがやるのかな。本来は、我々が選挙で選んだ人がチェックすべきなんだけどね。

学生　最近、国際的な枠組みでやろうという話もありますよね。ＥＵの委員会とかで対処できないのでしょうか。ヨーロッパは個人情報保護の面で盛り上がっているので。

盛り上がっているね。特にＧＡＦＡが税金を納めていないということと、個人情報を勝手に使っているということへの関心がすごく高くて、何とか彼らから税金を取れないかと思っている。

アルゴリズムが非常にブラックボックス化しているために、一般の人は「アルゴリズムとはこういうものですよ」と言われると、何となく「あ、そういうものなんだ」と無批判に受け入れているけれど、それによって社会の格差やひずみが起きてきていることを、改めて感じました。

だからといって、アルゴリズムのデータを全部公開しても、一般人には何のことだかわからないわけで。やはり、アルゴリズムを作る際の条件や要素をある程度公開しつつ、それを定期的に検証していくという仕組みが、システムとしてあるといいと思いました。

とりわけ東工大生は、そうした仕組みを作る側と使う側、両方の立場になりうる。まさに大学ランキングで選んで入学してきた人もいるはずで（笑）、卒業後、今度はアルゴリズムを作って人々を管理するビジネスをやっていく立場になる人もいる。だからこそ、そのメリットも、危険性を含めたデメリットも把握しておいてほしいと改めて思いました。

池上教授の読書会ノート

私が読書会用に選んだ翻訳書ですが、原本に当たってから参加する人がいるのですから、さすがです。「原題にはＡＩという言葉を使っていない」とか、「原本には一章分に当たるあとがきがあるのに、翻訳ではカットされている」とか、出版社が聞いたら青くなるような指摘が出てきます。

原題にAIという語が入っていないように、この本の内容はAIというよりはビッグデータの可能性と危険性について語っているのです。

ビッグデータの収集や活用に使われるアルゴリズムを、著者は「数学破壊兵器」と呼称する。これは英語の「大量破壊兵器」のパロディなのですが、たしかに「破壊兵器」になりうる危険を孕んでいることがわかります。

私たちは、「ビッグデータを収集し、最新のアルゴリズムで分析しました」といった説明を聞くと、思わず納得しがちなのですが、実に危険なことであることを教えてくれます。「客観的なデータ」がもたらした恐ろしい例として、この本ではアメリカの大学の学費高騰の理由が解き明かされます。

1983年、アメリカのニュース週刊誌が全米大学ランキングを発表します。下位にランキングされた大学は、順位を上げるために必死になります。この週刊誌が、どのようなデータに基づいて順位をつけているかを探り、対策を練ります。

志願者が多い大学の順位は高い。そこでアメリカンフットボールなど大学スポーツに力を入れ、豪華なスポーツ施設を建設。好成績を上げると、志願者が増え、順位も上がりました。その結果、多くの大学が豪華な施設を拡充。そのための費用を回収するため、学費はうなぎのぼり。莫大な学費ローンを組まないと大学に行けなくなりました。

データをもとにランキングを作成すると、対象者は、どんなデータが使われているかを分析。対応策を取るため、ランキングの内容は歪《ゆが》められてしまいます。

データをどう集めてどう使うか。使う側と使われる側。両方に位置する読書会の参加者は、この書をどう読んだか。彼らの問題意識をお読みください。

さらに深めるためのブックガイド

①新井紀子『ＡＩ vs. 教科書が読めない子どもたち』東洋経済新報社、２０１８年

ＡＩが発展すると、将来は多数の職業がＡＩに取って代わられる。そこで生き残るためにはＡＩの能力が及ばないところで頑張る必要がある。実はＡＩは「意味」を理解することができない。人間こそが「意味」を読解できるはずなのだけれど、最近の子どもたちは教科書の文章を理解することができない。衝撃的な告発の書だ。

②ビクター・マイヤー＝ショーンベルガー、トーマス・ランジ著、斎藤栄一郎訳『データ資本主義』ＮＴＴ出版、２０１９年

ビッグデータのマイナス面を見てきたが、膨大なデータは市場を破壊するのではなく、市場に力を与えると著者は主張する。
金融資本主義ではなく、データ資本主義は、どんな未来をもたらすのだろうか。

①

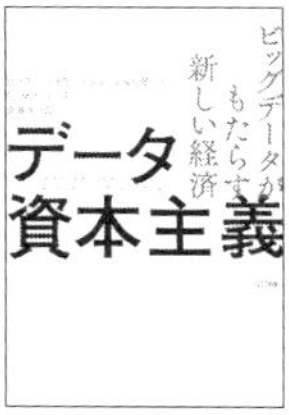

②

〈第四部〉

当たり前を疑え

第10章◎民主主義はアップデートできるのか

『民主主義の死に方　二極化する政治が招く独裁への道』を読む

スティーブン・レビツキー、ダニエル・ジブラット著／濱野大道訳

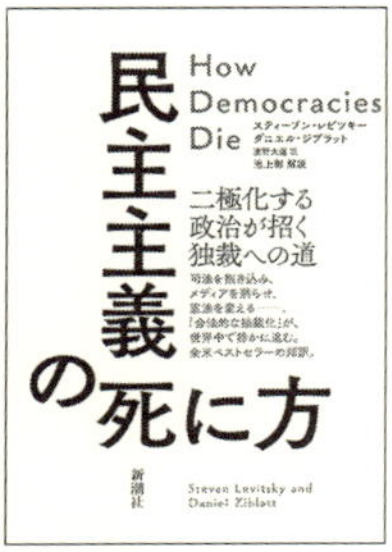

新潮社、2018年刊。
318頁・四六判変型

◎**内容紹介**：世界中を混乱させるアメリカのトランプ大統領を誕生させ、各国でポピュリスト政党を台頭させるものとは一体何なのか。欧州と南米の民主主義の崩壊を20年以上研究する米ハーバード大の権威が、世界で静かに進む「合法的な独裁化」の実態を暴き、我々が直面する危機を抉り出す。全米ベストセラー待望の邦訳。

◎**著者紹介**：（Steven Levitsky）米ハーバード大学教授。ラテンアメリカと世界の発展途上国を研究。（Daniel Ziblatt）米ハーバード大学教授。19世紀から現在までのヨーロッパを研究。

『民主主義の死に方』の読みどころ

◎選挙で選ばれた独裁者が、民主主義制度そのものを使って、徐々にさりげなく合法的に民主主義を殺していく。

◎民主主義が有効に機能するのは、競い合う相手を認める「相互的寛容」と、特権を行使する際の節度をわきまえる「自制心」という規範が守られているとき。これらがガードレールとして、独裁を防ぐ。

◎規範の崩壊の裏には、党派の激しい二極化が潜む。社会の分断が規範の崩壊を招く。

独裁を生む民主主義のパラドックス

アメリカでは、トランプ大統領の誕生が非常に衝撃的な出来事でした。著者の2人はいずれもハーバード大学の教授で、どちらかというと民主党寄りの人たちですが、この事態をどう受け止めればいいのか危機感を抱き、今アメリカで何が起きているのかを分析したのが、この本です。アメリカのみならず、南米のチリやベネズエラ、ペルーの事例を挙げながら、一見民主主義的な選挙制度によって独裁が生まれるという、きわめて皮肉な現状を分析しています。

この「民主主義が独裁を生む」というパラドックスは、今、世界各国で起きているのではないでしょうか。私たちは小学生の頃から民主主義はすばらしい、民主主義を徹底させれば良い世の中になると教えられ、なんとなくそうだと思い込んでいたけれども、実はそうではないかもしれない。この際、民主主義について改めて考えてみようじゃないか、ということで選びました。この手の本は君たちが絶対に手に取らないだろうと思ったしね（笑）。

学生　まず言いたいのは、この本では「民主主義とは何か」が定義されていません。理系としては、定義されないものは語れない（笑）。

この本の根底には、民主主義は正しく用いられればよい政治形態であるという考え方があると思うのですが、僕はそこにあまり同意できませんでした。ウィンストン・チャーチルの有名な言葉に、「民主主義は最悪の政治形態である。ただし、それ以前の全ての政治形態を除けば」というのがありますが、じゃあ一体どんな政治形態ならよいのか、わからなくなってしまって。

民主主義は、歴史的にアメリカやヨーロッパで生まれ、積極的に輸出していったものですが、その一方で最近、中国やロシアといった西洋的な民主主義にあからさまに従わない国が出てきています。毛沢東は中国を「新民主主義」国家にすると語り（自称・人民「民主主義」の国）、ロシアも体裁上は民主主義国家ですが、これらの民主主義は私たちが持っている「民主主義」

のイメージとは全然違う。

民主主義の明確な定義がない以上、「正しい」民主主義などないのでしょう。逆に民主主義の定義が一義的に定まっていることほど危険なことはないのかもしれません。時代が変わっても柔軟に対応していくために、絶えず議論をして、「民主主義」が力の平衡によって揺れ動いている方がかえって安全なのかもしれない、とも思いました。

大統領就任式における新旧大統領のトランプとオバマ
（2017年１月、UPI＝共同）

学生　この本のはじめに、「市民がとるべき戦略と、とるべきではない戦略を示す」とありますが、全体的に共和党がどうすべきかを提示していて、民主党支持のエリート層を読者として意識して語られています。トランプ支持者は、きっとこの本を読まない。だとしたら伝えたい層に届いていないと言えますが（笑）。

学生　独裁政治が過激化した結果とんでもないことになった歴史は数多くあります。しかし、独裁が国を大きく進展させた例がないわけではありません。例えば、アドルフ・ヒトラーがドイツ人労働者階級を飢えや失業から救済した功績自体は神業とされていましたし、毛沢東も内戦で疲弊する国家をまとめあげ、今の中国の礎を築いた点においては天才と言えるでしょう。ただ、いずれもその後の暴走が破滅的な打撃を招いたわけですが……。

民主主義と独裁の決定的な違いは「安定感」なのだろうと感じました。この本のキーワードともいえる「ガードレール」という表現にもあるように、民主主義国家の政治家に不可欠とされる寛容と自制の心を持ち「少数意見に耳を傾け」続ける場合においては強固な国家になると考えます。対して、独裁国家は急速な国の発展の可能性を秘める一方で、一度暴走を始めてしまうと誰もそれを止められないというハイリスク・ハイリターンな体制なのだと感じます。

それに「待った」をかけられるのが民主主義であり、それが機能している場合には民意を反映しながら成長を続けられるため、高い正当性を保持しているのでしょう。

学生　民主主義が独裁に走っていくときのキーワードは「アウトサイダー」ではないでしょうか。納得のいかない状況が続く中、まったく別のところから救世主のような人が現れて現状がいかにダメかを示し、それによって共通の敵を作る。そういうやり方で徐々にポピュリズム化していき、独裁になっていく。後々振り返ると恐ろしいのですが、実際にその時代を生きているときにはわからない。非常に怖さを感じました。

学生　過激主義者が権力を握る前に彼らを政治のメインストリームから遠ざけなくてはならない、と本の中で指摘されていましたが、そもそも何がメインストリームなのか、市民は意外とわかっていない気がします。たとえば東日本大震災後、低線量被曝をめぐる混乱がありました。当時は科学者における主流意見が把握されないまま、異端の人たちの意見が支持された。僕たちはやはりメインストリームを把握すべきだし、それを知らせる術がわからなければ、気づかないうちに過激主義者が権力を握ってしまうんじゃないかと思うんです。

学生　システムが慣習やモラルによって支えられるという現実はやっぱりあると思います。著者が、相手がルールを無視するのなら同じように無視すればいい、という意見には賛成できない、と書いていたように、規範を守った上での行動を期待したいです。

パリ協定からトランプ大統領が離脱するなど、みんなが作ったルールをまじめに守ろうとする人が馬鹿を見る世界が作られつつあると感じています。

民主主義っていいものなの?

学生 皆さん、まずは「民主主義」とはよいものなのかどうか、問いを立ててくれましたね。

学生 一概にいいとは言えないかもしれません。権力者からすれば、民主主義というプロセスを通すことで「自分がやっていることはみんなの意見に基づいているよ」というエビデンスができる。都合のよい一種の手段として民主主義が使われているのかもしれない。「個人の主観ではなく、民主主義の結果だ」と言われると、誰も何も言えない。そういう危険な側面が民主主義にはありますよね。

学生 まさにトランプがそれをやっていますね。「選挙で選ばれたからこういうことができる」、逆に「裁判官は選挙で選ばれていないのになぜそんな力が振るえるんだ」と。民主主義の場合、選挙によって正当性が得られるというのが一番大きいですよね。

学生　一方で独裁で成功した国もあります。シンガポールや韓国は、独裁で成功し、成長した国です。逆に民主主義で失敗した国というのもたくさんあるから、民主主義制度だからよい政治が実現するとは言えないと思います。

よい政治体系って一体どんなものなのでしょう。国民の満足度が高ければいいのか、それとも国としてGDPが上がり、豊かになればよい政治体系といえるのか。そのあたりがよくわかりません。シンガポールなどは、経済的には成長した反面、市民への弾圧もありました。

学生　民主制の欠点として「多数派の専制」がよく言われますよね。だからこそ少数派の意見を尊重しましょうとなるのですが、トランプの場合、大統領選挙の全米の得票数ではクリントンのほうが上だった。となると多数派すらも尊重していないのではないかという。

学生　民主主義を守ってきたものは必ずしも市民によるチェック&ケアだけではないことも指摘されています。この本で驚いたのが、黒人に選挙権を認めた結果、選挙の勢力図がガラッと変わって政治の安定性が危うくなった。そこで黒人の識字率の低さに目をつけ、文字の読み書きができないと選挙に投票できないようなルールに書き換えて、事実上黒人から選挙権を奪ったら政治が安定した、という事例です。

本来なら多数派の意見が通るはずなのに、そうならないように敢えて仕向け、それによってかえって国の運営が安定する場合があるということ。すごくシビアでおもしろい示唆です。民主主義をうまく走らせるために、ある意味そういう切捨てというか、特定の意見を戦略的に無視することが必要だった。

少なくともアメリカの民主主義は、必ずしもいつも「民主的」であったとはいえないのです。

実はそれは今も続いています。アメリカでは選挙で投票するのに有権者登録が必要ですが、2016年のアメリカ大統領選挙では、とくに南部の共和党が強いところで、有権者登録時のサインと投票所でのサインとを照らし合わせて、ぴったり合わないと投票させない、ということが行われ、百万人単位で投票権が失われたと問題になっている。

アメリカ人って、みんな愛称を持っているでしょう？　ウィリアムがビリーやビルになったり。ウィリアム・クリントンだって、通称はビル・クリントンだし。そこで例えば有権者登録では「ビル・クリントン」と書いていて、実際の投票で見せる運転免許証が「ウィリアム・クリントン」となっていると、「お前、違うじゃないか」というようなことを黒人に対してだけ厳しくやって、現場で投票できなかった人が多数出たというんだ。

政治のキャリアvs人気投票

学生　民主主義がたとえいいものだとしても、仕組み化するのはすごく難しいですよね。選挙だって、本来は18歳未満の子どもやこれから生まれてくる赤ちゃんのような選挙権のない人たちのことも考えて投票しなくてはいけないけれど、社会の将来まで考慮して一票を投じるのはなかなか難しい。

妊娠している女性には1・5票あげたらどうか、という意見もあるね。

学生　アメリカ大統領の影響って、全世界に及ぶじゃないですか。僕だって大統領選挙で1票を入れたいな、と思うことがあります（笑）。

学生　民主主義と一口に言っても、選挙制度もあるし、選ばれた議会や大統領、行政府がどう動くのかについてもいろんな仕組みがある。日本は、中央政府は議院内閣制で、行政の長は間接的に選ぶ仕組みですよね。地方自治体では直接選挙で首長を選ぶ。自治体によっては、数年前に人気の高かった政治家でも、ちょっと逆風が吹けばぼろぼろになってしまう。

学生　市長や知事が独裁化しているところも、結構ありますよね。それでうまく回っているところもあるのかどうか（笑）。経歴もさまざまで。

大阪府では横山ノックが知事をやっていた。東京都は小説家が2人やりましたね。

学生　アメリカでもシュワルツェネッガーはボディビルダー、俳優、そして州知事（笑）でしたからね。

学生　本来なら行政運営能力を問うべきところが、人気投票になってしまう。民主主義の宿命ですね。

その点、中国はものすごい権力社会ではありますが、権力闘争を勝ち抜いてきた人が権力を握っている。タレントよりはそういう人のほうが政治はうまいかもしれない。

学生　権力の内部にずっといた人は既得権益、エスタブリッシュメントになっているので、国民のほうを向いて政治を行っているかどうか疑問が残るし、どちらがいいのか一概には言えないですね。

かつて小泉内閣で田中眞紀子が外務大臣になったことがあった。彼女はものすごい国民的人気を集めていたんだよね。あのときもし首相公選制だったら、間違いなく田中眞紀子が総理大臣に選ばれていた。結局外務大臣になった後に、あまりにひどい事態がぼろぼろ出てきて化けの皮がはがれちゃったけれど。トランプのように、田中眞紀子が総理大臣になっていた可能性はあったんだ。

学生　人気投票という側面は、もしかして政治的エリートやカリスマに強く引っ張ってもらいたいという民衆の思いを反映しているのかもしれません。それがトランプや政治家一族の二世議員を歓迎することに繫がっているのでは、などと邪推しました。

「みんなで決める」難しさ

学生　時代とともに民主主義が合わなくなっていく、ということはあるのでしょうか。日本では戦後制定されて以来憲法を変えたことはありませんが、アメリカの合衆国憲法は、ケネディの暗殺後やフランクリン・ルーズベルトの四選後にも改正している。時代によって憲法を変えているんです。民主主義のアップデートについては、皆さんどうですか。

学生　18歳選挙権の導入は、アップデートだったのかなと思います。

選挙制度も変えてきた経緯がある。中選挙区制度から小選挙区制度、比例代表制にした。

学生 選挙の仕組みを変える場合、国会では選挙に勝っているほうの意見が通りますよね。小選挙区制になったのも自民党にとって都合がよかったからで。

とはいえアップデートに見えて、実は改悪されているという可能性もありますよね。

学生 この本では触れられていませんでしたが、参加型の民主制も大事だと思います。大統領がトランプであれオバマであれ、自分が参加することで変えられるんだ、という意識がないと、民主制を維持しようとは思えない。いかにみんなが参加して民主制を守っていくかも考えたいです。

学生 スイスでは全員で決めると聞いたことがあります。一人ひとりの意識が高いのでしょうか。アメリカ人の投票率ってどれくらいなのですか?

高くないよ、日本と同じぐらい。この間の中間選挙(2018年)はかなり高くて四十数パーセント。中間選挙は通常30パーセント台だから、いつもそんなに高くはない。選挙運動をする人は熱狂するし、テレビではそこだけを映すから、みんなが熱狂しているように見えるだけ

大勢の支持者を前に大統領選挙の勝利宣言をするトランプ氏（2016年11月、UPI＝共同）

なんだ。

トランプの勝利は、今まで政治に絶望していて、投票なんか行ったこともなかった人たちを掘り起こすことができたというのが大きい。

スイスは、小さな市町村では今でも全員集会をやっている。国や州レベルでは規模が大きすぎるので、何かというと住民投票をするんだ。先日取材でチューリッヒに行ったんだけど、地元の空港の滑走路を拡張すべきか否かを決める住民投票をやっていた。何のために議会があるんだ、と思ったけれど。

学生 住民投票って、テーマが一つじゃないですか。何かをやるかやらないか。対して政治家を選ぶ選挙は、いろんなことを総合的に考えなきゃいけないから、すごく難しい。投票率が低くなる理由の一つはそこにある気がします。

私も投票には行かなくちゃいけないと思いつつ、でもどうやって選べばいいのか、といつも悩んでいました。考えれば考えるほど選べなくなってしまう。それに、正直どちらが勝っても変わらないかな、みたいな無力感もあって。下につく行政府がしっかりしていればいいわけだから、という諦めも入っていましたね。

学生　そうなんですよね。きちんと選べる知識や能力を持っている人はいるんだろうか、というくらい、選挙で一票を投じるのは難しいことだと思います。だからこそ、選挙結果を「民主的」の裏づけとして政党側が利用するのはすごく危険だと感じます。

学生　イギリスでEU離脱の是非を問うた国民投票でも、大方は離脱を支持しないだろうと思っていたのが、離脱支持派が勝利しましたよね。びっくりしたのが、この投票終了後にEUという言葉の検索数が一気に増えた、ということ。つまり、イギリス国民は投票当時、EUが何かをわかっていなかったという見立てもできる。

そんな不確かな結果にもかかわらず、国民投票で決まってしまったために覆すわけにもいかない。再投票なんかしたら、あれが間違っていたということになる。そんな前例ができたら、

1378年に始まったと言われるスイス・アッペンツェルの住民集会。毎年４月の最終日曜日、町の広場に設けられた議場に集まった住民が、挙手で議題を採決していく（2006年、共同通信社）

何度でも選挙結果を変えられることになってしまう。国民に直接意見を聞くということへの大きな疑問が残りましたね。

学生　結局、民主主義を成り立たせるためには、国民がしっかりせよ、ということなんですね。それって「白紙の国民を染めたもの勝ち」みたいな、独裁の決め方に聞こえるんですけど。アドルフ・ヒトラーはその昔「国民は馬鹿だから、国民をどうやったら染められるかを考えて、いいスピーチをするんだ」と話したともいわれています。

学生　世の中って、ものすごく多種多様なプレイヤーがスライムのようにネバネバドロドロとつながって相互に力を及ぼし合っていますよね。民主主義はそういう社会の複雑性を無視して、「みんなで決めればいいんじゃない?」みたいな雑な議論をしているように感じてしまいます。

学生　民主主義は現実には、公平という目的よりもむしろ政治主導者が思うままに方針決定を行う際の口実と化しているように見えます。民主主義社会の中で決定された事項は人民の真意が反映されており、これを超えるものはないという考えが、独裁的な政治を招いてしまうという負のスパイラルを抱えている。

政治家が「国民が私を選んだのだから、私の決定には従いなさい」と考えてしまったならば、その時点でもう民主主義は崩壊していると言えないでしょうか。結局、公平な意思決定を目指す民主主義を殺すのは、民主主義自身なのかもしれません。

アメリカ大統領選とイギリス国民投票の矛盾

この本で描かれている海外の状況について、ちょっと補足しましょうか。

アメリカ大統領選挙の場合、そもそも自党の大統領候補を選ぶ予備選挙の仕組みが、民主党と共和党では違います。民主党の場合は一般の党員からは選ばれない特別代議員(super-delegate)という人たちが約20パーセントいる。最初から党の有力者が特別代議員になっている。2016年、民主党の予備選挙では実はバーニー・サンダースがものすごい数の代議員をとっていたわけ。だけど民主党の幹部たちは、ヒラリーに大統領候補になってほしかった。だから特別代議員はみんなヒラリーに投票したんだよね。結果的にこれで多数になって、力を持って、ヒラリーが民主党の大統領候補になった。

途中まで力を持っていたのはサンダースだった。先日公開されたマイケル・ムーアの映画『華氏119』にも出てきますが、もし特別代議員制度がなければ、サンダースが大統領候補になっていたかもしれない。ヒラリーはやっぱりみんなに嫌われていたんだよね。サンダースが候補に選ばれていれば、大変な旋風を巻き起こして、民主党が勝っていた可能性は大いにある。

一方共和党では、トランプが予備選挙で勝ち上がってきたことに幹部が危機感を持ち、なんとかこれを党大会でひっくり返せないかと考えた。でも共和党には特別代議員制度がなかったから、できなかった。だから、民主党の場合は特別代議員制度があったために負けたし、共和党は特別代議員制度がなかったためにトランプを阻止することができず、当選させてしまった。実に皮肉なことです。要するに、国民が直接選ぶ形式に近い共和党の場合は思いもよらないことが起き得る、という一つの事例でもある。

イギリスのEU離脱にしても、実はイギリス議会では離脱反対派が圧倒的だったんだ。だから国民の代表イコール議会であれば、イギリスはEUから離脱しなかった。でも国民投票をした結果、離脱が決まってしまった。

それからこんなことも起きる。そのまま離脱しようとしたら、裁判所がダメだと言ってきたんだ。「国民投票では決めるな。議会が決めなければいけない」という判決が出て、議会でもう一度議論をすることになった。議員の多くはEU離脱反対派だったけれど、国民投票の結果が「賛成」だから、みんな渋々賛成に回り、法的に「議会がEU離脱を決めた」という形をとったわけ。これもまたすごい皮肉だな、と。本当に民主主義を貫いてみんなの意見で決めようとすると、とんでもないことが起こるという具体例が次々に出てきているんです。

政治家に経験は必要か

さっき、指導者になるにはそれなりの経験が必要じゃないか、みたいな話が出たよね。ドナルド・トランプは政治経験がゼロでしょう？　もちろん、過去にも政治経験が乏しい人が大統領になったことは確かにあった。でも、レーガンはカリフォルニア州知事をやっていたし、オバマは上院議員をやっている。みんな少なくとも知事レベルを経験しているのに対し、トランプは皆無なんだ。

政治経験も行政経験もない、何も知らないトランプがホワイトハウスに入ったことによって、大混乱が起きている。北朝鮮と交渉しようというときに、そもそも朝鮮戦争が続いていることすら知らなかったほどなんだから。

でも逆に、全くのアウトサイダーだからこそ、北朝鮮とああやって話をして、とりあえずミサイル発射と核実験は止めちゃった。北朝鮮とは直接交渉しないという慣例を知らないトランプだったから直接交渉をし、とりあえず止めることができた、とも言えるんだ。

もちろん、何も知らない者がいきなりトップになるのはものすごく危険だ、というのは事実だ。

日本の場合、自民党で総裁候補になるためには少なくとも財務大臣（旧大蔵大臣）と経済産業大臣（旧通商産業大臣）と外務大臣、この3つのうち2つを経験した上で官房長官を経験していなくては、みたいな不文律があった。ところが第一次安倍政権が生まれたのは、前の第三次小泉内閣で官房長官だった安倍晋三の人気が出たため、いきなり総理大臣に。大臣の経験がないままやって、病気のためにやめたんだけど。いろんなところで経験不足が露呈してしまった。

あるいは社会党の村山内閣が出たけど、村山富市って総理大臣になることなんて一度も考えたことがない人だったし、大臣の経験だってなかった。

自民党には総理大臣になるためにはそれなりに経験を積んでから、という慣習があった。今後はそれをどうするのか。政権交代をすれば、当然大臣経験のない人が首相になるということになる。その部分をどう考えればいいのかも、課題になっていくと思いますね。

学生　アメリカの大統領だったアイゼンハウアーって、元軍人ですよね。政治家じゃない。よく大統領ができましたね。

陸軍の軍人出身だね。でも軍人として巨大な組織を動かすという経験やキャリアを持っていた。アウゼンハウアーは成績優秀ではなかったけれど（笑）、陸軍という巨大組織を動かすというのは、行政経験にも匹敵する。しかしトランプにはそういう経験もない。しょせんはトランプオーガニゼーションという中小企業のオヤジなんだ。だから気に入らないとすぐに、「You're fired」と言っちゃう。大きな組織を動かしたことがあるかどうかは、大統領の経験値として必要だよね。

日本にガードレールはあるのか

学生　今の安倍政権に、独裁体制の匂いを感じるんですが、みなさんどう思いますか？　この本のリトマス試験紙に照らし合わせると……。

1の「憲法違反も辞さない態度をとる」。集団的自衛権の容認に関して多くの憲法学者が

「これは憲法違反だ」と言っているのに、そうじゃないんだ、と言い張ったことがあったね。あるいは、「市民的自由を制限する法律や政策を支持する」……。特定秘密保護法を作ったりね。

学生　日本にガードレールはあるのでしょうか。第二次安倍政権以降、総選挙で勝ったから何でも変えていいでしょ、という傾向がすごく強くなっている感じがします。憲法改正の問題も、3分の2議席を確保している今のうちにという空気を感じる。それまではガードレールがちゃんとあったのに、安倍政権が選挙で勝ち続けるから、ガードレールがどんどん低くなってやりたい放題になっているなと。

学生　自民党の総裁って任期はないんでしたっけ？

今度延ばして3期になった。最初は1期が2年で連続2期、4年までだったのが、1期を3年に延ばし、3期9年までできるようになったのは安倍政権になってからだよ。

学生　僕が高校に入る前から、安倍さんが首相です。

学生　最近驚いたのが、首相が国会で野次を飛ばしていたことです。首相というのは行政府の長で、立法府で説明する立場なのに、あんな態度をとるってどういうことだろう？　と。討論が討論になっていないというのは、まさにガードレールが崩壊している……。

「私は立法府の長です」と言ってのけた（笑）。

学生　安倍さんのそういうちぐはぐな振る舞いに私たちも、慣れてきちゃっている？（笑）柔らかいガードレールがどんどん後退していると、この本を読んでいて思いましたね。

柔らかいガードレールって、日本の場合、何だろう。

学生　日本のガードレールって、もともとは自民党内にあったんじゃないでしょうか。自民党内に存在していたチェック・アンド・バランスがなくなってきているのかな、と。

従来は審議日程を確保したうえで、最後の最後でまとまらないから強行採決だ、とやっていたところが、今や審議の日程をそもそも確保せずに、政府の行政活動に支障が出ないようにしている。あれもやわらかいガードレール、関連する先例を逸脱しているんじゃないかな、と。

かつての自民党の「ガードレール」だった野中広務（左）、宮沢喜一（中）。1998年、小渕恵三（右）政権時に衆議院本会議にて（共同通信社）

この前の出入国管理法改正も明らかにそうだったよね。本来の審議日程を取らないで首相が海外に行っちゃうから、その前に決めよう、と。

自民党内での柔らかいガードレールといえば、かつては後藤田正晴や野中広務という平和主義者がいた。国連のＰＫＯに自衛隊を出そうとしたときには後藤田がものすごく反対して「自衛隊を外に出してはいけない」と言ったり、野中広務はもともと京都で反共産党の立場でのし上がってきた人物ながら、「自分が目の黒いうちは絶対に戦争をしてはいけない」と頑張っていた。彼らのような戦争経験者が歯止めになっていたんだよね。どちらもいなくなってしまった結果、安倍に意見をする人がいなくなった、ということは一つあると思う。

もう一つガードレールになっていたと思うのは、内閣法制局。個別的自衛権と集団的自衛権があるけれど、「憲法があるから集団的自衛権は使えません」と内閣法制局が言い続けて、内閣の暴走を止めてきたわけだ。そこを安倍首相は「集団的自衛権は憲法違反じゃない」という考えの人をわざわざ外務省からつれてきてトップに据えつけて理屈づけし、突破しちゃった。これ、ガードレールを破壊したんじゃないかと見えるんだけどねえ。

学生　国家機能の長をトップの独断で変えてしまう……。トランプが裁判官にイチャモンをつけるのと同じレベルに見えます。トランプはＦＢＩ長官も代えさせてましたね。

日本では、内閣法制局の長を総理大臣が変えることは法的にはできるんだよ。だけど歴代の総理は、権力は抑制的にしなければいけないと考え、官僚の自律性に任せていた。内閣法制局って行政機関だから、行政の長は総理大臣が代えようと思えばできるわけ。あるいは、かつての自民党の総理大臣、宮沢喜一や竹下登は、「我々は権力を持っているからこそ抑制的にしなければいけない」と考えていた。「つかさつかさに任せる」みたいな。これが柔らかいガードレールになっていたのかな。

安倍さんがやっていることは、法律には違反していない。だけど歴代の首相は、やるべきじゃないと自制していた。それを「いや、これはできるんですよ」とやった結果がこうなっている。ガードレールを突破したというわけじゃないんだよな。なんて言ったらいいんだろう。

学生　本の中でも、南北戦争を知る政治家が減り、世代交代が起きるなかで抑制と均衡が働き始めた、という言い方がされていましたね。今までの議論を聞いていると、戦争を知る世代が政治の表舞台からいなくなってからおかしなことになってきているんじゃないか。それはアメリカでも日本でも同じな気がしました。

日本の民主度のレベルは？

学生　ちなみに日本って、民主度ランキングでは何位ぐらいなんでしょうか？

学生　英エコノミスト誌の研究所が発表している「民主主義指数」（2018年）では、日本は167カ国中22位ですね。（図表＝375頁）

日本の民主度が低いと聞くと、えーそうなの、と思ってしまうけど、投票率の低さと女性の国会議員数の少なさ、この2つが非常に大きく影響して決まっている。北欧なんて、投票率は常に80パーセントぐらいあるし、女性の国会議員も全体の3、4割はいるからね。

学生　素朴な疑問ですが、投票率が高いほうが優れているというのは共通見解なのでしょうか？　日本の場合、誰が政治家になっても安定した行政サービスが提供されるし、そんなにシビアに選ばなくても、この幅の中でできるのならおまかせでいいよ、と思える気もするんです。投票率の低さは、行政サービスや政治への不満が極まっていないというか、満足の表れとも言えるんじゃないかな、と。

１９６０年に安保反対運動が盛り上がったときに、当時の岸信介首相が同じ趣旨のことを言いましたね（笑）。言わずもがな、安倍晋三の尊敬するおじいちゃんですが。

学生　それって結局、独裁の始まりじゃないですか？　みんなが政治に興味を失うと、野心的な人が出てきても「まあ、いいんじゃないかな」となっちゃうと思うんですよね。投票率と民主度に相関関係はあると思う。高いからいいとは言えないので、因果関係は怪しいですけど。

投票を強制されているかどうかは大きな違いとしてあると思う。強制されずに投票率が高ければ、意識の高さを表していると思うけれど。

学生　オーストラリアなんか、投票しないと、罰金取られますからね。

順位	国　名	スコア
1	ノルウェー	9.87
2	アイスランド	9.58
3	スウェーデン	9.39
4	ニュージーランド	9.26
5	デンマーク	9.22
6	アイルランド	9.15
	カナダ	9.15
8	フィンランド	9.14
9	オーストラリア	9.09
10	スイス	9.03
11	オランダ	8.89
13	ドイツ	8.68
14	イギリス	8.53
21	韓国	8.00
22	日本	7.99
25	アメリカ合衆国	7.96
29	フランス	7.80
31	ベルギー	7.78
50	ブラジル	6.97
73	香港	6.15
130	中国	3.32
166	シリア	1.43
167	北朝鮮	1.08

民主主義指数ランキング2018年版。英エコノミスト誌傘下の研究所エコノミスト・インテリジェンス・ユニットが世界167カ国を対象に毎年発表。

各国の政治状況を「選挙プロセスと多元性」「政府の機能」「政治参加」「政治文化」「市民の自由」の各部門から評価した指数

ブラジルも罰金があるんだよ。罰金を払いたくないからみんな投票に行く。でも、そのブラジルで投票の1週間後に誰に投票したか聞いたら、多くの人が覚えていなかった、という。投票に行かなくては損をするから誰かに入れたけど、自分で考えて選択していなかった、と。

投票率を高めるために義務化するというのは、非常に危険だよね。北朝鮮みたいに、投票に行かないと自分の命が危ない国もあるけれど。

学生 投票率が上がらないのは、選挙で投じる自分の1票が、投票所に出向くコストに見合っていないからだ、という研究もあります。1票で結果が変わるということはありませんから。

第二次安倍政権発足時の総選挙の得票数を調べたら、実は自民党は票を減らしていた。ところが民主党はもっと減らしているんだ。つまり、国民は自民党を選んだんじゃなくて、民主党にがっかりして、その結果、減らし方の少なかった自民党が政権を取り戻した、という形になっていた。

学生 安倍一強というか、自民党以外全部弱いという状況って、ちょっと切ないですよね。

学生　かつて小沢一郎に勢いがあった頃、総理大臣にならなかった意味を考えてしまいますね。西松建設献金疑惑が起きたのは、２００９年、民主党政権ができる直前でした。あれは小沢一郎という独裁者が生まれるのを阻止したということなんでしょうか。選挙の少し前に公設秘書が逮捕される事態となり、野党第一党のトップが辞任するというのは、民主的な感じがしません。

結局本人は逮捕されなかったけど、東京地検特捜部が逮捕できる証拠探しを徹底的にしたよね。「小沢一郎を総理大臣にしてはいけない」という一定の意思が働いたと考えられる。東京地検特捜部の意思だったのか、国民の中のエスタブリッシュメントの雰囲気を敏感に感じてやったのか、そのへんは定かではないけれど、明らかにある種の国策捜査で、小沢一郎を追い込もうとしたことは間違いない。

結果的に小沢一郎が下りて、民主党のトップは鳩山由紀夫になった。あのとき小沢が総理になっていたら、民主党はもっと長く続いたかもしれない。でもああいう人物が総理大臣になるのが、日本にとってよかったのかどうか。

政治の情報、もっとほしい？

学生　民主主義を守るために私たち市民やメディアには何ができるのか、考えてみたいです。日本の場合、報道には公平性がつきものですが、アメリカではＦＯＸ ＮＥＷＳなどの右派的な局と、ＣＮＮのようなリベラルな局の両方があって、選択の余地がある。とはいえ、ＦＯＸ ＮＥＷＳがあったからトランプが台頭したという説もありますし、日本のように中途半端な感じでいいのかという不満もある。

学生　政治を語りづらい、という空気もありますよね。自分がどの政党を支持しているかさえ、話すのがはばかられる傾向がある。一定の政党を支持するほどにみんな政治に関心がないのか、それとも他の人があまり言わないから自分も言わない、ということなのか。

学生　アメリカでは、共和党支持と民主党支持が良くも悪くも個人レベルではっきり分かれている。家族の中でも個人ごとに意見が違うし、結婚相手を選ぶときに、違う党の支持者だと不安になることがあるなんて、日本とはずいぶん違いますよね。

学生　私は実は、今の日本って情報多すぎなんじゃね？　と思っているんです。政党が出す資料はたくさんあるし、かついろんな候補者がいろんなこと言っている。論点も多いし、討論番組もＮＨＫからニコ動まで幅広くある。しかも各メディアが中立な立場で切り取ろうとするから、みんな同じようなことを言っているように見えて、争点が鮮明にならない。

逆に各メディアの立ち位置がはっきりしていて切り取り方が偏っているほうが、「こいつワルだから！」「いや、そうじゃないでしょ！」と、議論しやすい。私たちもばかじゃないし、わかるよ、それくらい、と思うんです（笑）。

ニュートラルを装っていながら微妙な編集で操作されるほうが困ります。メディアも偏っていることをおおっぴらに見せてくれたほうがいいかな、と思うんですよね。

中道から極端へ

学生　アメリカ大統領選で影響力を持ったのが、フェイスブックだったそうですよね。ネットでは両極端なコンテンツが注目を集めがちで、結果としてアルゴリズムに動かされてしまう。アルゴリズムによって見せられる情報が操作されるというのは、怖いですよね。ＳＮＳでは極端な意見が映えるから。

アメリカでは民主党も共和党も、党内で大統領候補になるときは極端なことを言うんだよ。共和党は右寄りな、民主党は左寄りなことを言う。でも、党の正式な大統領候補に選出されたとたん、逆の意見の人たちの票も得たいから、急激に真ん中に近づいてくるわけ。

たとえばジョージ・W・ブッシュ。もともとかなり右派的な意見の持ち主だったけど、共和党の大統領候補になったとたん、穏健な保守主義者、穏健な国際派に早変わり。「国際紛争に武力なんか使いません」なんて堂々と言っておいて、いざ大統領になったら、アフガニスタンやイラク攻撃を始める（笑）。

大統領候補になれば誰もが中道派になると思っていたら、トランプはそうならなかった。一方のヒラリーは、民主党で選ばれた後、急激に真ん中に寄っていったんだよね。そのせいで伝統的な民主党支持者の不満が高まってしまった。

学生　中道でいるって、結構難しいですよね。いいとこどりをしようとするあまり、どっちつかずになってしまって。

学生　この本にも「異常が正常になっていく」と書かれていましたが、最近ではトランプがどんなことをやっても、びっくりしなくなってきた。

「この大統領がトップでもアメリカは当面大丈夫なんじゃないか」という感覚が次第に強くな

り、トランプの動向への関心も薄れているというか。

学生 トランプ慣れしていますよね。マイケル・ムーアの映画の冒頭に「あなたも、〝トランプ慣れ〟していませんか?」ってありましたが。

一同 (爆笑)

学生 アメリカは今後どうなるのか。あまりに分断が進むと、内紛が起きたりしないか心配です。ガードレールがなくなったら、無法地帯じゃないかって。

学生 夏に行ったサンフランシスコはほとんどがトランプ反対派で、カリフォルニア州はアメリカから脱退するんじゃないかという勢いでした。

学生 反対するほうも過激になっていますね。相手の戦略にこっちの戦略も影響される、ゲーム理論のようです。

「国王」という存在の意味

アメリカの選挙区割りにも問題があるんだ。

日本では1票の格差を是正するために選挙区を時々変えますが、あれは学識経験者による第三者委員会が決めているわけだよね。アメリカの場合は、上院は州1人ずつ改選しますが、下院は人口比で当選者数が決まる。全て小選挙区で、その区割りは各州議会が決めるんだ。共和党が強い州議会はゲリマンダリングをし、民主党員が多い都市部は選挙区を1つにまとめてしまう。農村地帯は共和党員が多いので、いくつもの選挙区に分けることで結果的に共和党がたくさん当選するという仕組みに実はなっている。

ゲリマンダリングとは、自分に都合のいいように選挙区の区割りを設定すること。1812年、アメリカ・マサチューセッツ州のゲリー知事が、自分が所属する政党に有利なように区割りしたところ、選挙区が、まるで想像上の怪物サラマンダーのような形になったので、ゲリーの名前と合わせてゲリマンダーと呼ばれたことに由来する。

その区割りは10年に1度の国勢調査に基づいてされるから、実は下院はそもそも共和党が有利な状態になっているわけ。にもかかわらず、今回2018年の中間選挙では民主党が勝った。それだけ不満が高まっているということだと思う。

本当にすべてが党派で分けられているのがアメリカ。最高裁判所の判事だって、共和党と民主党にはっきり分かれているでしょう？　二大政党制だと、ありとあらゆる面で党派性が出てしまうということがあるよね。

だから議院内閣制って、実は結構いいのかもしれないとも言えるんだよね。

いろんな国で、いざというときに「国王」が出てくることも考えてみよう。例えばベルギーでは国が分断しかけたとき国王が出てきてまとめる、ということがしばしば起きる。北側はオランダ語圏、南側はフランス語圏のベルギーでは議会選挙の後まとまらず、内閣が成立しない状態が続いたとき、政治的権限を持たないはずの国王が見るに見かねて、ある人を「お前が首相になれ」と指名した。そして、その人が首相になったことで国がまとまった、ということが実際にあった。

学生　プラスアルファで国王がいたり、独立の行政機関がある国は多いですね。民主主義のアップデートの観点からしたら、必ずしもチェック・アンド・バランスの三権分立に固執しなくてもいいのかもしれない。

スペインも、独裁政権がフランコの死によって終わった後、国王が出てきて民主化を応援し、結果的にスペインは劇的に民主化された。

学生　逆のパターンですね。

そう。日本だって、与野党がどんなに対立しても、天皇がいることによって決定的には対立しないような気がするでしょう。イギリスやベルギーやオランダが決定的に分裂しないのは、やっぱり女王や国王がいるからのような気がするな。アメリカの場合は、そういう存在がないからね。

学生　日本においては天皇の存在がガードレールなのかもしれませんね。昔と違い今の天皇には政治的な権限はありませんが、政治体制の枠の外にいる天皇という存在が、政党の暴走を防いでいるという意味で。

学生　ガードレールの意味を再考すると、その存在意義は自動車に衝突されるということではないはずです。事故が起こることのないよう、走行する自動車を導くことこそがガードレールの本質であると思います。

結局、民主主義ってどうよ?!

学生 この本の最後に「民主主義はまだ誤りであることが証明されていないアイディアです。(E・B・ホワイト、1943)」との引用があります。今日の読書会を経て、民主主義観、変わりましたか?

学生 先生がおっしゃったように、「民主主義はすばらしい」と小学生の頃からほぼ無条件で思っていましたが、読書会を通じてそれは様々な条件付きのものであり、その条件が全て達成できることはまだ難しい、という当たり前の結論に至りました。

学生 民主主義は完璧な理想なのではなく、むしろ外縁をうめていくことで初めて実体が立体的に浮かび上がる、そんなものだと感じます。不完全なものだからこそ、それを維持する努力が求められると思います。民主主義は不断の努力で維持されている、というか。

学生 民主主義とは民意を問うものというより、私たちの民度が問われるものだと思いました。

冒頭で引用された、チャーチルのあの言葉を改めて確認する必要があるのではないかと思います。民主主義はすばらしいと小学校の頃から刷り込まれてきて、みんな民主主義は正しいものと思っているけど、実は結構危険な側面もあるということを知っておいたほうがいい。

そして、国民は時に馬鹿になるかもしれないけれど、長期間馬鹿でい続けるかといったら、そうじゃない。「国民の大多数を一時的にだますことはできる。あるいは一部の国民を長期間だますことはできるが、大多数の国民を長期間だますことはできない」――エイブラハム・リンカーンの言葉ですが、これもやっぱり真実なのではないか。

みんなで民主的に決めましょうと言うと、人々はときに暴走する。そもそもそれを防ぐために代議制民主主義があったんじゃないか。直接民主主義はきわめて危険だ、と知ったうえでつきあっていくことが大事なのかな。

そしてその際、柔らかいガードレールとは何かを常に考える必要があると思う。それは行政においてだけじゃない。企業においても、ワンマン社長が突っ走って止められないということはありうるわけだから。「ちょっと待った！」と言える仕組みができているかどうか。これは組織全般に言えることだと思いますね。

池上教授の読書会ノート

イギリスは民主主義のお手本国家だと見られてきたのに、ＥＵ離脱をめぐって大混乱するのを目の当たりにしてしまいますと、「民主主義とは何だろう」と考えてしまいます。そしてアメリカのドナルド・トランプ大統領の誕生。長年維持されてきたアメリカの民主主義を破壊しつつあるように見えます。

そこで民主主義とは何かをみんなで考えようと、この書を選びました。すると、参加者から衝撃的な指摘が。

「この本では民主主義とは何かが定義されていません。理系としては、定義されないものは語れない」

この指摘は、本書に限られるものではありません。私たちも、いつも「民主主義」を口にしながら、そもそも民主主義とは何か定義しないで話しているのではないか。これでは、つまり個々人の頭の中の「民主主義」の概念が異なっていたら、実のある議論になりません。何かを議論する際には、対象についての明確な定義がなければ始まらないのです。

とはいうものの、では民主主義とは何か。選挙で決めればいいのか。多数決で選択することか。少数意見をどう掬《すく》い取るのか。

その一方で、アドルフ・ヒトラーのように、ドイツの民主的な選挙制度から独裁政権が生まれたというパラドックスもあります。

考えれば考えるほど、民主主義の危うさに気づきます。むしろ独裁政治の方が効率的なのではないか。

著者たちは、民主主義という脆弱《ぜいじゃく》な存在を機能させるために「柔らかいガードレール」という概念を提起します。

そういえば、日本もかつては政権与党の自民党の中に「柔らかいガードレール」が存在していたのが、いつしか消滅。「安倍一強」の下でガードレールが機能しなくなっているのではないかという問題提起がありました。

政治の世界で対立が生じた場合、選挙で決着をつける。私たちが常識とみなしてきたことが、実は対立や分断を激化させることになるのではないか。この際、自分なりに民主主義を定義する必要がありそうです。

さらに深めるためのブックガイド

①トクヴィル著、松本礼二訳『アメリカのデモクラシー』(全2巻、各上下巻)岩波文庫、2005-2008年

トクヴィルは19世紀中期のフランス人思想家だが、アメリカの民主的な政治と統治の制度が確立する過程を観察。アメリカの民主主義がいかなるものかを分析し、いまもなおアメリカ政治を分析する上で欠かせない古典となっている。

ここでトクヴィルは、「多数者の専制」という弱点を指摘している。これはまさに現代に対する予言となっている。

②坂井豊貴『多数決を疑う』岩波新書、2015年

選挙制度の綻《ほころ》びが顕在化すると、そもそも多数決は有効なのかという疑問が生じる。多様な意見を集約する方法は、多数決だけではない。「社会的選択理論」という視点から見ることが可能になるのではないか。民主主義を考える上で広い視野を与えてくれる。

①

②

第11章◎「大衆」が「大衆」と共存する時代

オルテガ・イ・ガセット著／神吉敬三訳『大衆の反逆』を読む

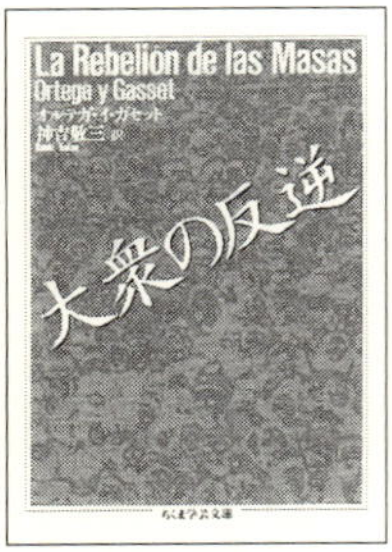

ちくま学芸文庫、1995年刊。304頁・文庫判

◎**内容紹介**：20世紀の初頭、《大衆》という現象の出現とその功罪を論じながら、自ら進んで困難に立ち向かう《真の貴族》という概念を対置した警世の書。原書は1930年刊。

◎**著者紹介**：(Ortega y Gasset) 1883-1955。哲学者。マドリード大学を卒業後、ドイツ留学を経て同大学教授に。内戦後亡命を経て45年帰国し、著作活動を通してスペインの知的復興に力をつくす。

『大衆の反逆』の読みどころ

◎自分は「すべての人」と同じであると考える凡俗な〈大衆〉が、社会の表舞台で主要な役割を担っている。

◎近代の科学技術は、制約であり義務であり隷属であった〈生〉を、豊かで完全で広大なものへと変えた。大衆はそのことを自覚していない。欲望を満たすあらゆる手段を手に入れた大衆が、野放しにされている。

◎知的凡庸さが世界に充満していることこそが、歴史的な大事件である。豊かな現状に満足せず、過去の全歴史に学ぶ高貴な精神が必要とされている。

先見の明が光るスゴい古典

そういえば学生時代、こんな本ばっかり読んでいたなと思いながら、こういう本を読む能力が急激に落ちてきていることに気づいて愕然《がくぜん》としました。

『大衆の反逆』の「大衆」は、いわゆる一般大衆とは違うんだよね。そこを誤解しないように。この場合の大衆とは何なんだろうという問題意識を持って読んでいただきたい。

もう一つは、時代背景だよね。オルテガがこの本を書いた当時はちょうど第一次世界大戦と第二次世界大戦の間で、ヨーロッパではムッソリーニやヒトラーのファシズムが台頭してきていた。一方で、ロシアにおいては、ロシア革命以後、ボルシェヴィズムが出た。ボルシェヴィズムとファシズムの両方を批判するというのは、今考えれば当たり前のことだけど、１９３０年代、ヨーロッパの知識人たちがロシア革命に熱狂していた最中にこういう指摘をしたというのは実に勇気の要ることだし、歴史的にもすごいことだと思います。

さらに著者は、今は大したことないけれどいずれボルシェヴィズム、共産主義の波はヨーロッパに押し寄せてくる、と言っている。実際に戦後にそうなった。予言は当たったんだ。あるいは最後に出てくる「欧州は統合しなければいけない」という主張は、のちのＥＵ統合の話とつながってくる。欧州統合が具体化するのは第二次世界大戦後だから、この時点でこういうことを言ったというのは、これまたすごいなと。

さらに言うと、ここへきてその欧州統合からの離脱をイギリスが表明し、ＥＵ自体が大混乱しているのが、現代における「大衆の反乱」であるとも読める。古典でありながら今に通じる、あるいは現代のことを言っているかのように読めるというのは、やはり優れた古典ならではですね。

文化的・社会的な素養がないと何のことだかわからないような表現があちこちに出てくるんだけど、それはそれとして、現代、今に引きつけて読むと、興味深いのではないかと思います。

学生　難しい本でしたが、着眼点、先見の明がすごいなと思いました。例えば、意見が異なる者が存在することを容認する姿勢が大事であって、それが権力を制限する際の中核になる、という主張は、『民主主義の死に方』（第四部第10章）に出てきたガードレールの話に通じます。１００年近く前に書かれた本が、最近の本と同じような主張をしていることに驚きました。あと、文章がかっこよかった（笑）。１０６頁の「文明とは、何よりもまず、共存への意志

英国のＥＵ離脱をめぐり、再度の国民投票を求めロンドンでは大規模デモが起こった（2019年3月、ロイター＝共同）

である」とか。敵と共存する、反対者と共に成長するということを端的に表現したよい指摘です。

学生　僕も刺さった文章、あります。「過去を克服する唯一の方法は、それを放り捨てることではなく、過去を考慮に入れ、つねに目前に置いて、これを避けるようにふるまうことである。要するに、歴史的時点に対する鋭敏な意識をもって、「時代の高さ」に生きることである」（134頁）

この本は当時の社会を鋭く分析していると同時に、人間をすごくよく見ていて、社会と人間がダイナミックに結びついていると思いました。現代人は未来のほうばかり向いていて、過去の恩恵を重んじていない。これまでの文明を当たり前と感じていて、それを保っていこうとか新しく作っていこうという責任感がないという指摘は、まるで自分たちのことを言われているように感じました。

学生　1930年の段階で、現代に通じる社会への警鐘を鳴らしているのが予言めいていてすごいですよね。一方で、「自由主義を実際に行なうことはあまりにもむずかしく複雑」（107頁）とも書いている。

学生　26頁に、トップスターの地位についているある婦人が「私は八百人以下の人しか招待されていない舞踏会なんて、我慢できませんわ」と言ったと書かれていますが、大人数に向けてやることに何よりも価値があり、幸運な少数者（happy few）に対する働きかけには価値を感じられないというこの記述が、まさに大衆が社会の主導権を握っている状況を表していると感じました。

学生　この本で最も印象的だったのは、「矛盾」という言葉の多さです。愚者は自分自身を疑わないとか、進歩主義者は実は未来を考えていないとか、社会が無意識的に抱えている状況をはっきりと言語化している。

「専門家は専門外のことには無知であることを自覚しつつ、それに甘んじている」という指摘は、特に耳が痛かったですね。

無意識の「大衆」意識の恐ろしさ

学生　私たちが無意識に持っている大衆としての欠点を、言語化していましたね。第一は「今の社会が「当たり前」と思い込む」怖さ、第二は「大衆が「すべての人」であるとする」怖さです。

みんながこう思っているからこうしようと思ってしまうことって、日常的によくあると思います。同質的な大衆が社会権力にのしかかったとき、反対派を圧迫、抹殺することがある。そういったものへのカウンターが、先ほど引用された「文明とは、何よりもまず、共存への意志である」だと思います。

学生　大衆とは近年、世界的に出てきたものだったというのが目からウロコでした。産業革命が起きて科学技術が発展し、民主主義ができて階級が崩壊し、みんなが主権者になったときに初めて「大衆」が生まれたとは。

一方で、完全な大衆や完全な貴族というのは実際には存在せず、人間はその両方の要素を併せ持っているのではないかという指摘も面白かったです。一人の人間の中には両方のマインドがあって、その比率が違うだけなのかもしれません。

学生　オルテガのいう大衆とは、「支配階級vs大衆」という社会階層のことではなく、人間のタイプ（態度）ということですね。

現代における「高貴さ」とは何か

学生　冒頭で、人間を「真の貴族」と「大衆人」とにバッサリ分けていたのが衝撃的だったんですけど。そんなはっきり言っちゃっていいの、と（笑）。「大衆人」と「真の貴族」に分かれるとしたら、自分はやっぱり貴族でありたいと思うわけですが、その条件の一つとして、「人間の生は、その本質上、何かに賭けられていなければならない」（２０３頁）と書いてあって。僕のこれまでの20年は、すごく大衆人だったので、これからはちゃんと自分の人生を何かに賭けて燃焼していきたいと思いました。

学生　この本で描かれている「大衆」や「貴族」とは、現代社会ではどんな人たちでしょうか。

学生　大衆人の振る舞いとしては具体例がいくつか浮かぶのですが、現代において高貴さを感じるような振る舞いの場面って、あまり浮かばないんですよね（笑）。

学生　「令和」を発案したと報道された万葉集研究者の中西進さんが「元号は天の声で決まるもので、考案者なんているはずがないんです」とかわしていたのは、あれは高貴というのかな、とか……。

単に口止めされてるだけかも（笑）。

学生　この本にたびたび出てくる「貴族」の解釈って、難しいですよね。「ノブレス・オブリージュ」の「ノブレス」に当たるものかなと思って読んでいましたが。

私の一番好きな日本語訳は「持てる者の義務」です。持てる者が、持たざる者たちの望みをかなえるために努力をするという姿勢であり、義務みたいなものだと。その観点からすると、貴族というのは、自分とは異なる考え方の人たちは大勢いるけれど、彼らが自力では叶えられない願いを自分は叶えられるのだから、やっぱり自分がやらなきゃ、という姿勢や考え方を持っている人のことなのではないでしょうか。

学生　社会における自分の立ち位置や役割とは何かを考えて、その中で他者と共存しながら、自分に求められることを禁欲的に頑張るという姿勢が高貴さであって、そこに他者とか社会という状況設定があることが重要なのではないでしょうか。

学生　大衆は権利や欲望を自分自身にではなく、外部に求める。高貴な人は、権利や欲望を外に求めるのではなく、社会をこうしなければならないという義務を自らに課す。ベクトルが逆なんでしょうね。

学生　自分に厳しく他人に優しくみたいな感じですね。

絶え間ない習練を積む苦行者

学生　自らに努力義務を課すことと、他人に寛容であるということを同時に持つというのは難しいですよね。自分に厳しくすればするほど、他人を下に見てしまう意識が芽生えてしまうというか。つまり、少数者の努力を讃《たた》える人ほど、大衆にも同様な厳しさを求めてしまう気がするんです。

学生　高貴な人とはどういう人のことか。ちょうど91頁に定義のような記述がありますので引用します。

「われわれは、成長するに従って、大部分の男たちは——そして女たちも——外的必然に対する反応というような厳密な意味での強制されたもの以外、いかなる自発的な努力もなしえないものだということをいやというほど見せつけられる。それだけに、われわれが知り合ったきわめて数少ない、一般の人間には無縁な自発的な努力をなしうる人々は、われわれの体験の中にあって、ますます孤立化し、あたかも記念碑的存在となっていくのである。彼らこそ、選ばれたる人、高貴なる人、行動的な唯一の人、ただ反応に生きるだけでない人であり、彼らにとって生きるとは、不断の緊張であり、絶え間ない習練なのである」

絶え間ない習練を積む苦行者である、というところは今の議論ともリンクしますね。その後ろには、平均人は、経済的手段、肉体的手段、市民的手段および技術的手段を手に入れたけれど、受け取っただけで特に何もしていないよね、という話題が出てきている。おそらくオルテガの思う「高貴な人」というのは、苦行にも似た行為をしている人なのではないかと思いました。

学生　筋トレと消防士の喩えで言えば、業務として筋トレ100回をやるんだけど、それだけではハードな現場での救助には足りないから、業務範囲外だけどプラスあと200回やる、という人がいた場合、強制されたこと以上のことをやっているから、オルテガの言う「苦行者」になるのだと思う。

同じことをしていても、そのことによって何を選択しているか、目的が大事なんだと思う。

学生　持てる者がどう義務を果たそうとしているか、というところともリンクしていますよね。

高貴な人って、自己完結しないのでしょうね。大衆は自己完結しがちですが。

大衆とは、自分が世の中の人の平均であるという愚かさに安住し、それがゆえに正しいのは自分と信じ込み、他者を平然と批判する傾向にある。他方で、真に高貴な人間というのは自分に厳しく、そこへの懐疑が常にある。つまり、他者を一方的に批判したり叩きのめしたりして本当にいいのだろうかと常に自問している。他者を許容する、認めるような寛容さを持つということはすなわち、いろんな批判を受け入れ、自分が絶対的に正しいと思い込まないことであり、それこそが高貴な者ではないか。それは君たちがさっき言っていた、「人に優しく自分に厳しい」ということでもあるだろう。

たとえばSNSでは大衆が罵《のの》り言葉をつぶやいたり、ちょっとしたことに対しても正義感を振りかざしては叩きのめして炎上させたりする。まさに大衆が大衆として振る舞っている。高貴な人間なら、たとえ批判的な気持ちになったとしても、「待てよ、俺はそんなこと言えるんだろうか」とか「見方によっては自分も同じことをやっているかもしれない」と自らを省みて、一方的で安易な攻撃はできなくなるものなんじゃないかと、みんなの意見を聞きながら思いました。

現代は「大衆の時代」？

学生　現代の日本社会では、大衆をどのような場面で感じますか。

学生　今年の5月の改元に際しては、メディアやSNSで、どんな元号だったらいいかと予想したり、新元号への反応も色々と出たりして、大衆が権力を持っているというのはこういうことなのかなと感じました。

元号選定に関わった安倍首相も国民にどう受け入れられるかをかなり意識していたと思いますし。権力者が一般庶民の気持ちを忖度《そんたく》していたような印象がある。

この本にも書かれていましたが、国家自体が国民の世論によって支えられていることを、新元号決定のニュースでは感じました。

学生　確かに、元号って大衆におもねって決める必要はないですよね。

学生　決める立場にある政府が過度に慎重になるというのは、すなわち大衆が社会の中心にいるということの表れなのかもしれませんね。

学生　政治家や国のトップが世論を気にするというのは、ずっと昔からあったと思うんですよ。変わったのは、「自分たちは正しいんだぜ」という大衆側の意識というか、圧力。今も昔も大衆は色々と言うものだと思いますが、こんなふうに絶対的な自信を持って意見を口にする、というのはかつてなかったことなんじゃないかと僕は思います。

新元号が発表されるニュースを映す大型モニターを見る人たち
（2019年4月、東京都新宿区。共同通信社）

「大衆」の孤独

学生　リベラルアーツ研究教育院の柳瀬博一先生が書いた『インターネットが普及したら、ぼくたちが原始人に戻っちゃったわけ』（小林弘人共著、晶文社）という本では、それまではテレビなどのマスメディアが一斉に発信していたのが、インターネットの登場でみんながバラバラの「村」を作るようになった、と書かれていました。一つの意見をもつ人たちが集まって、その中で閉じこもっている。だから自己に閉じこもっているのも大衆らしいのではないかと思いましたね。

新元号をいいと思う人、思わない人、そもそも元号なんて要らないよと思う人、それぞれがバラバラに「村」を作って、閉じこもっている。

学生 インターネット上では、この声は聞くけど、あの声は聞かない、という取捨選択が予め容易に設定できますからね。ネットは小さな大衆化を加速させている気がします。

学生 ネット社会においては、よほど意識的に他者からの批判的意見を取り入れるようにしなければ、全体を俯瞰してみることは困難ですよね。

学生 「大衆とは、（中略）自分は「すべての人」と同じであると感じ、そのことに苦痛を覚えるどころか、他の人々と同一であると感ずることに喜びを見出しているすべての人のことである」（17頁）と述べられていますが、インターネット、SNSは同質な集団を見つけやすくし、大衆的な人はその集団の中にいることに満足しますよね。

「最大の善と最大の悪の可能性そのものであるこの大衆人を徹底的に知ることがきわめて重要なのである」（72頁）というオルテガの言葉を、ある意味実践しているのが、GAFA（第三部第7章）なのかな、と思います。大衆の性質を理解し、大衆をコントロールしているということか。

みんなと同じだと安心するという大衆の特徴でいうと、新元号発表のとき、渋谷のスクランブル交差点や新宿駅前が、期せずしてパブリックビューイングになっちゃったんだよ。みんながそこで発表を今か今かと待っていて（笑）。で、出たとたん、「オー」とか言い合いながらハイタッチしたりして。ああいうときって、何か不思議な連帯感が生まれるんだよな。みんなで新しい元号を喜び合いましょう、と同じ安心感を抱く。

普段SNSやネットでバラバラになっているがゆえに、どこかでみんなと一緒になってみたいという気持ちがあるのだろうか。たとえばサッカーのワールドカップで日本が勝つと、なぜみんな渋谷のスクランブル交差点に行くんだろう。

学生　家で見られるのに（笑）。

そう。やっぱりどこかに大衆の孤独みたいなものもあるのかな、という気もするんだよね。

学生　元号発表のときは、職場でもテレビの前に集まったり、全員がパソコンでニュースを注視したりしてましたね（笑）。

改元をめぐる大衆化

さらに言うと、元号ってもともと中国では時代を画する、ある種の易姓革命だったんだよね。元号は革命によって変わるものだった。だから中華民国ができたときに、廃止されたわけでしょう？　日本でも、天皇によってはいろんな理由で元号を変えていた。それが明治維新以降、天皇一代で一つの元号、となった。今上天皇でいる限り元号は変わらないということはつまり、易姓革命の否定というか、革命を起こさない仕掛けになっているという見方もできる。日本では、天皇を中心とした国体の変更はないのだ、というある種の宣言だよね。革命によって元号が廃止されることは、前提としていないという。そういうことを踏まえた上で、元号はどうあるべきなのか。

「元号に関する懇談会」のメンバーで言うと、前回、平成を選んだ有識者の中には国立大学協会と日本私立大学団体連合会の会長がいた。しかし今回は、国立大学協会会長である山極寿一さんが入っていない。山極さんは安倍政権が国立大学への補助金を1パーセントずつ減らし続けていることに、これじゃ研究が成り立たない、と猛反対している人で、それが理由としか考えられない。日本私立大学団体連合会会長は今回も入っているのに。やっぱり有識者選びにも、非常に政治的なところがあるわけだよ。

「元号に関する懇談会」メンバー選びは、フェアじゃない？（2019年4月、共同通信社）

学生　元号を選ぶのが天皇じゃないというのも、不思議なシステムですよね。一天皇につき一元号なら、天皇が一人で好きな元号を選んだっていいのでは、とも思ってしまいます。

これは実は昭和50年代に、政府がハッと気づいたんだ。それ以前は天皇が絶対的な力を持っていたから、天皇自身が元号を決めていた。でも戦後、新しくできた日本国憲法には、元号をどうするかという規定が何もないし、天皇の政治的機能は失われている。つまり、天皇が元号を決めることはそもそもできなくなっていた。第二次世界大戦後の日本において、元号というのは単なる慣例になったということなんだ。根拠がないんだから。

それで昭和50年代に、政府が「昭和天皇が亡くなったらどうするんだろう」と気がついて。慌てて昭和54年に「元号法」という法律を作ったわけ。そこで新元号は政令で定めると決まった。

だから今は閣議を開き、政令で発表するという形をとっている。でも天皇が全く蚊帳の外というのは申し訳ないというので、今回は安倍総理が事前に皇太子（現天皇）に会い、「この案の中から選びます」と報告したらしいんだよ。今回、発表が予定時刻より10分遅れたのは、天皇（現上皇）と皇太子に連絡したという確認を待っていたから。

ともかく、そもそも日本という国体を守るべき元号が、いわゆる大衆化によって、人気投票というか当てっこクイズみたいになってしまっているというのもまた不思議だよね。これもまた、不思議な大衆化の一つなんだろうな。

学生　子どもの頃は、元号って何か偉い人がみんなの幸せを願ってつけてくれた名前なんだろうなと思っていたら、実は政府が発表していると（笑）。

一応、国家の幸せを願ってつけたんですよ（笑）。

学生　有識者にもお金払っているんだろうな、コストかかってるな。天皇が「よし、これ」と言ってくれたら早く決まるのになあって思っていましたけどね（笑）。

学生　そういう厳密なプロセスを経ているということは、国家自体がルールの上に成り立っているということですよね。日本列島にはいろんな人がいて、それを統一するのに天皇が必要で、元号を制定することで日本が統一されていることを再確認していくというか。そのプロセスを今回もきちんと踏んだんだな、と。

議論なくフィーバーする大衆

学生　今の話を聞いていて、有識者会議という手続きを踏むことで、ちゃんと国民を巻き込みましたよとアピールしたいのでしょうけれど、山極さんが入っていないとなると、「敵と共存」問題はどうなるのだろう、と疑問に思いました。

そこなんだよね、そうなんだよ。

学生　委員の選定の時点で「敵と共存せよ」の精神に則り切れていないと思ってしまいます。会議を行うことで、中立的な有識者会議で決めたのだからみんなの意見なんだという建前を作っているわけですが、あの存在自体が言い訳のようで嫌なんですよね。

とにかく三権分立だから、有識者会議には前最高裁判所長官を入れ、衆参両院議長と副議長にも意見を聞くというかたちで、立法府からも司法府からも話を聞きました、という仕組みを作っているんだな、見かけ上は。

学生　今回の新元号フィーバーの裏には、そういった国立大学協会外しの件があったことに大衆人が気づいていたら、また違ったフィーバーの仕方になったかもしれませんよね。ただただ、「令和いいよね」というのじゃなくて、「国立大、大丈夫?」とか。そういう議論もなくフィーバーしちゃうのが、やっぱり大衆人なのかな。

学生　議論にならずに感想で終わるという。

学生　有識者会議での決定事項が、もうちょっと深刻な、失敗の可能性があるものの場合、問題が発生したときに参加した有識者に責任って生じるんですか?　会議に参加する有識者たちは、大衆的に発言しているのか、それとも貴族的に発言しているのか、どっちなのかなと思って。

内閣の閣議決定だから、彼らは責任を問われない。あくまで一般大衆の代表に意見を聞きましたよ、という体裁。だから一般大衆のザ・代表みたいな人も入っている。

元号の話で盛り上がっちゃったな。

大衆化する大学とエリート

学生 この本では、専門のタコツボにはまらないよう、ちゃんと総合化して検討を重ねていかなくては技術も発展しないし、社会のためにもならない、と警鐘が鳴らされていましたが、そういう状況は今の官僚機構の中にはたくさんあると思います。

学生 この本が書かれた当時と今とで絶対的に違うのは、情報量ですよね。当時は見えなかったものが圧倒的に見えるようになった。

昔の貴族的な人たちって、スペシャリストであり、同時にジェネラリストでもあったと思うのですが、いまはスペシャリストというと、それだけで一生終わっちゃう。だからこそ有識者会議的なところでは、深く狭くの人と広く浅くの人がセットになって働かないと、物事を正確に判断できないのではないかと思います。

学生　大学さえもこの一世紀の間に大衆化していきましたよね。かつてはエリートを育成するために総合的な知識を与えていたのが、大衆が大挙して入学するようになってからは各専門だけをやっていればいいとなってしまった。自分のわかるところだけをやっていればいいという人だらけの場所。

文系理系にかかわらず、学生が「知らない」ことに対してびくともしなくなってきている。

学生　大衆化が大学にも影響を及ぼしているというのは、わかる気がします。かつての高等教育には、ある意味でもっとエリート意識の強い、自分がちゃんと社会全体を見て知恵をつけていかなくちゃいけないという少数の人たちが集まっていたんですよね。

学生　「貴族」であるためには、やっぱり目的意識を持ってストイックに学び続けていくことだと思います。自分自身にそういった目的とか課題、社会への責任を課していく人をエリートと呼ぶというか。こういう教育を受けるからには、責任を持って社会に還元していこう、という意識は確かに薄れてきている気がします。

学生　大学に入っても、今はほとんどが勤め人になるわけだから、何をもってエリートというかがちょっとわかりにくいですよね。みんなと同じルートを行きたいというのがおそらく普通の感覚で、だから大学を出る人たちも、大衆人であり平均人になる。平均人として人生を全うしたいのであれば、大学が大衆人を量産する場所になっていることには、全く違和感がない。

大衆がエリートを弱体化させる？

学生　というか、大衆がエリートを尊重しなくなったことが問題のような気もしていて。エリート自身がノブレス・オブリージュとしての責任を自らに課すのと同時に、大衆側もエリートを尊重するべきなのではないでしょうか。大衆がエリートの言うことを聞かなくなった、大衆が社会の権力を握っているというのは、そういうことだと思うんです。

自分たちがこれからどっちへ進めばいいのかわかっていない人たちが、それをわかっているエリートを排除してしまうのはよいことなのか、という。

学生　まさにそういうことです。「文明とは、何よりもまず、共存への意志である」というのは、議論の場においては立場や学歴、キャリアにかかわらず等しく扱われるという自由主義の根本なのではないかと思います。だからどちらの意見も尊重しなきゃいけない。

学生　ちょっと話題が逸れますが、１０６頁に「手続き、規則、礼儀、調停、正義、道理！」

とずらっと並んでいてビックリマークがついている。「かかる煩雑さはいったい何のために創り出されたのだろうか」と問うています。

学生　敵と共存するために生み出された、歴史が積み上げてきた宝だったのかもしれません。だからそれが壊れるというのはかなり危ないことです。敵とは一緒に考えない、暴走することで直につながろう、というのですから。

学生　『民主主義の死に方』でも、手続きなどを潰そうとしてそのまま独裁に走るという例がたくさん挙げられていましたし。

国会にも議院運営委員会があり、そこで色々揉んでから審議するという慣例があって、かつては与野党がものすごく癒着しているんだなと見ていたけれど、これは実は知恵だったのかもしれないね。

学生　それこそ、ガードレールですよね。

柔らかいガードレール。それが今は、もう強行突破。強行採決やっちゃえばいいでしょ、みたいな雰囲気がある。

学生　国会だって、小学生のけんかみたいで議論が成立していないし（笑）。国会議員も大衆化していますよね。

自らの仕業に責任を取れない「大衆」

だとすると、大衆化と反知性主義というのは、イコールでいいんだろうか。エリートを尊重しないような大衆はダメだ、とさっき言っていたけど、ということはつまり、政治の大衆化というのは反知性主義ということだろうか。

学生　私は反知性主義は大衆化の必要条件だと思います。エリートや知的権威に対して懐疑的な態度をとる反知性主義は、他者との共存を拒んでいるからです。

学生　大衆が風に流されて、単なる人気投票で統治者を選んでしまうということはあるし、その結果反知性的な統治者が選ばれるリスクは常にあると思います。

学生　大阪で、市長と府知事が入れ替わるという話が話題になっていました。既成の権益をぶっ壊す動きとして、ビジネス界には賛成派が多いそうですね。あれは反知性主義とは言えると思いますが、大衆化とは言えない気がします。

さらにあれは、大阪都構想を進めるための動きでしょう？　大阪都構想って、この前、住民投票で否決されたんだよな。

学生　もう一度住民投票をやり直すための、足がかりですよね。イギリスと似ていますね。

イギリスも国民投票でＥＵ離脱が決まっちゃう、と大混乱が続いているけれど、責任は誰にあるんだろう？　投票したのはイギリス国民だけど、誰も責任取れないよね。

学生　責任を取れない存在であるということが、一番恐ろしいと思います。

学生　この本の冒頭に「今日のヨーロッパ社会において最も重要な一つの事実がある。それは、大衆が完全な社会的権力の座に登ったという事実である」（11頁）と書かれていて、やっぱりここに著者の問題意識があるように思いますね。

学生　なるほど。確かに、大阪都構想にしても、投票の結果成立してしまったとしても、「俺はなんで賛成しちゃったんだろう」と後悔するとか、「あのときああ投票してしまったのだから、それについては責任を取ろう」とか、「何か別の行動で回復を図ろう」なんていう動きをする人たちじゃないんですよね、大衆というのは。

学生　風を見て票を入れたけれど、ああ、やっぱダメだったとポイッて忘れちゃう。

学生　まさに大衆的！　しっかり支えてもう一度上げていこうというムーブメントにどうしてなっていかないのかなあ。

イギリスでは、ブレグジットになってしまったことに対する「ブレグレット（Bregret）」という言葉がある。反省しているみたいなんだよね。離脱賛成に投票して後悔しているというよりは、あのとき国民投票に行かなかったからこんな結果になってしまった、という感じもあるけれど。

敵と共存するには

学生　やっぱり考える時間がどんどん短くなっているからじゃないでしょうか。熱しやすく冷めやすい、ブームが極端に短期間で入れ替わるから、それに対する是非を考える時間もないし、歴史上の出来事を振り返る余裕もなくなっている。

学生　ブレイン・アウトソーシングという言葉が最近聞かれますよね。グーグル（Google）で検索すればわかる世の中になったから、基本的には覚える必要がない。でも、検索した内容を実際に知識にするまでにはある程度の時間がかかるし、その時間をどれぐらいかけられるかには個人差がある。本来数カ月かけて勉強していた内容を、5分でわかる「まとめサイト」を流し読みしただけで理解しようとした結果、どういう歴史の流れでそのことが起きているのかを深く理解できない、ということを繰り返しているのが今の状況じゃないでしょうか。

学生　深く考えるのは人任せで、もはや原始人化しちゃってますね（笑）。

結局、そこだよな。

学生　最近の、多様性を重んじるという雰囲気が、この問題への解決策になっていくのでしょうか。つまり、多様性を重んじる雰囲気が広がることで、大衆によって扇動されていく社会の仕組みや権力に対して、これじゃいけない、敵とは共存すべきなんだ、という方向になっていくのではないかと。

学生　貴族的な思考の人が、大衆のミスをうまくカバーした例としては、ハリウッドの有名俳優たちが多様性尊重の声を上げはじめていることがあると思います。オルテガが鳴らした警鐘をもっと広く行き渡らせるために、ハリウッド俳優たちがそれをポジティブなトレンドとして作り出す、というパターン。

学生　大衆は、みんなと同じ価値観を共有することに快感を覚えるから、そこに「多様性を重んじる」という価値観を投入したわけですね。

学生　相容れない相手とも共存していくという価値を共有することが全ての人にとって大事だというのは、すごく希望のある話ですね。

最近ますます、敵との分断が進んできていると感じます。敵と同じ場所にいるのではなく、自分はこうやるからあなたはこうやって、別々にやっていきましょう、と。決して統一のほうには向かっていかない。

学生　それって、統一しなきゃいけないものなのかな？　確かに一触即発のリスクはあるけれど、お互いがある程度の距離を取りつつ別々に存在するという手はあると思うけど。

学生　ヘイトスピーチで「この町から出ていけ」という場合には、完全に相手と相容れないし、共存していない。

学生　ちょっと合わないなあと思っている隣人でも、まあ彼は彼でやっているんだから、とお互いをその場では認めるというのは、オルテガの精神ともリンクする感じがするなあ。

今回は、そもそも大衆ってなんだろう、ということを改めて考える良いきっかけになったのではないかと思います。一般大衆と、彼らを指導する層、という二分法では決してないことにも気づくことができた。自分は指導層だと思っていたら、いやいや、実は大衆かもしれないとか。

みんなと一緒だね、と言っていれば安心する、精神的に楽だという思いは、自分の中にもどこかにある。そう考えると、やっぱり自分も大衆なのかなと思うし、今日のみんなの発表を聞いていて、それがインターネットやSNSの影響で一段と進んでいることが見えてきた回だったね。

結局、我々はどうすればいいのか。この答えはすぐに出るものではないけれど、今はこういう時代なんだという認識を持っていれば、対処法もまた出てくるのではないだろうか。

東京工業大学の学生や卒業生は、社会的には指導層になることが多いけど、果たして本当にそうなのか、と君たち自身が自問自答すること自体が貴族的な行為なので。それが結果的に、いろんな分野での寛容につながっていく。だから今後もいろんな人の意見を聞きながら、自分なりにどうすればいいか、考えをまとめていってほしいと思います。

池上教授の読書会ノート

私の学生時代、社会科学を学ぶ学生にとって、この本は必読の古典でした。それがいまの理系の学生に通用するのかどうか。そんな好奇心から選択したのですが、読書会参加者には「刺さる文章」があったようです。

私個人としては、こういう古典を読むのに時間がかかるようになったことを自覚し、愕然となりました。それは加齢が原因なのか。それとも学生時代は上辺だけを読んでいたので、一見スラスラと読めた気になっていただけなのか。経験を積んだことで、文章の一つひとつの深い意味を理解するようになり、結果として読了に時間がかかったのか。できれば後者であってほしいのですが。

１９３０年の段階で、現代につながる社会への警鐘を鳴らす。何年経っても読者を唸《うな》らせる。これぞ古典の古典たるゆえんでしょう。

第一次世界大戦後、ヨーロッパではファシズムが台頭し、ロシアではボルシェヴィズム、要するに共産主義が力を持つ。そんな歴史の谷間で書かれました。

人間は「真の貴族」と「大衆人」に分けられるという挑発的な発言に、「自分はやっぱり貴族でありたい」と正直に吐露する読書会メンバー。しかし、現代において「貴族」とは、どんな存在で、どんな行動が求められるのか。

自らに努力義務を課し、他人に寛容であること。これが「貴族」の振る舞いではないかと参加者の意見は集約されます。

一方で「大衆」とは、他の人々と同じであることに安心感を見出す。これを読むと、常に「空気を読む」ことを強いられる日本の若者が置かれている現状を想起させます。他者と同一であることを強いられる怖さではなく、「みんなと一緒」という安心感に浸る。これこそ日本的な「大衆社会」でしょう。

こうした大衆化は、「反知性主義」の所業なのか。それとも、大衆化イコール反知性主義というのは単純化すぎる決めつけなのか。もっと議論してよかったテーマでした。

自分は「大衆」なのか、それとも「貴族」であるのか。自問しながら読むと、味わい深いものになると思います。

さらに深めるためのブックガイド

①小林弘人、柳瀬博一『インターネットが普及したら、ぼくたちが原始人に戻っちゃったわけ』晶文社、2015年

読書会メンバーが言及していた書。著者の柳瀬氏は日経BPのプロデューサーだったが、その能力が買われて東工大リベラルアーツ研究教育院の教授になってしまった。

ウェブとSNSの発達で、世界はまとまるのではなく、いくつもの村に分散・分断され、「原始人に戻ってしまった」という認識は、現代社会を分析する一つのツールになるだろう。

②ハンナ・アーレント著、大久保和郎・大島かおり訳『全体主義の起原3——全体主義』(新

版）みすず書房、２０１７年

オルテガが批判したファシズムはヨーロッパを席捲《せっけん》。第二次世界大戦を引き起こした。それまでなかった「全体主義」について、ナチス・ドイツとソ連の同質性を分析するという驚くべき洞察力の書。

全体主義は特殊なものではなく、時代や大衆によっていつでも誕生する可能性があるという。決して過去のことではないのだ。

①

②

東工大・大岡山キャンパスの桜並木の前にて

本書に登場した図書一覧

書名の五十音順に並べてあります。
末尾に示したのは、本書内で登場した章番号です。
各章の読書会の題材書は、**ゴチック体**で示しています。

『あなたを支配し、社会を破壊する、ＡＩ・ビッグデータの罠』キャシー・オニール著／久保尚子訳、インターシフト、２０１８年　↓第９章

『アメリカのデモクラシー』トクヴィル著／松本礼二訳、（全2巻、各上下巻）岩波文庫、２００５〜２００８年　↓第10章

『生きがいについて』神谷美恵子著、みすず書房、２００４年　↓第４章

『インターネットが普及したら、ぼくたちが原始人に戻っちゃったわけ』小林弘人、柳瀬博一著、晶文社、２０１５年　↓第11章

『ＡＩ vs. 教科書が読めない子どもたち』新井紀子著、東洋経済新報社、２０１８年　↓第９章

『the four ＧＡＦＡ（ガーファ）――四騎士が創り変えた世界』スコット・ギャロウェイ著／渡会圭子訳、東洋経済新報社、２０１８年　↓第７章

『君たちはどう生きるか』（新装版）吉野源三郎著、マガジンハウス、２０１７年　↓第４章

『気流の鳴る音――交響するコミューン』真木悠介著、ちくま学芸文庫、２００３年 ↓第５章
『経済学・哲学草稿』マルクス著／城塚登、田中吉六訳、岩波文庫、１９６４年 ↓第５章
『現代社会の理論――情報化・消費化社会の現在と未来』見田宗介著、岩波新書、１９９６年 ↓第５章
『現代社会はどこに向かうか――高原の見晴らしを切り開くこと』見田宗介著、岩波新書、２０１８年 ↓第５章
『サピエンス全史――文明の構造と人類の幸福』ユヴァル・ノア・ハラリ著／柴田裕之訳、（上下巻）河出書房新社、２０１６年 ↓第８章
『ジェフ・ベゾス果てなき野望――アマゾンを創った無敵の奇才経営者』ブラッド・ストーン著／井口耕二訳、日経ＢＰ、２０１４年 ↓第７章
『自殺論』デュルケーム著／宮島喬訳、中公文庫、２０１８年 ↓第９章
『事実 vs 本能――目を背けたいファクトにも理由がある』橘玲著、集英社、２０１９年 ↓第６章
『資本論』マルクス著／エンゲルス編、向坂逸郎訳、（全９冊）岩波文庫、１９９５年 ↓第７章
『銃・病原菌・鉄――一万三〇〇〇年にわたる人類史の謎』ジャレド・ダイアモンド著、倉骨彰訳、（上下巻）草思社文庫、２０１２年 ↓第８章
『14歳の君へ どう考えどう生きるか』池田晶子著、毎日新聞社、２００６年 ↓第４章
『昭和天皇実録』宮内庁ほか編、第一〜第十八／人名索引・年譜、東京書籍、２０１５〜２０１９年 ↓第２章
『昭和史 １９２６−１９４５』半藤一利著、平凡社ライブラリー、２００９年 ↓第１章
『昭和史 戦後篇 １９４５−１９８９』半藤一利著、平凡社ライブラリー、２００９年 ↓第１章

『聖断——昭和天皇と鈴木貫太郎』半藤一利著、ＰＨＰ文庫、２００６年　→第2章

『世界史のなかの昭和史』半藤一利著、平凡社、２０１８年　→第1章、第2章

『全体主義の起原３——全体主義（新版）』ハンナ・アーレント著／大久保和郎、大島かおり訳、みすず書房、２０１７年　→第11章

『それでも、日本人は「戦争」を選んだ』加藤陽子著、新潮文庫、２０１６年　→第3章

『存在と無』Ｊ・Ｐ・サルトル著／松浪信三郎訳、（全３巻）ちくま学芸文庫、２００７〜２００８年　→第5章

『大衆の反逆』オルテガ・イ・ガセット著／神吉敬三訳、ちくま学芸文庫、１９９５年　→第11章

『多数決を疑う——社会的選択理論とは何か』坂井豊貴著、岩波新書、２０１５年　→第10章

『チャーチル——生存の戦い』ロード・モーラン著／新庄哲夫訳、河出書房新社、１９６７年　→第2章

『データ資本主義——ビッグデータがもたらす新しい経済』ビクター・マイヤー＝ショーンベルガー、トーマス・ランジ著／斎藤栄一郎訳、ＮＴＴ出版、２０１９年　→第9章

『鉄腕アトム』（１）〜（９）、手塚治虫著、講談社文庫、２００９〜２０１０年　→第8章

『テヘランでロリータを読む』アーザル・ナフィーシー著／市川恵里訳、白水社、２００６年　→はじめに

『統計でウソをつく法——数式を使わない統計学入門』ダレル・ハフ著／高木秀玄訳、講談社ブルーバックス、１９６８年　→第6章

『日本の長い戦後——敗戦の記憶・トラウマはどう語り継がれているか』橋本明子著／山岡由美訳、みすず書房、２０１７年　→第3章

『日本のいちばん長い日（決定版）』半藤一利著、文春文庫、２００６年　→第1章、第2章

『ノモンハンの夏』半藤一利著、文春文庫、2001年 →第1章
『敗北を抱きしめて――第二次大戦後の日本人』ジョン・ダワー著/三浦陽一、高杉忠明、田代泰子訳(増補版・上下巻)岩波書店、2004年 →第3章
『はだしのゲン』第1~10巻、中沢啓治著、汐文社、1975~1987年 →第3章
『ピダハン――「言語本能」を超える文化と世界観』ダニエル・L・エヴェレット著/屋代通子訳、みすず書房、2012年 →第5章
『FACTFULNESS――10の思い込みを乗り越え、データを基に世界を正しく見る習慣』H・ロスリング、O・ロスリング、A・R・ロンランド著/上杉周作、関美和訳、日経BP社、2019年 →第6章
『フェイスブック 若き天才の野望――5億人をつなぐソーシャルネットワークはこう生まれた』デビッド・カークパトリック著/滑川海彦ほか訳、日経BP、2011年 →第7章
『ホモ・デウス――テクノロジーとサピエンスの未来』ユヴァル・ノア・ハラリ著/柴田裕之訳、(上下巻)河出書房新社、2018年 →第8章
『未来をひらく歴史――東アジア3国の近現代史(日本・中国・韓国=共同編集)』第2版、日中韓3国共通歴史教材委員会、高文研、2006年 →第3章
『民主主義の死に方――二極化する政治が招く独裁への道』スティーブン・レビツキー、ダニエル・ジブラット著/濱野大道訳、新潮社、2018年 →第10章
『欲望の資本主義――ルールが変わる時』丸山俊一+NHK「欲望の資本主義」制作班著、東洋経済新報社、2017年 →第7章

『欲望の資本主義2――闇の力が目覚める時』丸山俊一＋ＮＨＫ「欲望の資本主義」制作班著、東洋経済新報社、２０１８年　↓第7章
『欲望の資本主義3――偽りの個人主義を越えて』丸山俊一＋ＮＨＫ「欲望の資本主義」制作班著、東洋経済新報社、２０１９年　↓第7章
『わが闘争（上）――民族主義的世界観』アドルフ・ヒトラー著／平野一郎、将積茂訳、角川文庫、１９７３年　↓第1章
『わが闘争（下）――国家社会主義運動』アドルフ・ヒトラー著／平野一郎、将積茂訳、角川文庫、１９７３年　↓第1章
『私は貝になりたい――あるＢＣ級戦犯の叫び』加藤哲太郎著、春秋社、１９９４年　↓第4章
『われはロボット〔決定版〕』アイザック・アシモフ著／小尾芙佐訳、ハヤカワ文庫、２００４年　↓第8章

本書は東京工業大学学部生・大学院生・卒業生有志による「池上先生読書会」を収録し、書籍化したものです。

読書会の題材書と収録日は下記のとおりです。

第1章 『世界史のなかの昭和史』 2018年3月10日
第2章 同前、著者を囲む読書会 2018年6月2日
（初出：「昭和史から学ぶリーダーの条件」＝『文藝春秋』2018年8月号）
第3章 『日本の長い戦後』 2017年11月11日
第4章 『生きがいについて』 2018年8月11日
第5章 『現代社会はどこに向かうか』 2018年11月17日
第6章 『FACTFULNESS』 2019年5月12日
第7章 『the four GAFA（ガーファ）』 2018年9月9日
第8章 『ホモ・デウス』 2018年10月14日
第9章 『あなたを支配し、社会を破壊する、AI・ビッグデータの罠』 2019年2月16日
第10章 『民主主義の死に方』 2019年1月13日
第11章 『大衆の反逆』 2019年4月6日

本書の刊行にあたっては、以下の皆さまから多大なるご協力・お力添えをいただきました。
ここに記して御礼申し上げます。

半藤一利さん

東京工業大学学部生・大学院生・卒業生のみなさん
足立原功太さん、石川新さん、岡部遼太郎さん、岡村知拓さん、小田雄貴さん、金刺宏樹さん、北嶋宏樹さん、北村真也さん、久世健介さん、高野慎太郎さん、重光千彩さん、清水花純さん、菅谷真実さん、添田晴也さん、高田紘克さん、滝田潤さん、田代尚己さん、永山流之介さん、山下慶太郎さん、吉住遼さん、Karthik Rampalliさん、和田尚弥さん
（本文中の発言においては、学部生・大学院生・卒業生ともに「学生」として表記をさせていただきました。）

東京工業大学　大里英里さん

池上　彰（いけがみ・あきら）

1950年長野県生まれ。NHKで記者・キャスターとして、事件・事故・災害・教育問題・消費者問題など様々な分野のニュースを取材。2005年3月にNHKを退職し、フリーランスのジャーナリストに。ニュース解説者として各メディアに出演する傍ら、東京工業大学、名城大学など9つの大学で教鞭を執り、教育活動にも従事する。著書に『池上彰の憲法入門』（ちくまプリマー新書）、『お金で世界が見えてくる！』（ちくま新書）、『池上彰の 未来を拓く君たちへ』（日本経済新聞出版社）、『世界を変えた10冊の本』『この社会で戦う君に「知の世界地図」をあげよう』『この日本で生きる君が知っておくべき「戦後史の学び方」』『学校では教えない「社会人のための現代史」』（以上、文春文庫）、『知の越境法』（光文社新書）ほか、多数。

池上彰《いけがみあきら》と現代《げんだい》の名著《めいちょ》を読《よ》む
東工大《とうこうだい》・白熱読書教室《はくねつどくしょきょうしつ》

2019年12月10日　初版第一刷発行

著　者　池上　彰
発行者　喜入冬子
発行所　株式会社筑摩書房
東京都台東区蔵前2-5-3　〒111-8755
電話番号　03-5687-2601（代表）

印刷・製本　凸版印刷株式会社

ISBN978-4-480-81681-8 C0000